Eric LE GENDRE et Hervé LASSALAS



# Jamais sans mon réseau

## Le guide pratique pour réussir à réseauter, et réseauter pour réussir.

# Dédicaces

A Laurence qui, telle une fée Mélusine, m'accompagne avec une force douce dans la construction de cette nouvelle partie de ma vie, riche des expériences passées et enthousiaste de l'avenir à bâtir.

A mes enfants et petits-enfants qui n'ont pas toujours compris ce que je faisais dans ma vie mais dont la mansuétude, que leur confère leur amour quasi inconditionnel, palie nos différences de parcours.

**Hervé Lassalas**

A mes amis et à nos familles, à mes partenaires et à mes confrères, à mes camarades d'école et à mes collègues d'entreprises, à mes clients comme à mes fournisseurs ... à tous ceux avec qui, depuis plusieurs décennies, j'échange et partage, je devise et conseille, j'épaule ou demande, je donne et reçois ...

Par la qualité de nos échanges et de nos relations, ils m'ont appris, tel Monsieur Jourdain, à réseauter sans le savoir. Cette expérience du réseautage me permet aujourd'hui d'apporter ma contribution à ce livre, riche de tous ces échanges à travers le monde.

A Corinne et à mes enfants, qui ont accepté avec cœur et bienveillance toutes ces absences et ces longs moments de travail tout au long de ces dernières années.

**Eric Le Gendre**

# Préface

**Par Joël de Rosnay**

## Réseaux ouverts, réseaux secrets, catalyseurs du changement

Que serait notre monde sans le pouvoir des réseaux ? Qu'il s'agisse de ceux de l'écosystème numérique, des réseaux sociaux, des réseaux occultes du monde politique, ou de ceux de l'industrie internationale, les réseaux sont les catalyseurs du changement. C'est ce concept qui apparaît clairement dans le livre d'Hervé Lassalas et Eric Le Gendre. Pour les auteurs, « Ce livre n'est pas seulement une nomenclature ou un guide des réseaux, mais un manuel pratique de leur utilisation suffisamment détaillé et diversifié pour que chacun puisse y trouver les réponses adaptées à ses interrogations ». Il ne s'agit donc pas de faire la théorie des réseaux mais surtout expliquer comment chacun peut s'en servir pour réussir. C'est cette notion d'applications pratiques qui est fondamentale dans un livre qui arrive au bon moment, dans une période troublée par les multiples formes d'exercice du pouvoir. Son mérite est d'aborder ces questions sous un angle global, en utilisant une approche systémique, essentielle dans un monde dominé par l'analytique, le linéaire et le séquentiel.

Nous sommes en effet entrés dans un écosystème numérique dont Internet n'est qu'une partie. Cet écosystème en temps réel doit être transposé dans l'entreprise pour favoriser les nouvelles formes de management respectant l'humain et le lien social, comme le propose intelligemment ce livre. C'est dans cet écosystème numérique que se joue désormais le pouvoir des réseaux. On l'a vu récemment avec les interventions démontrées de la Russie dans les élections américaines. On l'a vu également avec la libération de la parole féminine à la suite de l'affaire Weinstein, grâce à un « mème[1] » le hashtag #Meetoo qui s'est répandu de manière virale dans le monde, en

---

[1] *Cette orthographe n'est pas une erreur, il s'agit bien de « mème » qui est la traduction en français de « moi aussi » et pas de « même ».*

conduisant à la libération de la parole des femmes sur le harcèlement sexuel et à la promulgation de lois par les politiques pour les protéger, lois qui ont donc changé l'ADN sociétal

Au cours des dix prochaines années, comme l'anticipe « Jamais sans mon réseau », la compétition se fera de plus en plus rude entre « pouvoir centralisé » et « pouvoir transversal» en réseaux. En particulier grâce à l'intelligence connective, collaborative et collective. On passe en effet, de la société de l'information à la société de la *recommandation*. Les réseaux sociaux intègrent la *cognition*, la *coordination* et la *coopération*. La cognition pour trouver la réponse à une question complexe. La coordination pour agir en fonction du comportement des autres. La coopération pour se « réguler » avec l'action des autres. Sur le plan sociétal et politique, la montée de l'intelligence collective et des réseaux laisse ainsi entrevoir une opportunité d'équilibrer la société plus efficacement en trouvant un compromis entre la régulation par le haut et la co-régulation par le bas. C'est pourquoi, dans ce nouveau contexte de participation collaborative et de co-régulation, il est nécessaire, comme le font avec talent Hervé Lassalas et Eric Le Gendre, d'inciter à réfléchir aux relations entre les électeurs et les politiques, entre les salariés dans l'entreprise et le management. Sur ces bases, il est possible de réinventer une cyberdémocratie en réseaux capable d'engager véritablement le dialogue à tous les niveaux de la société et de l'entreprise. L'équilibre entre le contrôle vertical, traditionnel, du management et la co-régulation citoyenne, demeure essentiel, et le sera sans doute encore longtemps dans la gestion des entreprises modernes. Cette co-régulation, ainsi que la participation ou la cogestion peuvent être valorisés par les pouvoirs des réseaux, virtuels, sociaux, associatifs, ou philosophiques comme ceux de la franc-maçonnerie.

L'innovation dérange : découverte, invention et innovation, vont à l'encontre de la stabilité des idées reçues et des situations acquises. Elle créée des rejets, comme un système immunitaire qui se défend contre les antigènes étrangers qui cherchent à envahir les cellules. Pour promouvoir l'innovation, les grandes entreprises internationales se dotent aujourd'hui d'outils de communication en réseau allant de la blockchain à l'utilisation de l'intelligence artificielle pour exploiter et valoriser les ressources du Big Data. Le travail en réseaux et l'émergence de l'intelligence collective pourraient conduire à une forme de « catalyse de l'innovation », comme le laisse entrevoir les auteurs. Mais il faudra se protéger de « l'infopollution » et de « l'infobésité », des dangers du Big Data, de la désinformation et des « fake news » qui sont, eux aussi, bien réels. Pour construire la société de demain en utilisant les réseaux comme catalyseurs du changement, nous avons besoin de plus de sagesse et pas seulement de plus d'information. C'est la voie vers une mondialisation plus humaine.

Joël de Rosnay

# Préambule

## Origines

Le premier réseau c'est, après la famille au sens large, l'école et les premiers contacts de votre vie d'adolescent puis d'adulte. Si vous en prenez conscience un peu trop tard (ce qui n'est pas rare !) l'attention que vous porterez à votre environnement - et à la lecture de ce guide - vous donnera une seconde chance ! Saisissez-la.

## Capital

Nous utiliserons ici le mot capital sous 3 de ses acceptions.
Tout d'abord, le sujet est capital : aujourd'hui, le réseautage est au centre de nos vies. De la recherche d'informations à l'emploi, de l'aide aux amitiés, le réseautage a sa place au cœur de nos vies.
En second lieu, le réseau, c'est un capital. Comme tout capital, il convient de bien le gérer et de le faire vivre.
Enfin, évoquons ici le magazine mensuel Capital : il y a près de 30 ans, celui-ci innovait en présentant sur une double page grand manager entouré de « ses » réseaux : collègues, alumnis, people, politiques, ... tous formaient un réseau autour d'un grand manager.

## Confession intime

Une observation touchante et réaliste que chacun de nous a pu ou pourra faire : qui n'a pas un jour retrouvé, au fond d'un tiroir, son premier agenda avec son carnet d'adresses de l'époque de ses dix ou quinze ans ? Un petit livret rouge ou brun, défraîchi, avec votre écriture d'enfant ou d'adolescent.
Quelques noms, des téléphones à huit chiffres, voire à trois lettres et quatre chiffres pour les plus anciens... Puis votre carnet d'adresses a grandi.

Les études, le service militaire, là aussi pour certains, vos premiers jobs ont contribué à la montée en puissance et en nombre de vos contacts. Le changement des supports, du papier à l'ordinateur, du répertoire de vos premiers mobiles à clapet (quelques noms sur les pauvres premières cartes Sim !) aux Smartphones aux capacités quasi infinies et même vos voitures qui enregistrent tous vos contacts en « Bluetooth », a accompagné la progression de votre réseau.

Puis un jour - ceci est réaliste et malheureusement universel - vous retrouvez le carnet d'adresses d'un parent, d'un proche, d'un ancien : quelques noms y figurent encore. Beaucoup ont été rayés. Définitivement.
Cette courbe de Gauss du nombre de vos contacts est riche d'enseignements. Elle est le reflet de la construction des réseaux humains d'une vie. De votre vie. Mais cette construction n'est pas le fruit du hasard.
Elle peut et/ou doit être celle d'une volonté forte d'implication, conjuguée à une application millimétrique de recommandations dans le choix des stratégies et actions que vous mettrez en œuvre. Le but en est de créer, développer et utiliser un réseau performant, efficace et adapté, qui répondra à vos attentes dans tous les domaines - personnel et professionnel - et ce à tous les moments de votre vie et pour tous les objectifs et finalités que vous identifierez.

**Objectifs de ce guide**

Nous avons bien évidemment de nombreux objectifs, au-delà du premier qui est de vous faire partager notre passion, à savoir :

- Transmettre notre expérience d'utilisateurs et de créateurs de réseaux sociaux,
- En rappeler leur histoire séculaire passée et leur développement actuel et futur.
- Vous en donner les clefs et les usages, les règles fondamentales d'utilisation tout au long de votre vie et pour tous les types de questionnements et de besoins auxquels vous devrez répondre.
- Enfin, vous décrire, non exhaustivement tant il y en a, un certain nombre d'entre eux, tels sont les objectifs de ce livre.

« Vaste programme ! » comme disait le Général de Gaulle. C'est néanmoins notre propos et nous sommes convaincus que, soit en le lisant comme un roman de bout en bout, soit en « picorant » les chapitres en fonction de vos périodes de vie ou nécessités du moment, vous y trouverez les réponses que vous attendez pour devenir de bons et efficaces « réseauteurs » avec toute l'humilité et la patience que requiert une bonne utilisation et pratique des réseaux sociaux tant réels que virtuels.

Ce livre n'est donc pas seulement une nomenclature ou un simple guide de plus sur les réseaux, mais un manuel pratique de leur utilisation, suffisamment détaillé et diversifié, pour que chacun puisse y trouver les réponses adaptées à ses interrogations.
Nous vous souhaitons beaucoup de plaisir dans sa lecture, puis au travers des résultats que vous obtiendrez facilement avec un tout petit peu d'implication et de constance et qui, nous en sommes certains, vous révèleront la fougue de notre ambition à vous transmettre les moyens, au travers de ce guide, pour « réussir à réseauter, et réseauter pour réussir ».

# Sommaire

# Jamais sans mon réseau

Le guide pratique pour réussir à réseauter, et réseauter pour réussir

## 1. Le réseautage : une histoire vieille comme le monde

### 1.1. Définition du réseau et du réseautage

**Origines**

Le mot « réseau » vient du vieux français « résel » ou « réseuil », qui lui-même, comme souvent dans notre langue, vient du latin « retiolus », diminutif de rete-retis, filet, qui a aussi donné le mot « rets ». C'est ce mot que l'on retrouve dans la fable de Jean de La Fontaine Le lion et le rat : « Ce lion fut pris dans ses rets... » avec pour morale finale : « Patience et longueur de temps font plus que force ni que rage »...
Cette règle de bon sens, vous le verrez tout au long ce livre, s'applique avec une étrange justesse au principe même du réseautage... Comme quoi, les fables de la Fontaine sont un modèle éternel et prédictif de règles de vie et de sagesse !

Ce sens de « filet » est constant jusqu'au XVIIème siècle, où le mot « réseau » est à la fois un mot technique et populaire utilisé par les tisserands et les vanniers pour désigner un entrecroisement de fibres textiles ou végétales, puis il s'applique au XIXème à tout ce qui va caractériser la progression vers notre mode de vie d'aujourd'hui notamment dans les domaines du transport, de la communication, des infrastructures, de l'industrie et des services.

Le XXème siècle, et plus encore le XXIème connaîtront l'aboutissement et la concrétisation de tout ce passé en consacrant le filet devenu toile et en l'anglicisant en « network ».
Nous décrirons, dans ce premier chapitre, le lien entre le passé et le « présent-futur » en décrivant rapidement l'histoire des grands réseaux préfigurant ceux d'aujourd'hui.

**Définition**
Un réseau peut donc être « réel » (électrique, routier, ferré, ...mais également, et c'est ce qui nous concerne ici, club, association, groupement, ...) ou « virtuel » (comme le réseau social) dont nous parlerons abondamment. Le réseautage[2] sera donc l'utilisation par un ou des individus de réseaux, réels ou virtuels, quelles qu'en soient les buts, les moyens ou les finalités. Dans ce contexte, nous sommes (déjà) tous des « Monsieur Jourdain » du réseautage, et bien nous en prend !

Y-a-t-il en effet une vie sans réseau ? Peut-on encore, aujourd'hui, ne pas être connecté à un ou des réseaux ? Poser ainsi ces questions est y apporter la réponse : non bien sûr.

Dans le monde complexe et totalement interconnecté qui est notre réalité d'aujourd'hui, se sont ajoutés, puis considérablement implantés - à partir des évolutions technologiques - un grand nombre d'outils qui permettent matériellement de les utiliser (ordinateurs, tablettes, smartphones...). Dans le même temps se développaient à l'infini toutes les applications possibles et imaginables dans les domaines de la communication, de la connaissance, de l'information, et, par exemple, du jeu !

N'admet-on pas d'ailleurs couramment que la vraie différenciation des humains se fait aujourd'hui (fracture numérique) sur leur capacité ou non à être « informatiquement connectés ».

**Sortir du dilemme de « l'œuf et la poule » !**

---

[2] *A l'origine, mot francophone québécois.*

Le débat sur « contenant » et « contenu » n'est donc plus la question. Les « tuyaux », tant réels que virtuels, existent. La connaissance et les informations qu'ils véhiculent s'accroissent de façon quasi exponentielle. L'évolution technologique repousse sans cesse les frontières de leurs stockages et de leurs transferts. Un Téraoctet correspond à un million de Mégaoctets. À titre de comparaison, l'immense bibliothèque du Congrès américain archive 10 Téraoctets de données. Dans le monde, 400.000 Téraoctets d'e-mails sont créés chaque année, et 50.000 arbres seraient nécessaires pour fabriquer suffisamment de papier sur lequel imprimer l'équivalent d'un seul téraoctet de caractères. On assiste donc, pour ce qui est des « tuyaux », à des clivages d'abord légers, puis sensibles voire massifs, entre des technologies soit d'évolution, soit de rupture. Se souvient-on par exemple, en matière d'outil de communication, du passage (en moins de 15 ans !) du Télex au fax, puis à l'email ? Même constat - et là en moins de 15 ans - entre les premiers téléphones de voiture et l'incroyable essor des téléphones portables puis des smartphones. Idem bien sûr pour l'informatique et les bureautiques corrélées à l'explosion du Net.

C'est dans ce contexte que l'utilisation des réseaux sociaux a été considérablement « boostée » par l'arrivée des Nouvelles Technologies, mais, les réseaux réels ont précédé depuis la nuit des temps cette révolution numérique et, vous le verrez, beaucoup de ces réseaux perdurent encore à ce jour.

## 1.2. L'homme a toujours réseauté.

**Déjà les hominidés**

Quel étonnement de découvrir que les premiers humains ont commencé très tôt (il y a 34 mille ans !) à créer des réseaux. L'objet de ces premiers réseaux concernait le développement, voire la survie de l'espèce. Il s'agissait de palier les lourds handicaps générés (au sens propre du terme) par la consanguinité, conséquence même du faible nombre d'individus qui constituaient les premières tribus humaines.
Il semble ainsi qu'ils aient développé des réseaux sociaux d'accouplement étonnamment sophistiqués en partant de l'Afrique et en colonisant l'Eurasie occidentale. Les résultats observés par des études récentes suggèrent que les hominidiens de cette époque cherchaient déjà des partenaires au-delà de leur famille immédiate et qu'ils étaient fort probablement connectés à des réseaux plus larges de groupes à l'intérieur desquels des partenaires femmes avaient été choisies dans le but d'éviter la consanguinité.

Le symbolisme, la complexité et le temps investi dans des objets et bijoux trouvés enterrés avec les restes humains de l'époque, fait supposer également qu'il est possible qu'ils aient élaboré des règles, des cérémonies et des rituels pour enrichir l'échange de partenaires entre les groupes. Cela ressemble fort à une lointaine anticipation des cérémonies accompagnant les « mariages arrangés » qui perdurent dans certains pays, mais avec d'autres finalités (respect des castes sociales en Inde par exemple).

**Des millénaires de mobilité et de réseautage**

Les réseaux et les flux existent ainsi depuis que l'homme se déplace. Même aux temps de la Préhistoire et des chasseurs nomades, les migrations existaient et certaines routes (terrestres ou fluviales) étaient déjà plus empruntées que d'autres au cours de déplacements de population qui parcouraient de courtes, moyennes voire longues distances.

Au fil des siècles, l'Homme a donc appris notamment à construire des routes telle la Via Domitia des Romains, par exemple, qui reliait Rome à l'Espagne en traversant le Sud de la Gaule. Le rôle de cette route était de permettre des déplacements rapides et sécurisés de troupes et de commerçants. Elle devint progressivement un vrai « boulevard » de circulation, de communication comme de réseautage.

Les Croisades, au Moyen âge, sont un excellent exemple de ces migrations de population massives sur de longues distances, terrestres et maritimes. Saint Louis fit construire un port à Aigues-Mortes afin que les chevaliers français puissent y embarquer pour la Terre Sainte. Bien avant, les marchands Phéniciens bravèrent les dangers qui les guettaient durant le voyage et installèrent des comptoirs de commerce de l'Egypte à la Sicile et plus loin encore.
Les armateurs vénitiens eux, on le verra plus loin, mirent en place une quantité impressionnante de navires pour transporter les croisés puis pour commercer dans tout le bassin méditerranéen.

La mondialisation est bien un processus historique très ancien, dont le réseautage a à la fois été un vecteur et un moyen.

## 1.3 Brève histoire des grands réseaux sociaux de l'origine à nos jours

### Les Phéniciens : la référence historique en termes de réseau commercial (- 1200 / -300 av. JC.)

Les Phéniciens, remarquables navigateurs, redoutables marchands et excellents artisans, sont originaires des cités de Phénicie, région qui correspond approximativement au Liban d'aujourd'hui. La diaspora Phénicienne fonde alors des cités sur différents sites à Chypre, en Sicile, en Sardaigne, dans la péninsule Ibérique et l'Afrique du Nord. Ils pratiquent le cabotage mais aussi la navigation en haute mer.

#### L'essor du commerce en méditerranée

Ce sont les premiers réseaux commerciaux vraiment très étendus. Ils disposent d'une situation privilégiée, leur permettant de mettre en contact la Mésopotamie, la Syrie intérieure, l'Anatolie d'un côté et, de l'autre, les pays situés au bord de la mer Méditerranée dont l'Égypte en premier lieu.

Leurs exportations portent principalement sur les métaux. Le cuivre assure la prospérité de Chypre depuis plusieurs millénaires, mais aussi les tissus, les denrées alimentaires (vin et huile) et d'autres produits de valeur, transformés ou bruts : aromatiques (encens, myrrhe), épices (cumin, poivre, safran, ...), mais également du bétail (chevaux).

#### L'implantation des comptoirs marchands

Leurs réseaux s'appuyaient sur des succursales implantées dans les comptoirs et les moyens de paiement évolueront durant le premier millénaire avant JC. Pendant les premiers siècles, il s'agira surtout d'argent pesé, et à partir du Vème siècle, les cités phéniciennes commencent à frapper des pièces de monnaie à l'imitation des cités d'Asie mineure et de la Grèce.

#### Une culture du commerce en réseau

C'est la triple culture du risque (voyages incertains), du commerce (les libanais en ont considérablement hérité) et du « savoir-faire » (tant en production qu'en transformation des produits de base) qui a permis ce succès considérable des

Phéniciens sur un territoire très vaste et durant une période immensément longue (9 siècles) ce qui est, à notre sens, un record historique peu égalé.

## La République de Venise : la référence historique en termes de gouvernance stratégique (1200 environ à 1797)

La république de Venise, dite la Sérénissime, est un État progressivement constitué au Moyen Âge autour de la cité de Venise et qui s'est développé par l'annexion de territoires divers et de comptoirs commerciaux le long des côtes de la mer Adriatique.

### Un relai de conquête pour les croisés

Lors des croisades, Venise est un lieu d'escale pour les croisés et développe parallèlement un axe de commerce Nord-Sud (avec les Anglais et les Flamands). Entre les XIème et XIIème siècles, Venise émerge puis se développe au XIVème siècle, via la « Bourse du Rialto », qui facilite le développement d'une flotte commerciale et le quadruplement de la superficie de l'arsenal de Venise, véritable « État dans l'État », sur lequel la cité construit sa richesse qui permettra de développer son importance politique.

### La réussite financière

Le revenu par habitant en 1400 était alors quinze fois plus élevé que celui des résidents de Paris, Madrid ou Londres. En 1423, Venise compte trois mille navires marchands, trois cents navires de guerre et la « Sérénissime » est au summum de sa puissance. Ses réseaux sont influents et puissants.

### L'Etat omnipotent

L'État se comporte comme une gigantesque compagnie de navigation : tous les ans, il affrète, sous l'autorité du Sénat, quinze à vingt nouveaux vaisseaux de 300 à 500 tonneaux, naviguant toujours groupés par deux ou quatre, vers l'Orient, l'Égypte, l'Afrique du Nord et de plus en plus vers les ports anglais et flamands. L'administration est efficace et rigoureuse : la cité, sans arrière-pays pour s'étendre, importe des denrées alimentaires (céréales, viande, huile et vin) qui font l'objet d'un monopole de l'État.

**Les limites du système**

Cependant, la République de Venise, en dépit de sa richesse et de son éclat culturel, pesait politiquement et militairement peu face à la France ou à l'Espagne. L'invasion des Français mit ainsi un terme au siècle où Venise avait connu l'apogée de son rayonnement, en devenant la ville européenne la plus élégante et raffinée du XVIIIème siècle avec une forte influence sur l'art, l'architecture et la littérature jusqu'à sa chute en 1797...

**Grandeur et décadence**

Les réseaux vénitiens s'étaient construits à partir d'une situation géographique particulière (entre l'Orient et l'Occident) mais surtout à partir d'un pouvoir politique fort et cohérent et d'un état omnipotent tourné vers ce que l'on appellerait aujourd'hui « l'interventionnisme sur l'économie de marché ». On y pressent la maîtrise et la pratique d'une « vision » à long terme qui, contrairement à nos démocraties actuelles qui ont des horizons électoraux de cinq ou dix ans, permettait la mise en place de stratégies cohérentes, globales et efficaces... Jusqu'à ce qu'un plus fort ne survienne !

## La République de Sienne (XII au XVI° siècle) : l'apparition de la sphère financière et de ses réseaux dans le développement international (Banque Monte dei Paschi de Sienne : 1472 à nos jours)

La ville de Sienne, selon la légende, fut fondée par Senius et Aschius, fils de Rémus, lui-même frère de Romulus. Devenue cité libre et indépendante au XIIème siècle, elle fut la rivale de Florence, disposant d'une puissance économique considérable, supportée par des réseaux commerciaux et financiers très efficaces.

**L'immixtion de la Banque dans le pouvoir politique**

Toutefois, pour bien comprendre les particularités de la République de Sienne, il convient d'évoquer la création de la Banca Monte dei Paschi di Siena. C'est la plus ancienne banque au monde encore en activité. Elle a été fondée comme « mont de piété » en 1472, à Sienne et a fonctionné sans interruption depuis cette date, elle dispose de réseaux puissants et vastes, même si ses malheurs récents ont quelque peu entachés sa réputation.

**La sortie du droit chemin**

Dans les années 1990, elle contrôle le micro-crédit toscan et l'INCA (Instituto Nazionale per il Credito Agrario), une activité qui se développera en Banca per l'Impresa, la banque pour l'entreprise.

Devenue dans les années 90 ans la première banque italienne à se diversifier vers les assurances-vie et les fonds communs d'investissements, elle sera cotée en bourse avec un grand succès au seuil du 21° siècle, pour retomber dans différents scandales financiers quelques années plus tard.

**Qui trop embrasse mal étreint**

Cette histoire est à lire comme probablement une négligence coupable et collective sur le non-respect des règles que les réseaux financiers méritent et exigent. Etre le premier (historiquement) ne garantit en rien l'éternité dans la réussite. Cela illustre aussi la guerre commerciale que peuvent se faire certains réseaux financiers, guerre où interviennent, tant ils sont dépendant de leurs systèmes, les Etats eux-mêmes.

## Les Bénédictins (Ordre de Saint-Benoît) : la plus ancienne des multinationales ? (529 à nos jours)

L'ordre de Saint-Benoît est plus connu sous le nom d'ordre des Bénédictins, c'est Saint Benoît de Nursie (480-547) qui en est considéré comme le fondateur en 529. L'ordre a été impliqué dans diverses missions : l'évangélisation et le défrichement de l'Europe, la conservation et la transmission de la culture classique au Moyen Âge, le rassemblement et la traduction des œuvres des Pères religieux à partir du XVIIème siècle, l'éducation, ... Le premier monastère est établi au Mont Cassin après 529.

**La conquête des territoires**

Les monastères bénédictins se répandent alors en réseau dans toute l'Europe, ils atteignent leur apogée vers la fin du XIIème siècle, possédant alors en France environ 2 000 abbayes, puis 20 000 prieurés et 100 000 monastères en Europe. Bien évidemment, les moines pratiquent production et commerce, gèrent merveilleusement leur activité à travers l'Orient et l'Occident, et constituent ainsi un patrimoine considérable, tant sur le plan immobilier que financier, au service de l'Ordre.

**Développement et rôle de protection**

Grâce à leur statut privilégié, les bénédictins devinrent les protecteurs des populations catholiques de l'Empire ottoman. On dénombre encore à ce jour dans le monde environ 8 000 bénédictins répartis dans 440 monastères ou prieurés formant 21 congrégations. Les « moniales » et sœurs elles, au nombre de 16 000 réparties dans 840 abbayes ou maisons, forment encore 61 congrégations.

**La mise en œuvre d'une vision stratégique**

C'est bien sûr la pratique religieuse qui est la colonne vertébrale de cet ordre mais, mais nous retenons que ce sont sa « vision » économique et la solidarité de son réseau de congrégations et de membres, qui lui ont permis de résister aux innombrables attaques dont il a fait l'objet tant en France que dans ses pays d'implantations étrangères. C'est ainsi que le titre de « première multinationale » au sens des conglomérats actuels n'est pas usurpé.

**Un management moderne : délégation et contrôle**

On y pressent aussi les prémisses du management actuel que sont une tête exécutive forte et respectée ainsi qu'une délégation contrôlée mais efficace et consentante puisque liée par un même consensus, la foi chrétienne.

## Les Templiers (Ordre du Temple) : un ordre militaire et religieux crée l'un des premiers réseaux de services financiers multiples pour les voyageurs (1129 à 1312)

L'ordre du Temple est un ordre religieux et militaire issu de la chevalerie chrétienne du Moyen Âge, dont les membres étaient appelés les Templiers. Cet Ordre fut créé à l'occasion du concile de Troyes, ouvert le 13 janvier 1129, et a pour origine une milice appelée les « Pauvres Chevaliers du Christ et du Temple de Salomon ».

**L'accompagnement des croisades**

Il œuvra pendant les XIIème et XIIIème siècles à l'accompagnement et à la protection des pèlerins qui partaient pour Jérusalem et ce dans le contexte de la guerre sainte et des croisades. Pour compléter leur rôle de protecteur, les Templiers prêtaient également de l'argent à toutes sortes de personnes ou institutions : pèlerins, croisés, marchands, congrégations monastiques, clergé, rois et princes... L'activité financière de l'Ordre prévoyait que les particuliers puissent déposer leurs biens lors d'un départ en pèlerinage vers Jérusalem, Saint-Jacques-de-Compostelle ou Rome.

**L'ancêtre des « chèques voyages »**

Les Templiers inventèrent ainsi le bon de dépôt. Lorsqu'un pèlerin confiait aux Templiers la somme nécessaire à son pèlerinage, le frère trésorier lui remettait une lettre sur laquelle était inscrite la somme déposée. Cette lettre manuscrite et authentifiée prit le nom de lettre de change.

Le pèlerin pouvait ainsi voyager sans argent sur lui et se trouvait ainsi plus en sécurité. Arrivé à destination, il récupérait auprès d'autres Templiers l'intégralité de son argent en monnaie locale. Les Templiers ont mis au point et institutionnalisé le service du change des monnaies pour les pèlerins. Comme quoi, avant la monétique bancaire, on pouvait déjà voyager sans trop de risque, grâce à ce « premier réseau de services financiers » !

L'argent était déposé dans un coffre-fort appelé huche. Le maître de l'ordre à Jérusalem en effectuait la comptabilité avant que celle-ci ne fût transférée à la fin du XIIIème siècle au trésorier de l'Ordre. Les commanderies de Paris ou de Londres servaient de centres de dépôts pour la France et l'Angleterre.

**Quand le pouvoir s'interpose**

Au début du XIV° siècle, le Roi Philippe Le Bel décida de freiner puis d'arrêter leurs activités, confisqua leurs biens, et voulu enjoindre aux monarques d'Espagne et d'Angleterre de faire de même. La fin tragique de l'ordre des Templiers a contribué à générer des légendes telles l'existence d'un trésor caché que certains recherchent toujours... Certaines hypothèses les lieront bien plus tard aux francs-maçons.

**La victoire du politique sur l'économique**

Cette remarquable invention de la « lettre de change » justifiée par la nécessité de protéger les biens des pèlerins pendant leur croisade, a été permise par la création d'un réseau structuré, international et très efficace. Cet Ordre a buté sur un écueil bien humain : la cupidité et la jalousie d'un autre réseau autrement plus puissant, celui du Roi de France, même s'il ne put fédérer ces homologues européens... Décidemment, Jean de La Fontaine avait vu juste : « la raison du plus fort est toujours la meilleure »...

## Le compagnonnage : la première organisation de travailleurs en réseau ! 1420 à nos jours

Le compagnonnage désigne un système traditionnel de transmission de connaissances et de formation à un métier, qui s'inscrit dans un cadre communautaire, celui des compagnons. La première mention indiscutable des pratiques compagnonniques remonte à l'année 1420.

**L'origine de l'apprentissage**

Le terme désigne principalement une branche du mouvement ouvrier français, célèbre pour son Tour de France, qui connut l'apogée de sa renommée avec Agricol Perdiguier au milieu du XIXème siècle avant de disparaître presque entièrement à la suite de l'industrialisation, de la transformation de l'apprentissage et de l'autorisation des syndicats ouvriers. Il a cependant échappé à l'extinction au début du XXème siècle avant de connaître de nos jours une période de renouveau.

**Partager le pain**

Le mot de « compagnonnage » n'apparaît dans la langue française que vers 1719, pour désigner le temps du stage professionnel qu'un compagnon devait faire chez un maître. Du latin populaire companionem : « celui qui partage le pain avec un autre », de cum, « avec », et panis, « pain ». C'est l'étymologie de « copain ».

**La puissance d'un mouvement ouvrier**

À partir du début du XVIIIème siècle, le compagnonnage présente de fortes caractéristiques et sa puissance en tant qu'organisation ouvrière et réseau professionnel incontournable devient considérable. Il organise des grèves parfois longues, contrôle les embauches dans des villes, établit des « interdictions de boutiques » contre les maîtres récalcitrants, va même parfois jusqu'à mettre l'interdit sur des villes entières, les privant de toute possibilité d'embauche et les menaçant par là-même de faillite généralisée.

### Un réseau organisé qui perdure

Actuellement, plusieurs sociétés de compagnonnage existent encore. Elles se distinguent par certaines marques distinctives de la tenue (cravate grise, cravate rouge, boucle d'oreille spéciale ...). Les itinérants tournent au moins trois ans minimum sans pouvoir s'approcher à moins de 50 km de leur ville d'origine (à moins d'un motif grave comme maladie d'un proche). De plus, ils doivent changer de région ou de pays tous les trois mois. Voilà un réseau organisé et puissant, dont on retiendra aujourd'hui ce qui l'honore : l'esprit de formation, de partage et de transmission des savoirs... Une sorte de compromis entre feu le service militaire, l'apprentissage et la plus actuelle alternance. L'étude de ce réseau n'est pas d'ailleurs sans nous inciter à réfléchir sur l'évolution des rapports entre « patrons » et « ouvriers ». A l'époque ou la main d'œuvre (qualifiée) était rare, les « Maîtres » devaient s'attacher leurs ouvriers en les « chouchoutant », leur pouvoir était limité par la rareté de l'offre.

### L'ancêtre des syndicats ouvriers

Plus tard, avec l'industrialisation notamment au XIXème siècle, les rapports de forces s'étant inversés, ce sont les ouvriers qui ont eu besoin de se faire protéger, d'où la naissance des syndicats.

Aujourd'hui, on retrouve ces mêmes changements d'équilibre par type de métiers ou de situations. Les « développeurs » en informatique sont très recherchés ainsi que beaucoup d'autres spécificités dont manquent les employeurs, tandis que d'autres professions sont représentées elles en nombres pléthoriques... Tout cela renforce la pertinence des réseaux, soit pour identifier les ressources rares du côté employeur, soit pour trouver un job dans un contexte de sous-emploi dans une branche professionnelle.

## La Franc-maçonnerie : un réseau de discrétion et d'influence (1598 à nos jours)

Le mot franc-maçonnerie désigne un ensemble de membres dont le recrutement est fait par cooptation et implique la pratique des rites initiatiques se référant à un secret maçonnique et à l'art de bâtir.

### Les origines écossaises

Elle serait apparue en 1598 en Écosse (Statuts Schaw), puis en Angleterre au XVIIème siècle. Elle prodigue un enseignement ésotérique progressif à l'aide de symboles et de rituels et encourage ses membres à œuvrer pour le progrès de l'humanité, en laissant à chacun le libre choix d'une interprétation personnelle de cet objectif. Ce principe se veut universel bien que ses pratiques et ses modes d'organisation soient extrêmement variables selon les pays et les époques. Elle a toujours fait l'objet de nombreuses critiques et dénonciations, aux motifs très variables selon les périodes.

### Une organisation quasi militaire

Elle est organisée sous forme de loges regroupant une quarantaine de francs-maçons actifs et se réunissant en moyenne deux fois par mois. En général, chaque loge reste libre du choix de son président qu'elle élit chaque année, des sujets que ses membres souhaitent étudier ainsi que des éventuelles actions extérieures, caritatives et/ou sociétales, qu'elle se propose de mener.

Elle compte aujourd'hui environ 4 millions d'adhérents dans le monde.

### Les règles du jeu

Il faut être majeur ainsi que libre et de bonnes mœurs pour devenir franc-maçon. Les maçons aiment dire que la difficulté d'y entrer et la facilité d'en sortir font de la franc-maçonnerie tout le contraire d'une secte.

Une fois le candidat accepté par la loge, il est initié au cours d'une cérémonie particulière. Dans cette société initiatique, les frères et sœurs sont d'abord « apprentis » avant de passer « compagnons » puis d'être élevés à la « maîtrise ». Durant tout le temps où le nouveau membre sera apprenti, il ne lui sera pas permis de prendre la parole au sein de la loge : il devra seulement écouter, afin de s'imprégner de l'esprit des tenues.

**Les us et coutumes**

Une loge est encadrée par les « cinq lumières » : le vénérable maître-en-chaire (ou président), le premier surveillant, le second surveillant, l'orateur (dans les rites d'origine française) et le secrétaire.

Les francs-maçons se réunissent dans des temples où les réunions, appelées « tenues », se déroulent selon le rituel adopté par l'atelier, le rite ou l'obédience. Les maçons portent un tablier et des gants blancs, les officiers sont en outre munis d'objets symboliques (maillet, glaive...). Les tenues sont présidées par le vénérable maître en chaire.

**La symbolique des réunions**

Dans les traditions d'origine française, les membres de la loge présentent à tour de rôle, pendant la tenue, des travaux de réflexion symboliques, philosophiques, sociaux ou d'actualité nommés « morceaux d'architecture » ou plus communément « planches ». Ces travaux sont ensuite discutés au sein de la loge.

Des conférences nommées « tenues blanches », auxquelles peuvent participer des non-maçons sont aussi parfois organisées avec les spécificités suivantes :

- « Tenues blanches fermées » : le conférencier, et lui seul, n'est pas franc-maçon.
- « Tenues blanches ouvertes » : l'assistance n'est pas composée exclusivement que de francs-maçons.

**L'arrivée des femmes**

Il fallut attendre la fin du XIXème siècle pour voir en 1882 une loge de la Grande Loge Symbolique Ecossaise initier et donc intégrer une femme, Maria Deraismes, journaliste et militante féministe. Celle-ci fondera par la suite l'obédience mixte internationale du Droit humain. Certaines obédiences reconnaissent les loges féminines et acceptent la présence de femmes dans leurs loges, mais ne les initient pas.

**Un réseau d'influence discret**

D'aucuns considèrent que la franc-maçonnerie n'est en fait qu'un vaste réseau social construit dans l'intérêt de ses membres. Nous ne nous prononcerons pas ici sur ce dernier point, mais il faut reconnaître que la franc-maçonnerie représente un réseau d'influence puissant et structuré, fort discret. Elle a toujours beaucoup suscité d'opinions marquées, voire tranchées. Elle est aussi, pour les journalistes, un « marronnier ».

Si, originellement les membres de la Franc-maçonnerie ont caché leur appartenance par des secrets bien gardés, cette attitude semble aujourd'hui quelque peut s'infléchir et les journaux cités plus haut font de plus en plus d'énumération sur les appartenances de tel ou tel homme d'affaires, politique ou médiatique aux différentes loges.

## Les Salons Littéraires français : des réseaux d'influence, de culture et d'art de vivre (XVII au XIX siècle)

Prenons un petit air de fraîcheur en quittant pour un instant les réseaux guerriers, d'affaires ou de convictions pour aborder une spécificité dont la France s'est toujours honorée : la culture et l'art de vivre.

### Genèse des salons littéraires classiques

C'est plus particulièrement à Paris, au milieu du XVIIIe siècle, que des « femmes de qualité » ont accueilli dans leur salon tous les beaux esprits de leur temps (écrivains, artistes et savants) en leur offrant l'opportunité de débattre et de soumettre leurs travaux et leurs écrits à l'épreuve de la critique pas toujours bienveillante.

Elles ont ainsi permis l'épanouissement des « Lumières », une effervescence intellectuelle sans équivalent en France et même dans le monde à aucune autre époque. En conséquence, la Cour de Versailles, sous les règnes de Louis XV et Louis XVI, perd de son influence. Le mouvement des idées se fait contre Elle et non plus pour Elle.

Par ailleurs, ces lieux d'échanges, vrais réseaux d'influence et de pouvoir, font ou défont les réputations littéraires, et ils procurent aux écrivains et aux artistes des admirateurs et des relations, parfois une aide matérielle. C'est dans les salons que s'est développé l'habitude de la conversation et qu'est né l'art de la « causerie », caractéristique de la « bonne » société française.

### Les premiers symptômes de « l'entre soi »

Les premières réunions de ce genre furent celles de l'hôtel de Rambouillet, dont la formation remonte à 1608 et durera jusqu'à la mort de son hôtesse, Catherine de Rambouillet, dite « Arthénice », en 1659. Ce salon regroupe les écrivains majeurs de l'époque : Malherbe, Racan, Vaugelas, Voiture, Corneille, La Rochefoucauld, Madame de Sévigné, Madame de La Fayette, etc. Le second salon littéraire à voir le jour fut celui de Conrart.
On citera également, non exhaustivement, Madeleine de Scudéry et ses « samedis de Mademoiselle de Scudéry » (1625), Scarron, dont le style burlesque autant que ses épigrammes souvent acerbes ont traversé les siècles jusqu'à nous, celui de Madame du Deffand (1749-1780), de Madame Geoffrin (1749-1777), de Mademoiselle de Lespinasse (1764-1776).
Tous les écrivains de l'époque sont ainsi régulièrement et agréablement mêlés aux gens du monde, aux financiers, aux ministres et aux étrangers de passage. Le salon de Madame de Lambert (1710-1733) où, sous le nom de « lambertinage », se cultive et s'exalte la nouvelle préciosité, le club de l'Entresol (1720-1731), un club à l'anglaise, que ses audaces en matière de pensée politique feront fermer par le cardinal Fleury, le salon de Madame de Tencin (1726-1749), qui mêle l'intrigue politique aux discussions philosophiques les plus hardies, sont les révélateurs d'un art de vivre que la France revendique allégrement sur la scène internationale de l'époque.

## Le XIXème siècle dans les salons littéraires en continuité du XVIIIème

Au XIXème siècle, le salon de Juliette Récamier à l'Abbaye aux Bois ainsi que celui de Charles Nodier à la bibliothèque de l'Arsenal, où se retrouvaient les hommes les plus illustres dans le monde des lettres et des arts, reprirent le flambeau des salons du siècle précédent. On y retrouvait notamment Victor Hugo, Lamartine, Alfred de Musset, Alexandre Dumas, Balzac, Sainte-Beuve, Alfred de Vigny, Émile Deschamps, Jules Janin, Eugène Delacroix, les frères Johannot, Robert-Fleury, Jean-Jacques Champin, Liszt et bien d'autres encore, tous étant des habitués de ce salon situé au premier étage de l'Arsenal.
Sous la Troisième République, de nombreux salons littéraires virent aussi le jour à Paris : celui de la princesse Mathilde, de la comtesse Potocka, de Juliette Adam, de Geneviève Halévy ou de la comtesse de Fitz-James née Rosalie von Gutmann. On y

rencontrait des gens de lettres tels que Marcel Proust, Paul Bourget, Paul Hervieu, Jules Lemaître, Robert de Montesquiou ou Guy de Maupassant.

**Les prémisses de l'ascenseur social ?**

Ce sont bien ici de réels réseaux d'influence où se mêlent élégamment l'art, le bon goût, mais aussi le pouvoir, le tout étant à la fois élitiste et inaccessible à beaucoup, mais en même temps ouverts à la découverte de jeunes (et ambitieux) talents : une sorte d'anticipation de « l'ascenseur social ». Une démonstration universelle et intemporelle, s'il était besoin, de la pertinence de la bonne utilisation des réseaux sociaux pour s'élever dans la société !

Nous verrons plus loin que certains réseaux élitistes, dans d'autres domaines que la littérature, poursuivent encore aujourd'hui cette tradition bien française.

## L'évolution majeure des Salons au XX° siècle : du salon mondain au plateau de télévision

Au début du XXème siècle, chaque salonnière avait encore ses protégés, des artistes qu'elle invite, présente, défend et porte sur le devant de la scène. Ce sont bien sûr des lieux où sont organisées de nombreuses lectures et représentations théâtrales. Certains artistes y sont lancés comme Marcel Proust dans le salon de Madame Madeleine Lemaire. D'autres deviennent des personnalités mondaines importantes : Proust encore mais aussi Cocteau…

**La fin d'une époque**

Ces salons ont cependant été victimes de tournants décisifs. Alors qu'ils étaient au début du siècle à leur apogée - devenant des lieux de mondanités incontournables des réseaux artistiques - ils connaissent finalement un déclin dû aux bouleversements modernes des milieux littéraires et artistiques. De plus en plus, ils sont des lieux où les réputations se font ou se détériorent.

Quelques grands salons ont cependant perdurés : ceux de Natalie Clifford Barney, la comtesse Greffuhle, Madeleine Lemaire, Madame Mühfeld, Anna de Noailles, Madame Straus et Edith Wharton notamment.

**Les nouveaux vecteurs de propagation de la culture**

C'est dès la fin de la Seconde Guerre mondiale et durant les décennies suivantes qu'ils connaissent un véritable déclin. Bouleversés par des modes de divertissement différents – le cinéma, puis, plus tard l'apparition de la télévision notamment – ils se font plus rares, avant de disparaître.

Sans trop pousser le trait, reconnaissons que Bernard Pivot ou Thierry Ardisson, dans leurs émissions de deuxième partie de soirée, animent sur leurs plateaux des sortes de salon, typiquement à la française, où réputation se font et se défont, comme au bon vieux temps de Madame de Sévigné.

Le plateau de télévision, sous des formes diverses, a depuis une trentaine d'année crée cette sorte de « réseau ouvert à tous », mais sous une forme de relative intimité, où se produit un effet de communication et d'influence non négligeable.

Nous citerons le célébrissime Apostrophes, ou l'Assiette anglaise de Bernard Rapp, l'un comme l'autre phénomène emblématique des années 80. Puis apparurent dans les années 90 les plateaux de fin de soirée, tels ceux de Thierry Ardisson ou de la bande de Canal+.

De nos jours, et qu'il s'agisse des chaines grand public ou des chaines d'information, la formule « plateau d'influenceurs et de commentateurs » est largement répandue. Des commentaires sévères sur la politique internationale ou l'économie, à ceux beaucoup plus futiles sur la vie des people ou les dernières sorties, les émissions plateaux prolongent aujourd'hui cette « culture de l'influence » par une conversation ou un bavardage. En direct, et pour certains devant des millions de personnes.

Ces réseaux qui, on l'a vu, ont quand même perdurés plus de trois siècles, ont contribué à l'essor et à la réputation de la « France, mère des arts, des armes et des lois » comme l'écrivait Du Bellay. Ils ont joué un rôle moteur dans l'expansion de notre culture et ont permis, par le brassage de la richesse de leurs animateurs avec l'intelligence productrice de leurs protégés, l'éclosion de talents rares, prolixes et encore reconnus de nos jours.

## Les clubs anglais : le nec plus ultra en termes de réseaux élitistes / 1640 à nos jours

On ne peut traiter de l'histoire des grands réseaux sans aborder les sacro-saints « Clubs anglais ». La littérature, le théâtre et les films s'en sont régulièrement emparés et la stature du lord en habit, fumant son cigare (ou sa pipe) et lisant son journal en l'absence de toute présence féminine (sorry Mesdames) ne peut vous être étrangère.

### Les origines typiquement britanniques

Ces clubs semblent remonter au début du XVIIème siècle ou l'on peut observer les prémices du gentlemen's club de Londres. Ben Johnson créé une confrérie, la Fraternity of Sireniacal Gentlemen, qui se réunissait à la Mermaid Tavern et à la Mitre Tavern et dont ni Walter Raleigh (trop aristocrate), ni William Shakespeare (trop occupé), contrairement à la légende, ne furent membres.

C'est vers 1640 que le mot club (un terme qui renvoie aux cartes à jouer) en anglais prend le sens d'« association de personnes ». En 1659, on relève que le mot clubbe désigne une sorte de « confrérie dans les tavernes ». La première moitié du XVIIIème siècle est un peu l'âge d'or de ces gentlemen's society comme lieu d'échanges. Des érudits, souvent bons vivants, car on y dîne et boit très tard, notamment du punch, et d'autres participants, pas forcément issus du même monde, constituent ici le ferment de ce que nous appellerons en France l'Esprit des Lumières. On retient, du Londres de cette époque, les noms du Kit-Cat Club, Rose and Crown Club, The Sublime Society of Beef Steaks (toujours actif), The Old Slaughter's, The Dilettanti, etc.

### L'établissement des règles de fonctionnement

Les choses vont se modifier au cours de la seconde moitié du XVIIIème siècle, avec l'apparition d'un nationalisme impérialiste britannique exacerbé par une série de conflits mondiaux dont la formation des États-Unis d'Amérique, la montée des idées révolutionnaires françaises, tandis que la révolution industrielle et la bipartition de la société politique anglaise (réformistes-libéraux contre conservateurs) modifient profondément le paysage social.

Entre 1760 et 1780, entre Pall Mall et le palais Saint James, les premiers traditional gentlemen's clubs, totalement privés apparaissent. Ils étaient généralement formés de personnes qui partageaient les mêmes centres d'intérêt ou activités.

### Les finalités des clubs

Les jeux d'argent, principalement de cartes, étaient une activité centrale de ces clubs. D'autres tournaient autour de la politique, de la littérature, du sport, etc. Les critères d'appartenance reposaient souvent sur une origine universitaire et/ou une carrière militaire. Leur finalité n'était pas fondamentalement de créer des cercles d'influence, mais bien plus de créer un « entre soi » feutré comme une atmosphère des plus agréables. Il n'en demeure pas moins qu'en être membre actif constituait le summum des réseaux élitistes anglais.

### Les particularités des clubs de militaires

Après la fin des guerres napoléoniennes certains Gentlemen's clubs voient débarquer un nombre important d'officiers (notamment issue de la Royal Navy) qui se retrouvèrent en demi-solde, privés à la fois d'une grosse part de leurs revenus et de perspectives d'avancement. Tous les clubs qui étaient dédiés à la tradition militaire prospérèrent alors car c'était, pour ces nouveaux adhérents, un moyen commode d'obtenir le couvert et parfois même le gîte avec un bon rapport qualité-prix.
Ces clubs formaient une véritable société masculine, et constituaient une retraite confortable, un espace de détente, pour les individus souhaitant échapper à la vie familiale. Ils offraient et offrent toujours des infrastructures qui permettent de passer la nuit sur place ou même d'y séjourner plusieurs jours. Lieux de convivialité, les gentlemen's clubs disposent souvent d'une bibliothèque, d'un fumoir, d'un billard, voire d'une piscine réservée à l'usage de leurs membres. Ils sont en général meublés confortablement (le fauteuil dit « club » y serait apparu au début du XXème siècle).

### L'arrivée mesurée des femmes

Toutefois, il semble qu'au Royaume-Uni, certains de ces cercles très privés ont fini par débattre de l'intégration des femmes dans leurs rangs. Non sans susciter la crispation des plus attachés à la tradition. Car là-bas, la présence des femmes, épouses ou non, n'est autorisée qu'au titre d'invitées de ces messieurs. « Cela s'est un peu modernisé. Maintenant, nous avons des femmes qui viennent au restaurant, mais seulement si elles sont accompagnées »...

Certains clubs ont évolué en véritables associations internationales suivant leurs disciplines : ainsi le Royal Automobile Club, regroupe des amateurs de voitures, le PEN International (ex-PEN Club), des écrivains, ...

## L'Opus Dei (1928 à nos jours)

On ne peut pas évoquer les réseaux sans citer l'Opus Dei, qui est un cas très particulier, dont tout un chacun a pu entendre parler sans bien savoir ce qu'il en est.
C'est une institution de l'Église catholique romaine fondée en 1928, qui promeut notamment la sainteté au milieu du monde, aussi bien pour les laïcs que pour les prêtres. Le principal message de cette association est que chacun peut transformer son travail, ses loisirs, et sa vie de famille en des moments de rencontre avec Dieu.

### Des secrets jalousement gardés

L'Opus Dei est caractérisée par son opacité et son secret. Née dans les années troubles précédant la guerre civile espagnole, elle connaîtra une expansion internationale après la seconde guerre mondiale. « L'Œuvre » reste fortement marquée par ce contexte de soutien du pouvoir politico-religieux sous le Général Franco, ce qui explique son attachement inconditionnel à l'appareil ecclésiastique préconciliaire, son opposition au communisme et son goût prononcé pour la clandestinité.

### Scandales cachés et légende tenace

Il faut ajouter qu'une série de scandales financiers touchant des membres de l'Opus Dei a révélé au grand public certaines de ses activités. En effet, derrière cette association purement spirituelle, gravitent une nébuleuse de sociétés, de banques et de fondations, dirigées anonymement par des membres de l'Opus.

La lecture attentive des revues ou journaux qui l'évoquent vous renseignera régulièrement sur cet autre « marronnier » qu'est l'Opus Dei et sur ses membres supposés, proches de nos gouvernants, des organes de décision européens et bien sûr du Vatican... Nous nous dispenserons ici de leur évocation.
L'Opus Dei est l'illustration de ce que peut représenter un réseau fermé par rapport aux réseaux ouverts.

## 1.4 Les réseaux du XIXème siècle qui perdurent

On évoquera ici les réseaux qui se présentent comme des « cercles » ou « Clubs » affectés à des lieux (hôtels particuliers ou ensembles sportifs ou culturels). Ces établissements ont vu leur avenir considérablement modifié après 1914. L'accélération du processus de démocratisation de la société française, mais aussi la fragilisation économique des élites anciennes dans la conjoncture chaotique de 1914-1918, puis pendant la crise des années 1929/30, ont entraîné l'affaiblissement de ces clubs sur le plan social et financier.

**Toutefois, ils représentent des institutions que l'on ne peut ignorer**

Tenter d'y adhérer est un challenge pour beaucoup. Y être invité est plus accessible et le simple fait de se retrouver sous leurs « ors » est un rare plaisir que vous pourrez peut-être apprécier.

Ces clubs sont toujours des réseaux professionnels efficaces et assez homogènes qui favorisent souvent les communautés d'intérêts entre politique et business...

**Le Jockey Club**

Né en 1834, il est aujourd'hui l'un des cercles les plus sélects et chics de Paris. À l'époque s'y retrouvent tous les principaux noms de l'aristocratie française ainsi que des représentants des noblesses étrangères. Marcel Proust cite le Jockey Club à de nombreuses reprises comme le cercle le plus fermé du monde, le sanctuaire de l'élite ou encore le monde de l'entre soi.

Si vous avez l'occasion d'y être invité, vous aurez l'impression d'être à Londres sans avoir traversé la Manche.

**Le Cercle du Bois de Boulogne, devenu « Le tir aux pigeons » ou « Tir » pour les habitués.**

Le Cercle du Bois de Boulogne, route de l'Étoile au bois de Boulogne, fondé en 1860, a eu vocation à mettre en contact artistes et « gens du monde ». Cercle masculin avant de devenir un club de sport familial, il est ouvert dès sa naissance à une élite bourgeoise, issue des affaires, de la politique et des milieux intellectuels.

Deux parrains et beaucoup de patience vous seront nécessaires pour y rentrer (jusqu'à 5 ans d'attente) et la « recommandation » y est plus que nécessaire
Ses prestations actuelles sont le sport, les fêtes familiales, le réseautage ou des repas d'affaires en toute quiétude.

**Le Yacht Club de France**
Créée en 1867 sous l'égide de Napoléon III, le club a pour objet de développer des activités dédiées à la promotion de la navigation de plaisance et à l'organisation de régates.
Il parraine notamment l'organisation du sauvetage en mer (la SNSM), comme la Coupe d'automne du Yacht Club de France qui permet aux voiliers de tradition ayant participé aux Régates Royales de Cannes de rallier en course Saint-Tropez et ses "Voiles".
Une bonne table pour y traiter ses hôtes d'honneur et réseauter en toute discrétion.

**Le Racing** devenu le **Lagardère Racing Club de Paris**
Il est né en 1886 et a été repris par Arnaud Lagardère en juillet 2006. Localisé dans le Bois de Boulogne, il offre de belles prestations : c'est l'un des plus beaux et des plus prestigieux clubs de sport de Paris. Les équipements sont exceptionnels : 45 courts de tennis de toutes les surfaces, 2 bassins de natation dont 1 olympique ouvert en toute saison, un vaste choix d'activités sportives au sein du Club-house, des infrastructures en extérieure (6 terrains) et 3 écoles de sport pour les enfants (tennis, natation et multisports).

**Le Polo**
Le Polo de Bagatelle a été fondé en 1892, il est installé sur de superbes terrains route des Moulins aussi dans le Bois de Boulogne.
Le Polo est un club très « familial avec enfants » contrairement aux autres clubs parisiens, la pratique facile de beaucoup de sports (y compris le bridge et les échecs !) dans un cadre féerique, en est probablement l'explication. De fait, ses adhérents sont plus jeunes (quarantaine ou cinquantaine active).

**L'Automobile Club**
Né en 1895 est logé place de la Concorde à Paris

Les membres, très marqués par le monde de l'automobile bien sûr, depuis celle de ses fondateurs dont le Comte de Dion faisait – entre autres – partie jusqu'à à sa présidence actuelle. Aristocratie et bourgeoisie des affaires s'y côtoient avec confidentialité. Port de la cravate obligatoire et femmes non admises.
Membre ou sur invitation de l'un d'entre eux, vous pourrez y déjeuner, ou profiter de sa terrasse d'où vous dominez la Place de la Concorde, magnifique le soir avec les illuminations de la Tour Eiffel à l'Arc de Triomphe et l'Assemblée Nationale en face !

**L'Aéro-Club de France**
Créé en 1898, l'Aéro-Club de France adapte son action tout en conservant certains de ses rôles originels à savoir la promotion de l'aviation au travers de coupes et de prix, homologation des records, distinction des grands acteurs de l'aéronautique puis de l'espace et célébrations des événements fondateurs de la conquête de l'air. C'est un lieu prestigieux, rue Galilée dans le 16ème arrondissement de Paris, pour organiser colloques et autres manifestations d'entreprises ou familiales.

**The Travellers**
Né en 1903, sur l'avenue des Champs-Élysées à Paris, il offre le privilège rare de pouvoir déjeuner dans le dernier hôtel particulier des Champs-Élysées, construit pour la Païva, courtisane du Second Empire. Ses membres, hommes d'affaires, banquiers anglo-saxons, jeunes chefs d'entreprise ou écrivains connus ont le plaisir de profiter d'un décor discret et luxueux sur une des plus belles avenues du monde !

**Le Cercle de l'Union Interalliée**
Il voit le jour en 1917. Installé rue du faubourg Saint-Honoré, dans un hôtel particulier prêté par Henri de Rothschild, il devient aussi un haut lieu de la convivialité mondaine, puisque pour la première fois, les femmes peuvent y être admises.
En s'ouvrant à une nouvelle clientèle, ce cercle hautement aristocratique se classe aujourd'hui parmi les plus actifs et son Président actuel, Denis de Kergorlay, y œuvre avec compétence et efficacité.
Les fêtes, conférences, concerts, cocktails et autres réunions de clubs y sont sublimes et déjeuner frugalement au bord de la

piscine est un régal. Et que dire des soirées dans le parc et de la terrasse plein sud...

## Quelques clubs institutionnels en région

Citons quelques lieux bien connus de certaines villes en région où vous retrouverez l'ambiance des clubs parisiens cités plus haut.

### A Lyon tout d'abord

**Le Cercle de l'Union**

C'est le plus ancien cercle de Lyon. Presque centenaire, ce très cossu club à l'anglaise est aussi le plus traditionnel, à l'image de son siège, historiquement installé dans un bourgeois appartement place Bellecour. S'y retrouvent régulièrement les 490 membres du cercle, pour la plupart banquiers, chefs d'entreprise, professions libérales, notables lyonnais, en exercice ou à la retraite, puisque le Cercle de l'union conserve, contrairement à d'autres, ses membres sans limite d'âge.
Le Cercle de l'union n'accepte pas les femmes en son sein, mais elles sont invitées à certaines manifestations.

**Le Prisme**

Dans le 6ème arrondissement dans un appartement XIXe siècle élégamment rénové, c'est là que Le Prisme a élu domicile. Très sélect, Le Prisme, fondé il y a une vingtaine d'années s'affiche sans complexe comme un "club d'affaires". Il rassemble essentiellement des industriels et des professions libérales en activité. Une fois retirés des affaires, ses membres ont deux années pour partir ...

### A Marseille ensuite

**Le Cercle des nageurs de Marseille** (CNM) : Incontournable. On n'y entre pas comme dans un moulin. La règle est immuable : celle de la cooptation. Le règlement, parfois, prête à sourire, telle la procédure qui prévoit une « lettre de moralité ». Mais derrière le folklore de l'exercice, il s'agit aussi de verrous très efficaces pour garantir l'homogénéité des membres.

**La Pelle.**

Six cents familles sont enregistrées au club créé en 1923. Issus de la bourgeoisie marchande qui dominait alors la ville. Si La Pelle est au départ un club d'aviron, les rames ont depuis été rangées. L'endroit, avec sa piscine, ses terrains de volley et de pétanque, ses solariums, et son restaurant, demeure un des lieux ultra sélects de Marseille. Le temps d'attente pour y entrer est long, au bas mot trois ans de patience.

**Aux Catalans**, mêmes principes ou presque qu'à La Pelle, avec cette fois, trois piscines. Quelques 3 200 personnes détiennent le précieux sésame.

**Le Cercle Monte-Cristo**, est l'endroit de France le plus fermé pour taper la boule. Dans cet ancien relais de chasse, situé en haut de la Canebière, on est exclusivement entre hommes.

**Les Boulomanes** ont été créés en 1828. Dans ses somptueux salons, on dispute également des parties de cartes ou de billard. On y rencontre toute une série de personnages influents, dont des politiques, à commencer par le maire de Marseille, un habitué. A noter que la tendance est plus aux sexagénaires qu'aux quadras.

**A Bordeaux et ailleurs en France...**
**L'Union Club Bordelais** ou la **Villa Primerose** sont incontournables à **Bordeaux**, ainsi que le **Cercle** à **Deauville**, en passant par le **Cercle Anglais** à **Pau**. Nos notables de province aiment aussi cultiver l'art de l'entre soi.

Rappelons aussi l'existence, dans de nombreuses métropoles, des **Cercles Militaires** qui sont souvent de bonnes portes d'entrées vers les réseaux locaux.

Où que vous alliez, vous identifierez donc rapidement les clubs d'affaires ou les cercles privés où il faudra vous faire reconnaître et admettre, si cela fait partie de vos objectifs, dans le cadre de votre stratégie de réseautage.
Ce sera parfois plus difficile en province, surtout si vous êtes parisien, car nos amis, à l'extérieur du périphérique, se méfient – souvent à juste titre – de ce qui ressemble à des « oiseaux de passage ».
Pour eux, l'enracinement local, souvent depuis plusieurs générations, est un gage de sérieux et de confiance validée par une présence de long terme.

## Quelques clubs institutionnels des pays voisins francophones

Nous ne recherchons absolument pas l'exhaustivité. Notre propos ici est d'illustrer, au travers de quelques exemples choisis, le continuum des réseaux traditionnels au sein de l'Europe francophone.

### En Belgique

**Le Château Sainte-Anne** : ce très chic club Bruxellois a récemment englobé le cercle Val Duchesse dont les membres, hommes et femmes, ont une moyenne d'âge de 35 ans. Cette fusion permet au château Sainte-Anne de réunir des publics plus variés et intergénérationnels, dans un esprit plus international et ouvert sur d'autres horizons que le simple networking professionnel.

**Le Cercle du Léo** : Le Royal Léopold Club ajoute en septembre 2015 une nouvelle section à ses divisions sportives déjà bien connues et propose, à travers le tout nouveau Cercle du Léo, des activités à vocation essentiellement culturelles. Le Cercle du Léo trouve ses origines dans l'association « Bruxelles Animation » et dans le « Brussels Club ».

**Le Cercle de Lorraine** : c'est le temple du networking des grands hommes d'affaires, des cadres financiers et des dirigeants d'entreprises en Belgique… Il occupe l'hôtel Mérode, face au Palais de Justice à Bruxelles.

**Le B 19** : ce jeune cercle créé en 2013, a pour ambition de dépoussiérer les codes des clubs privés pour les remettre au goût du jour, en proposant notamment des conférences et activités de haute qualité. Situé à côté du centre sportif du David Lloyd au Fort Jaco, il y réunit la « jeunesse » dorée ou ambitieuse de Bruxelles, entre 30 et 50 ans.

**Le Cercle du Lac** : situé à Louvain-La-Neuve, ce cercle se définit comme un "carrefour rencontre des entrepreneurs".

**Le Cercle royal Gaulois** : un des plus anciens et prestigieux club privé de Belgique à Bruxelles, au cœur du quartier des institutions du pays.

**En Suisse**

On citera notamment à **Genève** le **Cercle de la Terrasse**, où on accueillera sur carton d'invitation des hommes et femmes de préférence en habit de soirée...

**Le Cercle de la Grande Société** à **Berne**, plutôt réservé aux hommes et exclusivement sur carton d'invitation.

Et enfin le **Club Baur au Lac**, à **Zurich**, « City Club for gentlemen and ladies » toujours sur carton d'invitation, accessoirement interdit aux enfants de moins de 12 ans et où le port du Jean n'est pas toléré...

## 2. Les multiples réseaux sociaux d'aujourd'hui

Avant même de parler des réseaux sociaux, il convient de rappeler que le monde d'aujourd'hui est un « monde de réseaux » : réseaux d'anciens élèves ou d'entrepreneurs, réseaux « aristocratiques » ou culturels, réseaux urbains ou réseaux territoriaux, ... tous sont pour chacun d'entre nous des opportunités de rencontres et de contacts nouveaux, de possibilités de stage ou d'emploi, d'affaires potentielles ...
Il ne saurait ici être question d'une impossible exhaustivité. En revanche, nous vous proposons quelques clefs d'entrée sur les réseaux d'aujourd'hui, leurs intérêts comme leurs différences. Cette revue des « réseaux réels d'aujourd'hui » vous procurera certainement des idées pour mieux réseauter.
Bref, avant Facebook, regardons déjà autour de nous où et comment réseauter dans le monde réel.

**Des réseaux réels qui perdurent voire se développent**
Caractéristique fondamentale, l'influence de ces réseaux réels est aujourd'hui demeurée identique voire supérieure à ce qu'elle a pu être.

Dans l'histoire des grands réseaux beaucoup ont donc survécu, sont devenus et demeurent des « institutions ». Les raisons en sont multiples et combinées : la place qu'ils occupent dans le monde en raison du nombre de leurs membres et de leur objet social (Rotary ou Lions par exemple), leur puissance et leur influence, ... ou même le lieu de leur siège[3] qui les rend incontournables et pérennes pour une population ciblée, sensible à la reconnaissance et l'efficacité qu'ils leurs procurent en termes d'opportunités d'affaires et de standing.

Certains de ces grands réseaux, pour développer des stratégies leur permettant de maximiser leur influence, ont même « généré des petits », créant ainsi une constellation pluri-générationnelle à leur culture (LeoClub pour Lions Club, Intaract et Rotaract pour Rotary, ...). Cette évolution majeure leur a en outre permis de mieux segmenter leur offre en

---

[3] *Bâtiments souvent prestigieux et emblématiques*

direction des plus jeunes générations, d'autres cultures, voire de nouvelles catégories préalablement non concernées.

**Les réseaux virtuels ne se sont pas substitués aux réseaux réels**
Il est de plus nécessaire de préciser que les réseaux virtuels ne se sont en aucune manière substitués aux réseaux classiques et réels. Les nouveaux réseaux virtuels, nés avec l'internet à la fin du XXème siècle, sont en effet un complément, s'adressant à d'autres catégories de membres. Il est clair qu'ils n'adressent ni les mêmes sujets et préoccupations, ni les mêmes clientèles : Facebook n'est pas la version OnLine du Rotary, pas plus que Linkedin ne se compare au Centre des Jeunes Dirigeants ou au MEDEF-Jeunes ...

## 2.1 Les réseaux sociaux réels

### Les réseaux regroupant d'anciens élèves

Si vous avez une bonne mémoire ou si, grâce à une lecture assidue de ce livre, vous vous penchez sur votre passé (à l'aide de « copains d'avant » ou d'autres sites de « retrouvailles »), vous validerez rapidement que, comme nous l'avons déjà indiqué, après la famille, les premiers réseaux vous viennent des classes primaires, secondaires et autres.

**Les étapes de la solidarité**
Avoir passé ensemble le Bac, les classes préparatoires, un internat, ... crée des liens durables que, parfois, la pratique d'une activité sportive commune aura permis de prolonger. Sans oublier les premières randonnées en vélo, voire les premières « boum » ou autres sorties mixtes d'adolescents, voir les « rallyes » des beaux quartiers où les mamans faisaient œuvre d'influence pour y faire rentrer leur progéniture (qui souvent, après essais, tentait de s'en dispenser rapidement... ).

**Le bonus des pensionnaires**
Ceux qui ont été en pension ont encore plus de chance que les autres car cet environnement clos, s'il crée parfois des inimitiés durables, est le plus souvent porteur d'amitiés indéfectibles.
Si de plus, n'étant pas dans une famille de militaires ou autres corporation ayant tous les quatre ou cinq ans changé de ville, vous êtes resté dans votre zone géographique d'origine, la qualité et la mobilisation de ce premier réseau de proximité vous sera aisée.

**L'exploitation des opportunités**
Il vous arrivera sans doute, aux hasards de la vie, de retrouver ces relations d'autrefois. C'est souvent un moment magique qu'il est parfois possible de convertir en réseau efficace et profitable pour tous.
L'entrée dans l'enseignement dit « supérieur » laisse des traces différentes selon les options choisies.
Les IUT ou autres formations d'apprentissages concrets et pratiques semblent plus appropriés à la création de relations durables (sans doute par ce que plus sédentaires ?) alors que les facultés, peut-être par les carrières dispersées qu'elles

facilitent, génèrent moins de pérennités dans les liens à long terme. L'exemple de Dauphine à Paris est à ce titre frappant : plus de 65 000 étudiants y sont passés depuis sa création en 1968 et l'Assemblée des anciens élèves compte à peine 2000 membres.

**Les parcours discriminants**

Les écoles spécialisées « post bac » qu'elles soient dans le commerce, les formations d'ingénieurs ou toutes autres disciplines, semblent développer (et cela va en s'accélérant) une vraie « culture réseau ».

C'est encore plus le cas pour celles qui se font après une « prépa » et nombre d'écoles de commerce introduisent même dans les frais de scolarité de leurs étudiants la « cotisation à vie » de leurs futurs ancien élèves, afin de muscler et de pérenniser les activités des alumnis. C'est le cas par exemple de l'EDHEC[4] et de bien d'autres.

Leurs réseaux d'anciens en sont ainsi devenus, avec notamment l'appui des annuaires sur internet, un puissant levier d'action dans les aides au retour à l'emploi en cas de besoin. Sans oublier la relocalisation en cas de déménagement ou l'entraide intergénérationnelle organisée et efficace entre membres de leurs associations.

Ces très nombreuses Associations d'anciens élèves (Alumnis) représentent, comme dans le monde anglo-saxon qui en est la référence, des réseaux d'aide et d'influence considérables.

Au travers de leurs multiples activités, elles créent ces liens entre générations, facilités par le tutoiement automatique, socle d'un excellent et puissant réseautage.

**Le cas particuliers des « grandes écoles françaises »**

Le summum en est atteint par celles que l'on appelle « les grandes écoles ». Nous en citerons quelques-unes classées selon la date de leur création afin d'éviter toute idée de classement par valeur hiérarchique ou intérêt !

---

[4] *l'EDHEC représente un réseau puissant et influent de 40.000 alumnis à travers le monde*

### L'École Nationale des Ponts et Chaussées[5]

L'École Nationale des Ponts et Chaussées[6] est l'une des 210 écoles d'ingénieurs françaises habilitées à délivrer un diplôme d'ingénieur. Elle est membre du réseau d'écoles et universités ParisTech.

Le réseau de son association d'anciens, l'association Ponts Alliance, reconnue d'utilité publique, a été créée en 1860 et regroupe aujourd'hui **13 000** anciens. C'est un excellent réseau où vous trouverez des liens avec d'autres ressortissants de grandes écoles et ce dans de nombreux domaines de l'activité économique en France et à l'étranger.

### L'École Nationale Supérieure des Arts et Métiers[7]

Les ingénieurs Arts et métiers[8] (surnommé « Gadzarts ») sont des ingénieurs généralistes de hautes compétences techniques, pragmatiques et polyvalents. La formation offerte par les Arts et Métiers, également membre du réseau ParisTech, a toujours eu une vocation d'ascenseur social. La Société des ingénieurs Arts et Métiers (SOCE), fondée en 1846, est une des plus anciennes associations d'anciens élèves de France et l'une des plus nombreuses avec plus de 34 000 adhérents. C'est un puissant réseau qui porte cette spécificité d'entraide propre à cette école dont les valeurs sont très fortement rattachées à son histoire.

### L'École Polytechnique (X)[9]

L'École polytechnique[10], est surnommée en France l'« X ». L'École polytechnique associe recherche, enseignement et innovation au meilleur niveau scientifique et technologique. Sa formation promeut une culture d'excellence à forte dominante scientifique, ouverte sur une grande tradition humaniste. L'École forme des femmes et des hommes responsables, capables de mener des activités complexes et innovantes pour répondre aux défis actuels et à venir de la société.

---

[5] *Créée en 1747, par Daniel-Charles Trudaine sous le nom d'École royale des ponts et chaussées*

[6] *https://www.enpc.fr/*

[7] *Arts et Métiers ParisTech est l'une des plus anciennes écoles d'ingénieurs de France, fondée en 1780 par le duc de La Rochefoucauld-Liancourt.)*

[8] *https://artsetmetiers.fr/*

[9] *C'est une école d'ingénieurs fondée en 1794 et militarisée en 1804 par Napoléon Ier*

[10] *https://www.polytechnique.edu/*

Le Bal annuel de l'X est un évènement social important, marqueur fort de cette école comme le stage en préfecture ou la participation au défilé du 14 juillet. La force de la communauté des anciens élèves a conduit Jacques Kosciusko-Morizet (X lui-même, père et grand-père d'X connus) à écrire un livre intitulé la « mafia polytechnicienne ». Nous connaissons bien d'autres lignées de polytechniciens tout aussi remarquables qui donnent tout son sens très positivement au vieil adage *« les chiens ne font pas des chats »*...
L'association des anciens élèves compte environ 13 400 membres.

**L'École Nationale supérieure des Mines de Paris[11]**
Les Mines[12] assurent une solide culture scientifique commune dans les disciplines fondamentales. C'est une école d'ingénieurs généraliste, également membre du réseau ParisTech, qui se veut proche des entreprises avec le double credo d'apprendre à anticiper et à innover. L'association amicale des anciens élèves de l'Ecole Nationale Supérieure des Mines de Paris a été fondée dès 1864 et reconnue d'utilité publique par décret du 20 avril 1881. C'est un efficace réseau d'environ 13 400 anciens répartis tant dans le public que dans le privé à des postes décisionnaires.

**L'Institut d'Etudes Politiques de Paris (Sciences PO)[13]**
Sciences Po[14] est un établissement public d'enseignement supérieur et de recherche dans les domaines des sciences humaines et sociales et des relations internationales. Un grand nombre d'anciens ont fait carrière dans la politique, la haute fonction publique, les médias, la recherche scientifique ou les entreprises en France et dans le monde.
L'association compte environ 65 000 anciens élèves qui ne sont pas tous membres pour autant.

---

[11] *L'École nationale supérieure des Mines de Paris a été fondée en 1864*
[12] *http://www.mines-paristech.fr/*
[13] *L'Institut d'études politiques de Paris (IEP de Paris) a été fondé en 1872*
[14] *http://www.sciencespo.fr/*

## L'École Nationale d'Administration (ENA)[15]

L'ENA[16] accueille chaque année à Strasbourg de 80 à 100 élèves. Les anciens élèves de l'école sont communément appelés « énarques » et regroupe environ 6 000 anciens.

C'est un réseau incontournable, inséré dans toutes les arcanes du pouvoir tant public que privé, indispensable à côtoyer à certains stades de la hiérarchie professionnelle mais, vous l'aurez compris, beaucoup pensent que cette « spécificité française » qu'est l'ENA, n'est pas forcément enviée par nos voisins européens...

Pour mémoire, on citera quelques anciens parmi les plus célèbres : Valéry Giscard d'Estaing, Jacques Chirac, François Hollande, Emmanuel Macron, Laurent Fabius, Michel Rocard, Edouard Balladur, Alain Juppé, Valérie Pécresse, Lionel Jospin, Dominique de Villepin, Édouard Philippe, Jacques Attali, Alain Minc, ... sans oublier quelques barons de l'industrie : Louis Gallois, Gérard Mestrallet, Ernest Antoine Seillière, Jean Claude Trichet, Frédéric Saint-Geours, Frédéric Oudéa, Henri de Castries, Jean-Marie Messier, Jean Pierre Juillet, Beaudoin Prot, Alexandre Bompard, ... et tant d'autres.

**Citons également quelques grandes écoles de commerce, parmi les plus connues** :

L'École des Hautes Études Commerciales de Paris[17] (HEC) dont l'association des anciens est une des plus développée avec 57 000 membres, l'ESSEC[18] vient ensuite avec 50 000 anciens, l'ESCP[19] et l'EDHEC[20] regroupant chacune 40 000 membres.

Voici des réseaux actifs dont nous ne pouvons que remarquer la puissance en nombre et en efficacité.

Notons enfin qu'il n'y a « pas que » les grandes écoles qui organisent leurs anciens en réseaux. Ainsi, la plupart des établissements scolaires ou universitaires ont une association d'anciens élèves, plus ou moins bien structurée

---

[15] *L'École nationale d'administration a été créée en 1945 pour démocratiser l'accès à la haute fonction publique de l'État*

[16] *https://www.ena.fr/*

[17] *http://www.hec.fr/*

[18] *http://www.essec.edu/en/*

[19] *http://www.escpeurope.eu/home_fr.html*

[20] *https://www.edhec.edu/fr*

et organisée (anciens de Berthelot, du lycée Fénelon, du collège Pierre de Fermat, etc…).

**Les grandes universités à travers le monde : classement de Shanghai et réseautage parental**

Les grandes universités (notamment américaines) n'ont rien à envier à nos grandes écoles en matière de réseautage.

Un classement dit « classement de Shanghai » les répertorie chaque année et publie une liste des 500 meilleures universités au monde. En 2017 et comme chaque année, les établissements américains dominent largement, Harvard, Stanford, le MIT et Berkeley en tête. La position de la France a reculé par rapport au classement 2016 : elle ne compte que 20 universités (contre 22 en 2016) au classement et seulement 3 dans le top 100.

Les universités américaines gardent leur suprématie, sur les 20 premières universités qui figurent au classement, seize sont américaines, parmi lesquelles celle d'Harvard (toujours en pole position) et de Stanford (2ème place).

Au cas où vous-même, ou vos enfants, auriez le niveau suffisant pour intégrer l'une de ces prestigieuses universités, la traditionnelle cérémonie de « remise des diplômes » est autant un fabuleux lieu de réseautage pour les diplômés … que pour leurs parents et les familles.

Où est le temps de la première place dans le monde de la Sorbonne, créée au 13ème siècle par Robert de Sorbon ?

## Les réseaux d'entrepreneurs

De tous temps, les entrepreneurs se sont regroupés, que ce soit par métiers ou par régions géographiques. Ils forment des réseaux puissants, à l'influence économique et politique établie. Nous citerons ici les réseaux essentiels, sans rechercher l'exhaustivité. Nous mettons de côté un certain nombre de réseaux que vous retrouverez détaillés dans la partie 7 : l'ANDRH, l'APM, BNI, le CJD, Daubigny, les DCF, l'IESF et WikiPME.

**Le MEDEF**[21]

C'est probablement le plus connu, le plus politique également. Force de proposition politique, mouvement de représentation patronal, organisation de lobbying, … le MEDEF et ses multiples

---

[21] *http://www.medef.com*

composantes est un réseau puissant, excellemment implanté en Régions.
Le MEDEF se veut être un partenaire essentiel du dialogue social, un porte-parole omniprésent des entreprises et un acteur déterminé du changement. Plus de 20 000 mandataires portent et défendent les propositions des entrepreneurs dans toutes les instances paritaires économiques et sociales, à tous les niveaux.
Son rayonnement n'est plus cependant ce qu'il a été, à l'heure où de nombreux réseaux et clubs d'entrepreneurs et de chefs d'entreprises, « StartUp-ers » ou pas ont éclos.

**La CPME**[22] (ex CGPME, Confédération Générale des Petites et Moyennes Entreprises)
Organisation patronale interprofessionnelle, privée et indépendante, dont la représentativité est officiellement reconnue, elle a vu son influence diminuer également.
Elle assure la représentation et la défense de l'ensemble des petites et moyennes entreprises, tous secteurs confondus (industrie, commerce, services, artisanat), au niveau national, tant auprès des pouvoirs publics que des partenaires sociaux, ainsi qu'au niveau international. Elle regroupe à la fois des fédérations professionnelles et des structures territoriales interprofessionnelles
Elle aussi, quoique toujours remarquablement implantée, voit son rôle autrefois primordial aujourd'hui diminué.

**L'AFEP**
Moins connue, mais tout aussi influente, l'AFEP[23] réunit les grandes entreprises présentes en France. Elle est basée à Paris et à Bruxelles. L'AFEP a pour objectif de contribuer à l'élaboration d'un environnement favorable au développement de l'activité économique et de porter la vision des entreprises auprès des autorités françaises et européennes et des organisations internationales. Le rétablissement de la compétitivité des entreprises pour assurer une croissance et des emplois durables en Europe et répondre aux défis de la mondialisation est au cœur des préoccupations de l'AFEP. L'AFEP compte 112 entreprises membres, qui emploient plus de

---

[22] *https://www.cpme.fr*
[23] *http://www.afep.com*

8 millions de personnes et représentent un chiffre d'affaires annuel cumulé de 2600 milliards d'euros.
L' AFEP contribue à l'élaboration des réglementations à caractère horizontal en matière d'économie, de fiscalité, de droit des sociétés et de gouvernement d'entreprise, de financement des entreprises et de marchés financiers, de concurrence, de propriété intellectuelle et de consommation, de droit du travail et de protection sociale, d'environnement et d'énergie, de responsabilité sociétale des entreprises.

**Les CCI**
Plus opérationnelles et véritables organisations territoriales, les Chambres de Commerce maillent tout le territoire. Regroupées au sein de CCI France[24], elles forment un réseau également très structuré et puissant. Nous recommandons aux jeunes entrepreneurs le réseautage au sein de leur CCI : il est certain qu'ils y feront des rencontres porteuses et probablement efficaces. Elles promeuvent et facilitent le développement des entreprises adhérentes, facilitent et soutiennent les créations, comme les éventuelles cessions ou acquisitions d'entreprises, prodiguent de très nombreuses formations, assurent des services d'intelligence et informations économiques, ... CCI France revendique également la représentation de plus de 2 millions d'entreprises privées françaises.

**L'APM**
L'Association pour le Progrès du Management[25], créée par Pierre BELLON regroupe des dirigeants qui se perfectionnent dans le but de faire progresser durablement leur entreprise. Réseau indépendant et apolitique, ses membres se réunissent une fois par mois pour une journée de formation pendant laquelle ils améliorent leurs compétences managériales. L'objectif pour tous : « décrocher du bureau » et se former à une réflexion plus active sur son environnement, son être et son savoir-être.
L'APM est présente dans plus de 400 clubs sur tout le territoire français, ainsi qu'à l'étranger. C'est un excellent réseau pour les dirigeants qui souhaitent s'ouvrir vers l'extérieur

---

[24] *http://www.cci.fr/*
[25] *https://www.apm.fr/*

**GERME**

GERME[26], traduisez Groupes d'Entraînement et de Réflexion au Management des Entreprises, est une Association loi de 1901, créée en 1998.

GERME est un organisme de formation visant la "transformation" positive des managers, des dirigeants et de leurs collaborateurs. Son ambition est de faire germer un management et un mode d'organisation d'un genre nouveau au sein de l'entreprise.

La transformation repose sur trois principes :

- L'engagement dans la durée
- L'entraînement pour faire évoluer son rôle de manager
- Une organisation en réseau collaborative et apprenante

GERME a pour vocation de former des managers, développeurs d'intelligence collective dans les organisations. C'est un organisme de formation en management fonctionnant en réseau à travers 150 groupes répartis sur tout le territoire. GERME, c'est plus de 2400 membres participants, 140 animateurs pilotes de groupes et 250 intervenants qui partagent une dynamique d'apprentissage au service du progrès humain et de la performance économique.

**BDN**

BDN[27] signifie Business Development Network. C'est un club moins formalisé que d'autres, mais très qualitatif. Dédié à l'apport d'affaires, ses réunions au Palais Royal permettent à ses membres de développer réseau et business de manière conviviale et pratique. Le club BDN propose une gamme complète de supports et d'outils pour nourrir des relations de confiance et développer, sur la base de recommandations, des affaires ensemble.

**Femmes Business Angels[28]**

C'est une des associations de Business Angels réunissant et accompagnant évidemment des femmes, chefs d'entreprises, cadres supérieurs ou professions libérales, qui souhaitent faire progresser leur engagement dans la vie économique.

---

[26] *http://www.germe.com*

[27] *club-bdn.com*

[28] *http://www.femmesbusinessangels.org/*

Elles investissent du temps, des compétences et des ressources (minimum 20.000 euros sur deux ans) dans le soutien à une entreprise en création, tout en restant actionnaire minoritaire. C'est le premier réseau féminin de business angels en Europe, présidé par la dynamique Agnès Fourcade.

**Le Wine & Business Club**[29]

Ce club-réseau a été créé il y une vingtaine d'année par Alain Marty. Il en a fait, notamment avec ses implantations en province et à l'étranger, le premier réseau européen de chefs d'entreprise et professions libérales amateurs de vin. Il rassemble 2.500 membres dans seize clubs répartis dans quatorze villes françaises et européennes.

Organisées dans des hauts lieux de la gastronomie, les soirées accueillent des personnalités médiatiques à l'occasion de dîners-dégustations de grands crus dans des établissements de prestige (à Paris, à l'Hôtel Bristol en ce moment par exemple).

L'avantage pour chacun, sur invitation, c'est que l'on peut gracieusement réseauter pendant la première partie de la soirée en assistant aux conférences qu'Alain Marty anime avec brio, déguster les alcools et vins que ses partenaires présentent. Pour rester ensuite au dîner, il vous faudra faire partie du club, ou être invité par un membre. Le Wine est une excellente opportunité pour découvrir, tant à Paris qu'en province, l'art du réseautage.

**CroissancePlus**

Ce club[30] réunit des dirigeants d'entreprises en forte croissance et leur partenaires dans le but d'imposer un nouveau modèle entrepreneurial et de soutenir la création d'entreprises et l'emploi, tout en en partageant les fruits de la croissance. Premier réseau d'entrepreneurs de croissance, ses membres sont engagés pour libérer l'économie et favoriser la croissance des entreprises.

Pour relancer la croissance et offrir aux générations futures une économie créatrice d'emplois, CroissancePlus est convaincue qu'il est temps de libérer l'économie, de desserrer les contraintes qui finissent par décourager l'effort, d'assurer une véritable équité entre tous les acteurs économiques, de se doter d'un

---

[29] *https://winebusinessclub.com/*

[30] *http://www.croissanceplus.com*

environnement réglementaire propice à la croissance de nos entreprises et aux bouleversements technologiques en cours, pour favoriser la création de richesses et d'emplois pour la France. Et enfin, de partager les fruits de la valeur créée comme juste rétribution des efforts de chacun. Croire à l'initiative individuelle et à la responsabilité des acteurs économiques.
Animé aujourd'hui par Jean-Baptiste Danet, on citera parmi ses anciens Présidents Charles Beigbeder, Denis Payre, Frédéric Bedin ou Geoffroy Roux de Bézieux.

**Les EDC[31]**
Le mouvement des Entrepreneurs et dirigeants chrétiens (EDC) rassemble plus de 3200 dirigeants et chefs d'entreprise issus de tous les secteurs d'activités de l'économie, de la PME au grand groupe. On y retrouve selon les époques les familles Chotard, Leclerc, Mulliez ...

**Le XXI[32]**
Très intéressant et significatif, le Club XXI° Siècle dont l'origine est récente (2004) est un club, mais également déjà un réseau très puissant et influent, qui favorise l'émergence et souhaite donner le goût de la réussite aux jeunes issus de la diversité. Ses membres, brillants entrepreneurs et managers, se battent pour changer les cultures et briser les plafonds de verre. Créée par le très discret mais non moins influent Hakim El Karoui, il est aujourd'hui présidé par Jacques Galvani.
Le Club XXIe Siècle défend, en toute indépendance, une vision positive de la diversité, de l'égalité des chances et de la méritocratie républicaine. Au quotidien, les membres du Club agissent sur le terrain à travers des réalisations concrètes pour faire bouger les lignes.
Think tank et do tank, le club est également un réservoir d'idées et d'actions en faveur de la diversité. Ces actions portent sur l'accompagnement de talents à travers le coaching, le mentorat ou encore le suivi de carrière. Mentoring efficace oblige, la plupart de ses membres prennent quelques jeunes sous leurs ailes bienveillantes.
Réseau à suivre ...

---

[31] *www.lesedc.org*
[32] *http://club21siecle.org*

**ETHIC** (Entreprises à Taille Humaine, Indépendantes et de Croissance)

Association présidé depuis 1995 par Sophie de Menthon, ETHIC[33] propose avant tout une vision résolument moderne du monde de l'entreprise, souhaite mettre l'entreprise au cœur de la société. Elle représente tous les dirigeants, quels que soient leurs secteurs et leurs activités, et défend leurs intérêts sans aucun corporatisme. De nombreuses réunions annuelles réunissent ses membres avec des personnalités des mondes économique et politique.

C'est un réseau représentatif du tissu entrepreneurial français avec plus de 5 000 sympathisants et 350 membres actifs de toutes tailles (CAC 40, ETI, PME, TPE dont la répartition correspond à celle du maillage des entreprises en France) mais aussi une douzaine de fédérations professionnelles. Agitateur d'idées, ETHIC réagit régulièrement à l'actualité sur les sujets qui concernent les entreprises au quotidien et soumet des propositions : réforme du code du travail, nouvelles approches pour réduire les dépenses publiques, heures supplémentaires, CICE, seuils sociaux, etc.

**Féminin Pluriel**

En mars 1992, Béatrice Lanson-Villat fondait Féminin Pluriel[34], un des tous premiers réseaux de femmes. Elle fera de ce club un puissant réseau féminin d'influence qu'elle développera rapidement hors les murs parisiens d'origine pour la Côte d'azur, le Languedoc-Roussillon, le Nord et la Côte Basque en France et Londres, Rome, Madrid, Genève, Bruxelles, Luxembourg, Hambourg, Beyrouth, l'Inde, le Moyen Orient et l'Afrique du Sud. Il y a aujourd'hui 28 clubs Féminin Pluriel de par le monde qui regroupent des femmes de tête, de cœur et d'action, des femmes influentes qui se sont rassemblées pour être plus performantes.

**Wimadame**

Avec l'objectif de faire se rencontrer, se connecter, se faire remarquer, se recommander ...des femmes créatrices d'entreprises, Martine Abbou a créé Wimadame[35] en 2003, c'est « the place to be » pour celles-ci.

---

[33] *https://www.ethic.fr/*

[34] *https://femininpluriel.org/*

[35] *http://www.wimadame.com/*

Alors que des centaines de réseaux féminins ont vu le jour, peu conciliaient vie professionnelle et personnelle.
C'était donc l'opportunité d'accompagner des talents féminins, de mettre en lumière certaines d'entre elles et promouvoir un nouvel état d'esprit ... l'entrepreneuriat.
En 2017, Wimadame est devenu un réseau premium, un réseau inspirant et apprécié regroupant 4.500 femmes.

**Les Dîners Décideurs**
Créés en 2011, ils ont réunis à Paris, à raison d'un dîner par mois plus de 2500 entrepreneurs patrons et patronnes de PME, TPE et agences de conseil dans tous les domaines d'activité, autour de personnalités connues de mondes économique, politique, médiatique, culturel et sportif.
Produits par Pluriclub[36] ils ont pris leur place dans ce monde des réseaux d'affaires avec des spécificités reconnues : le développement des relations d'affaires dans un contexte de confiance et de convivialité. La fonction réseautage des Dîners Décideurs se complète d'un partenariat éditorial avec le magazine Entreprendre du groupe Lafont Presse.

**Les Dîners celtiques[37]**
Cette association a repris un flambeau datant de la fin du XIXe siècle et réunit ses adhérents pour participer à l'amélioration de l'image de la Bretagne, de sa culture comme de son économie. Elle rassemble ceux qui y contribuent et tente d'effacer le complexe d'infériorité qui a marqué des générations de Bretons en étant un réseau actif de solidarité.

**L'OL Business Team[38]**
Ce réseau regroupe près de 400 entreprises et représentants institutionnels qui s'engagent, pour au moins une saison sportive, auprès du club lyonnais.
Des rendez-vous réguliers leur sont proposés : Speed Business Meeting, petits déjeuners-débats... en plus des rencontres sportives de leur équipe.

---

[36] *www.pluriclub.paris*
[37] *http://www.dinersceltiques.org/*
[38] *http://olbusiness-team.com/*

**Le Cercle Economique Lorrain**

Créé en 2004 à l'initiative de certains membres de l'association des lorrains de Paris, le Cercle Economique Lorrain[39] réunit des décideurs établis à Paris ou dans sa région, cadres et dirigeants d'entreprises ou d'administrations, tous lorrains d'origine ou ayant de fortes attaches avec la Lorraine, et qui se donnent pour objectif de développer leurs relations d'affaires d'une part, de contribuer à promouvoir l'image de la Lorraine d'autre part.

Le cercle organise régulièrement des soirées, débats et autres rendez-vous, qui renforcent les liens et opportunités d'affaires entre ses membres.

**Le Siècle**

C'est une association[40] fondée à la Libération par d'anciens résistants réunis autour de Georges Bérard-Quélin. Son objectif est de faire se rencontrer les « élites » pour mieux se connaître au-delà du clivage gauche-droite.

On y trouve des hauts fonctionnaires, des chefs d'entreprises, des hommes politiques de droite ou de gauche, ou encore des représentants du monde de l'édition et des médias de premier plan. Le conseil est composé de 15 ou 16 personnes choisies par cooptation. Les femmes ont été interdites de 1949 à 1983, mais il est actuellement présidé par Patricia Barbizet. Dix fois par an, le dernier mercredi du mois, les membres du Siècle se réunissent au Cercle de l'Union interalliée après avoir été longtemps à l'Automobile Club.

**Le Cercle de l'Ill[41]**

Réseau tri-national, il réunit toutes les personnalités qui apportent une contribution significative à la vie du grand espace géographique du Rhin supérieur. Le nom de ce cercle vient de l'Ill qui est la rivière qui coule dans « la petite France », très joli quartier de Strasbourg et ses membres viennent de France, d'Allemagne et de Suisse.

Le cercle souhaite soutenir, en tant que partenaire, le projet de création d'un espace métropolitain du Rhin supérieur. Il s'inscrit dans les grandes réalisations régionales, tout en conservant sa pleine indépendance et son caractère privé.

---

39 *https://www.cel.paris/*

40 *http://www.lesiecle.asso.fr/*

41 *http://www.cercle-de-lill.org/en/bienvenue/*

## Les think-tank économiques et entrepreneuriaux

### L'Institut Montaigne

L'Institut Montaigne[42], créé en 2000 par Claude Bébéar, est un groupe de réflexion français, qui se présente avec l'objectif de concilier les enjeux de compétitivité et de cohésion sociale.
Il regroupe des cadres d'entreprises, des hauts-fonctionnaires, des universitaires et des représentants de la société civile. Son expertise porte sur les enjeux de long terme, notamment en matière de politiques publiques, auxquels la France et l'Europe sont confrontées.
Souvent classé comme libéral, l'institut a pris néanmoins des positions fermes en matière de régulation financière à la suite de la crise financière de 2008. Il propose une forte réduction des dépenses publiques en augmentant le temps de travail des fonctionnaires.
Dans le secteur privé il suggère de rendre plus dégressive l'indemnité chômage. Il est donc un espace de réflexion et d'élaboration de propositions concrètes affranchi de toute logique partisane dont l'objectif est de renforcer la compétitivité et la cohésion sociale.

### La Fondation IFRAP

La Fondation IFRAP[43] (Fondation pour la Recherche sur les Administrations et les Politiques publiques) est un think tank français libéral, créée en 1985 par Bernard Zimmern, et classé comme lobby politique.
Elle est dirigée, depuis 2009, par Agnès Verdier-Molinié et a pour but d'effectuer des études et des recherches scientifiques sur l'efficacité des politiques publiques, notamment celles visant la recherche du plein emploi et le développement économique, de faire connaître le fruit de ces études à l'opinion publique, de proposer des mesures d'amélioration et de mener toutes les actions en vue de la mise en œuvre par le gouvernement et le parlement des mesures proposées.

---

[42] *http://www.institutmontaigne.org/*
[43] *http://www.ifrap.org/*

**Génération Entreprise et Entrepreneurs Associés**[44]
Génération entreprise est un groupe de travail fondé en 2002 à l'Assemblée nationale, par Olivier Dassault et Jean-Michel Fourgous, alors député des Yvelines. Il est devenu en 2012 "Génération Entreprise-Entrepreneurs Associés" (GEEA).
Cette association d'intérêt général rassemble plus de 155 parlementaires, députés et sénateurs, sensibles aux problématiques du monde de l'entreprise et des entrepreneurs qui souhaitent s'investir pour leur pays.
Peu représentée dans le monde politique, l'entreprise souffre de préjugés que GEEA s'est donné pour objectif de combattre par des propositions dans le dialogue et l'échange.

Depuis sa création de plus de 500 amendements ont été adoptés et des avancées majeures ont été réalisées, parmi lesquelles les lois Dutreil, la réforme de l'Ecole nationale d'administration, la simplification des procédures administratives, l'amélioration de l'égalité dans les relations entre les contribuables et les services fiscaux, l'assouplissement des 35 heures...
GEEA organise des rencontres à l'Assemblée nationale, mais aussi des visites d'entreprises partout en France. Régulièrement, des publications et des colloques permettent aux parlementaires membres de GEEA de mieux faire connaître leurs travaux ou de débattre d'idées de fonds avec une ambition permanente : créer une harmonie durable entre les entreprises et les politiques.

**La Fondation Concorde**
La Fondation Concorde[45] est un laboratoire d'idées français fondé en 1997 par un groupe d'universitaires et d'hommes et femmes d'entreprises. Elle est présidée par Michel Rousseau et rassemble aujourd'hui plus de 2 500 membres et plusieurs dizaines d'experts qui participent au débat en élaborant des rapports et en formulant des propositions, transmises ensuite aux décideurs politiques.
La Fondation Concorde organise de nombreuses manifestations thématiques et petits déjeuners débats publics en présence d'hommes politiques ou de personnalités du monde de l'entreprise.
Financée par des dons et cotisations de personnes physiques et morales, la fondation est indépendante de toute organisation

---

[44] *www.generation-entreprise.fr*
[45] *https://www.fondationconcorde.com/*

ou parti politique. Cependant, ses propositions trouvent un écho plus favorable auprès de la droite modérée. Lorsque Jacques Chirac était président de la République, certains la présentaient comme « le think tank le plus proche de l'Élysée ».

Il est clair qu'ici également, notre présentation ne peut être exhaustive. Il convient alors de citre d'autres think-tank européens comme la Fondation Jean-Jaurès, la Fondation Robert Schumann, Terra Nova ... Se référer à un site très bien documenté[46].

## Les réseaux d'anciens collègues et professionnels

Souvent méconnus, très puissants pour certains, discrets par nature, de nombreux réseaux regroupent les anciens d'une même entreprise. La finalité en est le plus souvent amicale, le plaisir étant de se retrouver entre anciens d'EDF ou de Michelin. D'autres sont beaucoup plus organisés, puissants et étoffés à travers le monde. L'un des plus connus est celui des anciens de Procter & Gamble, que l'on appelle les « Proctériens ». Même s'ils ont quitté l'entreprise après 5 ou 10 ans, leurs relations restent soutenues entre eux, et la consultation comme l'entraide ne sont jamais loin. Nous citerons également les réseaux d'anciens d'Ernst & Young (EY aujourd'hui), de PWC (Price Waterhouse, 9.000 anciens), Matra, la BNP, ...
Les différentes associations indépendantes de proctériens à travers le monde regroupent plus de 20.000 membres, dont près de 800 en France. On citera également les anciens de Saint-Gobain ou de Ford, puissants et solidaires entre eux.

**L'administration française a aussi ses réseaux d'anciens**
Dans un tout autre domaine, celui de l'administration française, on citera les anciens du Trésor ou ceux de l'Inspection des Finances. Inspecteur des Finances tu seras, et demeurera à vie pourrait on écrire. De même, les anciens de certains corps militaires, indépendamment de leur école et de leur grade, restent extrêmement solidaires et efficaces dans leur réseautage (anciens de la Gendarmerie ou de la Légion par exemple, ...)

---

[46] *http://label.thinktanks.eu/labellises*

**Les comités d'entreprise**[47]

Les comités d'entreprise sont un formidable réseau transversal dans une entreprise. Regroupant les salariés de tous âges et de toutes fonctions, au-delà des géographies, autour d'intérêts ou de passions communes (sports, voyages, culture, hobbies, ...), ils offrent des prestations gratuites ou payantes, souvent très avantageuses. Ils forment en soi un réseau au sein de l'entreprise, en marge de l'organisation de celle-ci ou de celle des délégués syndicaux.

Le plus connu d'entre eux est la CCAS, puissant comité d'entreprise d'EDF, qui dispose d'un budget d'environ 500 millions d'Euros par an, gérés par les syndicats. On peut imaginer ce que l'on peut faire et attribuer avec une telle masse financière : 380 centres de vacances, 280 colonies de vacances, 270 restaurants d'entreprise, 5 centres médicaux, 2 maisons pour handicapés et 2 maisons de retraite ...

Quelques autres « CE » puissants en France proposent à leurs membres et anciens membres de nombreuses promotions, avantages, voyages, ... On citera Air France, Airbus, Eurocopter, Peugeot, la RATP, Renault, la SNCF, ... qui disposent de très gros CE avec des budgets dépassant les 50 millions d'euros.

Nous n'oublierons pas que les retraités en font également partie, qui partent en groupe faire le tour de l'Asie ou découvrir Lisbonne. Et l'on y réseaute, et l'on influe plus ou moins...

## Les réseaux syndicaux professionnels et politiques

Enfin, et pour clore ce survol absolument non exhaustif du monde professionnel, citons quelques fédérations ou chambres des métiers, réseaux des réseaux professionnels.

### La FNSEA

La Fédération Nationale des Syndicats d'Exploitants Agricoles (FNSEA[48]), fondée en 1946, est le syndicat professionnel majoritaire dans la profession agricole en France. Elle se présente comme un réseau de compétences actives, du local à

---

[47] *https://www.comitedentreprise.info/dossier-16-gros-riches-comites-entreprise-france.html*

[48] *http://www.fnsea.fr*

l'international, pour rassembler, agir, informer et dialoguer. Forte de 20.000 syndicats locaux, de 94 fédérations et unions départementales et de 22 fédérations régionales, elle regroupe plus de 300.000 adhérents. On notera que 36 associations spécialisées y défendent plus particulièrement les intérêts économiques et techniques, par secteur de production. La FNSEA comprend 4 sections sociales : les agricultrices, les propriétaires, les fermiers, les anciens exploitants.

**Le SYNTEC**

La Fédération Syntec [49] regroupe 80.000 entreprises spécialisées dans les domaines du numérique, de l'ingénierie, des études et du conseil, de la formation professionnelle et de l'événementiel. Elle représente 910.000 collaborateurs et 120 milliards de CA.

Moderne et active, elle souhaite favoriser l'innovation, développer la compétitivité de ses adhérents, ancrer la responsabilité sociétale, créer des emplois, intégrer les jeunes et préparer les talents de demain.

**La FFB**

Le bâtiment est le premier employeur de France, et c'est ainsi que la Fédération Française du Bâtiment (FFB[50]) assure au quotidien la défense de 50.000 entreprises adhérentes, dont 35.000 de taille artisanale. Elles réalisent les deux tiers de la production annuelle de la profession, soit environ 126 milliards d'euros et emploient les deux tiers des salariés du secteur.

Ses missions s'articulent autour de trois axes majeurs : intervenir auprès des pouvoirs publics dans la prise de décisions qui ont une incidence sur le marché des entreprises et les conditions d'exercice de la profession, apporter son expertise à ses fédérations départementales et régionales et unions et syndicats de métiers dans leur action de défense et d'assistance des entreprises adhérentes, assurer la promotion de l'image de la profession, de ses métiers et de ses entreprises.

**Les syndicats professionnels**

Les syndicats tels la CFDT[51] ou Force Ouvrière[52] par exemple, sont les représentants des salariés au sein des entreprises. Bien

---

[49] *http://www.syntec.fr*

[50] *http://www.ffbatiment.fr/*

[51] *https://www.cfdt.fr/*

que leur influence ne cesse de diminuer aux élections professionnelles, ils sont pourtant encore des réseaux forts et structurés, souvent influents.

## Les réseaux sportifs

Même si ce n'est pas sa vocation première, le sport est une des façons les plus efficaces de se constituer un réseau. Quel que soit le sport individuel ou collectif que vous pratiquez ou avez pratiqué, vous avez noué au fil des années des liens avec d'autres passionnés de votre discipline.

De partager le même goût, la même passion avec d'autres sportifs ou anciens sportifs, des entraineurs ou des bénévoles, des dirigeants d'associations ou même de simples supporters, crée entre vous des références communes qui font disparaître les barrières que constituent l'âge, le niveau de pratique, le milieu social ou les frontières. Et encore plus si vous n'êtes pas originaire de la région où vous habitez.

Les pratiquants d'une même discipline se reconnaissent entre eux. Indépendamment des générations, des cultures, des origines sociales ou des pays, ils ont partagé les mêmes efforts, les mêmes souffrances, les mêmes émotions. C'est naturellement le cas des sportifs d'une même équipe, d'un même club ou pour ceux qui se sont affrontés dans les mêmes compétitions.

### Faire croître son réseau

Grâce au sport, votre réseau peut s'enrichir facilement :

- quelle que soit votre situation ou vos objectifs, le sport crée un point commun et un lien spontané. C'est un sésame pour rencontrer des personnalités, même difficilement accessibles
- pour peu que votre pratique ait été assidue, elle aura développé chez vous des qualités spécifiques à votre discipline de prédilection que votre interlocuteur apprécie par définition... puisque lui aussi les partage et les apprécie. Au-delà de vos caractéristiques personnelles ou professionnelles, c'est ainsi que vous allez marquer son esprit
- retrouvant à travers vous des émotions récentes ou qui lui rappellent sa jeunesse, il sera sur la même "longueur d'onde" que vous, il sera enclin à vous aider, à vous recommander et à

---

[52] *https://www.force-ouvriere.fr/*

vous ouvrir son carnet d'adresses. Même si vous ne vous êtes jamais rencontrés, il pourra vanter vos qualités à coup sûr : affirmer que vous avez l'esprit d'équipe si vous avez pratiqué le rugby pendant 20 ans, saluer votre courage si vous pratiquez la boxe en compétition ou votre sens de l'effort en tant que marathonien relève de l'évidence.

En termes de potentiel-réseau, chaque discipline présente des atouts différents :

- les sports collectifs auront a priori tendance à créer des liens plus forts, entre coéquipiers évidemment et bien au-delà
- un grand nombre de pratiquants ou la large médiatisation d'un sport donnera accès à un nombre plus important de contacts ; inversement, les liens entre pratiquants d'une discipline confidentielle auront tendance à être plus étroits
- il existe une corrélation entre le niveau d'exigence physique et mental d'une pratique sportive et les relations qu'elle génère. Sur ce plan, pétanque ou rugby, tennis de table ou triathlon ne sont sans doute pas exactement équivalents
- à une époque où les femmes trouvent progressivement le rôle qui leur revient dans la société ou les affaires, un sport qui leur est largement ouvert offrira des opportunités plus nombreuses.

**Des réseaux fidèles et forts**

C'est ainsi que l'on notera la force et la grande fidélité des réseaux de rugby, des clubs de gymnastique et de cyclotourisme, des clubs de voile ... ou même des randonneurs et trekkers. Que tous les autres ne nous en veuillent pas de ne pas les citer.

Nous rappellerons, pour conclure, que les amitiés sportives, durables et intergénérationnelles représentent un double atout remarquable pour un bon réseautage. Enfin, en matière de santé et de développement les qualités morales et les bienfaits du sport ne sont plus à démontrer. Sachez également en tirer parti pour le développement de votre réseau !

## Les réseaux catholiques

Discrets par nature et par culture, ces réseaux sont bien présents dans notre pays. Au-delà des associations paroissiales et des divers mouvements religieux, il en existe de nombreux.

Les Scouts et les Guides, comme les Routiers ou les Scouts marins, ..., représentent des mouvements forts et structurés,

qui regroupent des dizaines de milliers de jeunes à travers le pays, eux même en liens assez étroits avec leurs homologues étrangers. Porteurs de certaines valeurs, habitués à une vie saine au sein de la nature, ils assument très tôt des responsabilités diverses (nourriture, logistique, jeux, campements, ...) puis d'encadrement. Ils sont ainsi, pour la plupart d'entre eux, assez bien préparé à la vie post-étudiante.
Nous ne pouvons évoquer les réseaux catholiques sans rappeler l'importance de certains de leurs rassemblements (tels les JMJ) comme leur capacité de mobilisation politique (la manif pour tous). Dans les deux cas, leur capacité à réseauter efficacement, à mobiliser jeunes et anciens, à délivrer un message a bien été démontrée.

## Et tous les autres ...

En dehors de ces réseaux, dont les autres réseaux confessionnels, des centaines d'opportunités de réseauter vous sont proposées. Ce sont des clubs, des associations ou des confréries auxquelles vous pourrez adhérer en fonction de vos goûts, de vos convictions, de votre temps disponible et... de votre budget !
Souvent localement, ils représentent de bons réseaux d'influence pour tous les bénéfices, personnels et professionnels que vous pourrez en attendre et en retirer.
Clubs de Golf, de tennis, de boule et tous autres sports, mais aussi : fumeurs de cigares, grignoteurs de chocolat, amateurs de voitures anciennes et autres innombrables spécificités que la nature humaine recèle...

## Les nouveaux réseaux réels d'influence internationaux

Là encore, il ne s'agit pas d'une énumération exhaustive mais nous mettrons en exergue quelques institutions récentes jouant des rôles de réseaux d'influence (réels ou supposés - visibles ou occultes) important tant en France qu'à l'étranger. Nous les classerons par ordre d'année de création.

**Le Kiwanis International[53] - 1915**

Fondé par Joseph C. Prance et Allen S. Browne à Indianapolis, dix ans après les clubs Rotary et deux ans avant les Lions clubs, ce réseau a pour principe la pratique du bénévolat pour proposer des travaux d'intérêt général à ses membres. Il est présent en France depuis 1964 et dans 100 pays dans le monde avec 8 500 clubs réunissant environ 600 000 membres.

C'est un club service (comme le Rotary et le Lions, Cf. Chapitre 7) animé par des hommes et des femmes, ayant pour projet de construire un monde meilleur.

La « Règle d'Or » des « kiwaniens est « Fais pour autrui ce que tu voudrais qu'il fasse pour toi »

Ce réseau est organisé en groupes, chacun étant lui-même divisé en districts, puis en divisions, en clubs et en commissions.

**Le Council of Foreign Relations[54] - (CFR) 1919**

Société fondée en 1919-1922 à l'initiative d'Edward Mendell House, éminence grise du président Woodrow Wilson. Ses fondements sont inspirés du socialisme anglo-américain qui prône un mondialisme soutenu par la révolution "silencieuse" (au lieu de la révolution par la rue) qui réalisera ainsi la grande synthèse entre capitalisme et socialisme.

Le Council of Foreign Relations regroupe plus de 3 000 membres et est une véritable force exerçant une pression sur la politique étrangère des Etats-Unis.

George Bush et Bill Clinton sont des membres de la CFR, pour ne citer qu'eux.

Généreusement subventionné par les fondations : Ford - Carnegie - Rockefeller, ainsi que les trusts d'importance internationale comme IBM, ITT ou Exxon, le CFR exerce donc une influence prédominante sur le gouvernement des Etats-Unis, sur le congrès et sur les dirigeants des deux principaux partis politiques : les Démocrates comme les Républicains.

Il est derrière tous les Pays d'Europe, derrière toutes les constructions d'un prétendu Nouvel Ordre Mondial.

On comprend mieux certains évènements économiques (et politiques) mondiaux en prenant connaissance et conscience que ces réseaux occultes d'influence, souhaitent être acteurs

---

[53] *http://www2.kiwanis.org/fr/kiwanis*

[54] *https://www.cfr.org/*

de ce « nouvel ordre mondial »... Face à ces « obédiences, on est bien peu de chose... »

**Le Zonta International - 1919**

Le Zonta [55] est un club international de service, interprofessionnel, apolitique et non confessionnel.

Il regroupe principalement des femmes et quelques hommes du monde entier qui exercent des responsabilités dans l'administration, le commerce, l'industrie, les professions libérales. Ses membres mettent leurs capacités au service d'autrui en conduisant des réflexions et des actions ayant pour but la promotion des femmes dans la vie sociale et culturelle.

Le Zonta est présent dans plus de 70 pays et a environ 34 000 membres. Il s'est engagé profondément sur le principe que les droits des femmes sont partie intégrante des droits de l'être humain.

Beaux projets et belle organisation, malheureusement relativement moins bien connue en France que les Rotary et autres Lions.

**Le Soroptimist - 1921**

Le Soroptimist[56], dont le nom n'a rien à voir avec l'optimisme signifie « le meilleur pour les femmes ». Ce nom a pour origine l'expression « sorores ad optimum » : « sœurs pour le meilleur », qui s'est traduite chez les soroptimistes anglo-saxonnes par « le meilleur pour les femmes » (the best for women).

C'est un club service dont le recrutement est exclusivement féminin. Le mouvement a été fondé en 1921 et le siège social du Soroptimist International des Amériques est situé à Philadelphie (Pennsylvanie).

L'organisation compte approximativement 95 000 membres dans plus de 120 pays. La section française a été créée en 1924 par Suzanne Noël. C'est un mouvement interprofessionnel, non politique et non confessionnel, relevant du statut des Organisations Non Gouvernementales. Accrédité auprès des agences de l'ONU le Soroptimist International est à l'origine de grands mouvements de générosité.

---

[55] *https://www.zonta.org/*

[56] *http://www.soroptimist.fr/*

**La Table Ronde - 1926**

La Table ronde[57] originelle a été fondée en 1926 par Louis Marchesi, un membre du Rotary Club de Norwich en Grande-Bretagne. La Table Ronde Française (TRF) elle, est une association de jeunes hommes, âgés de 18 ans à 40 ans, issus d'horizons différents.

La Table Ronde française compte environ 22 régions, 243 Tables rondes locales et 3000 membres.

L'appartenance à la Table Ronde implique chaque année une obligation d'action qui peut être humanitaire, culturelle ou sociale en participant ainsi à l'amélioration de la société.

Les « Voiles de l'Espoir » se trouvent intimement liées à la Table Ronde française, ainsi qu'au Club Agora France, Ladies' Circle France et le Club 41 français. La Table Ronde française, sans doute inspirée par son grand ainé le Rotary, promeut cet esprit d'engagement et de service au bénéfice de belles et simples causes humanitaires.

**Le BPW : Business and Professional Women - 1930**

Le Business and Professional Women Club[58] de Paris est affilié à l'ONG BPW International qui œuvre en France depuis 1930 pour faire avancer la cause des femmes au travail. Avec plus de 30.000 membres dans 98 pays, elle bénéficie de statuts auprès des Nations Unies et du Conseil de l'Europe.

BPW PARIS participe annuellement à la Journée internationale des droits des Femmes en s'impliquant dans les diverses manifestations organisées à cette occasion.

C'est un club très actif où, si vous êtes femme bien sûr, vous pourrez, surtout si vous travaillez à un poste de responsabilité et/ou dirigez une entreprise, vous engager avec profit. Sa Présidente actuelle, Agnès Bricard, est particulièrement dynamique et efficace pour les causes qu'elle défend...

**Le Club 41 - 1936**

Le Club 41[59] (comme son nom l'indique) prend la suite des anciens membres de la Table ronde qui limite l'âge de ses membres à 40 ans. Les Clubs 41 sont très intégrés à la vie locale, en véritable club citoyen. Lorsque des fonds sont générés par

---

[57] *http://www.tablerondefrancaise.com/*
[58] *http://www.bpw.fr/fr/accueil*
[59] *https://www.club41francais.fr/*

leurs actions, ils sont reversés au profit d'associations d'entraide.
Le "Club 41 français" organise également chaque année des manifestations à caractère sportif avec l'appui de partenaires. Ces trophées "Voile", "Neige" et "Golf' sont autant d'excellentes occasions de vivre de grands moments d'amitié. Pour optimiser la convivialité, la taille de chaque club 41 se limite à une vingtaine de membres environ qui se rencontrent deux fois par mois au restaurant. Beau projet pour s'insérer dans une ville où l'on vient d'arriver ?

**Le Club Richelieu international[60] - 1944**

C'est le seul organisme international exclusivement francophone. Son siège est à Ottawa et il est représenté localement par les clubs Richelieu. Sa devise est « Paix et Fraternité ».
À l'origine, les fondateurs voyaient dans le Richelieu un moyen d'aider les canadiens-français à défendre leur langue et leur culture dans le contexte majoritairement anglophone du Canada des années 40. Le Richelieu traverse ensuite l'Atlantique avec la création en France du club Richelieu de Rennes en 1969.
C'est un lien précieux si vous devez vous déplacer durablement dans un pays francophone !

**Le club Bilderberg - 1954**

Ce cercle[61], fondé en 1954 par un prince hollandais et un milliardaire américain pour endiguer le communisme, serait... le "vrai gouvernement du monde". On lui devrait la victoire de Bill Clinton, la guerre en Irak ou la nomination d'Herman Van Rompuy, président du Conseil Européen. Rien de moins ! Comparés au Bilderberg, d'autres réseaux internationaux bien plus célèbres, tels la Trilatérale ou Davos, auraient autant d'influence qu'une fête de patronage.
Le Bilderberg, lui, s'adresse à un cercle bien plus restreint : cent trente personnes, jamais plus, venues d'Europe et des Etats-Unis et sa grande cause n'est plus la lutte contre le communisme, mais la mondialisation et les défis qu'elle pose à l'Occident.

---

[60] *http://www.richelieu.org/accueil*
[61] *http://www.bilderbergmeetings.org/index.html*

Les membres se réunissent deux fois par an généralement dans une capitale européenne pour parler de la situation du club et du monde. Tout le monde est traité sur un pied d'égalité et tous les participants sont tenus de respecter une confidentialité absolue.
Toutefois, il est peu probable que vous puissiez (nous puissions !) faire partie de ce réseau un jour...

**La commission trilatérale[62] - 1973**
Elle a été fondée en 1973 par le Secrétaire d'Etat US Zbigniew Brezinski autour de l'idée centrale d'unification des régimes politiques grâce à la technologie, tout en favorisant les blocs au détriment des nations. Son fondateur agissait pour le compte de David Rockefeller, patron de la Chase Manhattan Bank l'une des Big Five de New York. Son nom provient du triangle des Francs-maçons, ayant à son sommet les USA (Wall Street) et à sa base le Japon et l'Europe, autrement dit : le Tokyo Stock Exchange et la City de Londres.
Les membres de la Trilatérale se recrutent par cooptation comme la plupart des sociétés dit secrètes.
Seul critère : ils doivent être jugés capables de comprendre le grand dessein mondialiste de l'organisation et de travailler utilement à sa réalisation. Les membres de la trilatérale sont naturellement démocrates tout en ayant conscience du danger que la démocratie peut représenter pour leurs plans : "Plus un système est démocratique, plus il est exposé à des menaces intrinsèques" notait, dès 1975, un rapport de la Trilatérale sur la "gouvernabilité" des démocraties.
350 des plus puissantes sociétés internationales sont dirigées par des affiliés du réseau Trilatérale.

Sociétés, commissions, cercles n'ont finalement qu'un seul et même but : créer les réseaux mondiaux des élites, pour exercer le vrai pouvoir pour lequel ces dernières ont un appétit insatiable.

**Le Club de Budapest[63] - 1993**
L'idée du Club de Budapest remonte aux conversations entre Aurelio Peccei, le fondateur et premier président du Club de

---

[62] *http://trilateral.org/*
[63] *http://www.clubdebudapest.org/*

Rome et Ervin Laszlo, membre de ce dernier et maintenant président du Club de Budapest.

Officiellement fondé en novembre 1993, le Club de Budapest se mit à entreprendre sa tâche en appelant les artistes, les écrivains, les hommes et les femmes des domaines spirituels à joindre leur force afin de répandre un nouvel éclairage sur les problèmes et les opportunités auxquels se trouvent confrontée l'humanité aujourd'hui et dans un avenir proche.

Le Club de Budapest regroupe des philosophes, des penseurs, des artistes et des maîtres spirituels.

## 2.2 Les réseaux sociaux digitaux, privés et professionnels

Une très forte impulsion sur le réseautage a été donnée ces dernières années, sous les effets bénéfiques et cumulés des différentes technologies du web, de la téléphonie et de la communication, ce qui a permis de nouvelles formes de réseaux innovantes et variées, ainsi qu'un renouveau de l'effet réseau. Dans le même temps, le téléphone portable devenait un smartphone aux applications infinies, et la tablette comme l'ordinateur portable remplaçaient le bon vieux poste fixe.

Autant dire que l'humanité a maintenant tous les outils et moyens de communication à disposition. L'humanité ? Toute l'humanité ? Non.
Il reste de grandes poches de pauvreté, tout comme des régions entières sans 3G/4G ou même sans connexion téléphoniques. Mais il faut noter une évolution profonde des provinces chinoises et des états les plus pauvres de l'Union indienne, comme des villages de la brousse africaine ou des hauts plateaux d'Amérique centrale, pour constater de formidables évolutions.

**Des chiffres impressionnants**
Les derniers chiffres[64] ont assez impressionnants : avec 3,81 milliards d'internautes, soit 51% de la population mondiale (avril 2017) et 2,9 milliards d'inscrits sur les réseaux sociaux, soit 39% de la population mondiale, le taux de pénétration d'internet dans le monde ressort à 88% en Amérique du Nord, à 84% en Europe de l'Ouest, 29% en Afrique et 33% en Asie du Sud. On observe, dans certaines régions, un doublement du nombre d'internautes tous les 5 ans.
Rien qu'en France[65], près de 40 millions d'entre nous sommes connectés au moins à un réseau, ce qui représente 60% des français. Plus intéressant encore, on signalera une présence sur 2 à 3 réseaux en moyenne, du « socionaute français », son âge

---

[64] *le blog du modérateur : www.blogdumoderateur.com*
[65] *Sources Médiamétrie et CREDOC*

moyen étant de 42 ans. On se souviendra qu'avant 40 ans, ce sont un peu plus de 90% des français et des françaises qui sont au moins sur un réseau social.

Ces nouveaux réseaux sociaux élargissent en quelque sorte la palette « classique » des réseaux réels par leur nature, leur variété et leur nombre. Ils présentent de nombreuses caractéristiques qui seront détaillées ci-après.

**L'ouverture du nombre de réseaux**

Ces 15 dernières années ont vu, au travers des réseaux digitaux, une croissance exponentielle du nombre de réseaux à travers le monde. Pour ne citer que deux chiffres, il s'ouvre quotidiennement au minimum une centaine de groupes MeetUp à travers le monde, et les réseaux sociaux de grande envergure comme Linkedin ou Facebook affichent respectivement 500 Millions de membres et 2 Milliards d'utilisateurs !

Leur promesse est simple, au travers de contenus multiples et d'une grande diversité, offrir de la richesse d'information à de très nombreuses personnes à travers le monde et générer un potentiel important de nouveaux contacts.
Variété et intérêt, offres décuplées de réseaux et ouverture des frontières, tous ces effets bénéfiques ont favorisé notre présence sur les réseaux virtuels.

**Une technologie en évolution rapide et permanente**

Commençons par la technologie : l'internet et les télécoms ont permis cette explosion d'applications et de réseaux sociaux virtuels, portées par nos smartphones en permanence dans notre poche, par nos tablettes en voyage ou en déplacement professionnel, par nos ordinateurs à la maison ou au bureau.
Depuis le début des années 2000 et surtout ces dernières années, leur accès est devenu très aisé. Pour des requêtes plus sophistiquées, un ordinateur ou un PC peut s'avérer nécessaire.

Un peu moins des deux tiers des consultations se font maintenant sur smartphone, alors qu'un petit 30% se font encore sur ordinateur. N'ayant jamais vraiment trouvé sa place, la tablette disparait peu à peu de nos vies. Reste que certains, pour des raisons personnelles, refusent cette évolution technologique. Ils mettront plus ou moins de temps à comprendre leur marginalisation[66].

**Un lien quotidien, aisé, accru et renouvelé**

Le lien avec les réseaux sociaux est devenu un acte du quotidien : ils ont progressivement remplacé le poste de radio du petit-déjeuner comme la télévision du dîner. Qu'on en juge : près d'un français sur deux consulte les réseaux sociaux dès le lever, 60% des français s'y rendent quotidiennement, pour une utilisation moyenne de 80 minutes ...

Dans le monde d'aujourd'hui, garder le contact ou aller en chercher de nouveaux, est souvent devenu essentiel. La vie passe, les emplois se succèdent, les familles changent d'ergonomie, on déménage ... et l'on se perd de vue. Reconnaissons que l'une des utilités des réseaux sociaux est là : ils procurent la possibilité de savoir ce que l'on devient, ce que l'on fait, et permettent de recontacter qui que ce soit de manière très facile pour demander, échanger ou se revoir.

Les réseaux sociaux ajoutés à quelques requêtes sur les différents moteurs de recherche permettent de retrouver quasiment tout le monde sur la planète. Sauf ceux qui multiplient les pseudonymes...

**Une passerelle entre vie privée et vie professionnelle**

A l'heure où vie privée et vie professionnelle ont souvent des points de recoupements dans nos vies, les réseaux offrent cette formidable opportunité d'être soit des réseaux de votre vie personnelle (famille, hobbies, sports, culture, ...) soit de votre vie professionnelle (branche professionnelle, métier, entreprise, ...) soit, et cela se généralise, d'être très souvent une passerelle entre les deux. Nous traitons ce sujet en détail dans le chapitre 4.

**Des vecteurs de développement personnel comme de travail**

Entrés dans la vie de presque chacun d'entre nous, les nouveaux réseaux sociaux digitaux sont des moyens, des vecteurs de développement à l'immense potentiel.

Dans la vie privée, il est maintenant aussi aisé de reprendre contact avec les amis d'enfance (réseaux d'anciens amis ou

---

[66] *Par exemple une carte de visite sans adresse mail n'a plus aucun sens de nos jours ...*

d'écoles[67]), de transformer ou changer sa vie privée (réseaux de rencontres[68]), de trouver un réseau correspondant à vos goûts ou hobbies, à vos activités sportives ou culturelles ...

La formule en est très simple : en quelques minutes de recherche sur les réseaux sociaux digitaux généralistes, vous trouvez assez aisément, par requête, le groupe susceptible de vous intéresser. Compléter votre démarche d'une rapide requête sur un moteur de recherche[69], et vous aurez très probablement les premières possibilités d'assouvir votre passion avec de « nouveaux amis ». Il existe même des réseaux uniquement destinés à rassembler, autour d'une passion, des personnes d'une même région[70].

Tout aussi aisément, les réseaux sociaux vous permettent d'entretenir le lien avec votre famille, vos amis, vos relations ... leurs messageries sont extrêmement utilisées : Messenger pour Facebook, groupes familiaux sur WhatsApp ...

Quant à notre horizon professionnel, les nouveaux réseaux lui donnent un champ totalement nouveau : tout à la fois répertoires et sources de nouveaux contacts, outils de recherche d'emplois ou de recrutement, plateformes de recherche de sociétés cibles ou de prospects ... les applications d'ordre professionnel des réseaux sociaux les rendent aujourd'hui incontournables.
Beaucoup se demandent : que ferions-nous sans eux ... Au-delà de s'ouvrir à de nouveaux horizons professionnels, leurs fonctions de recherche de contacts est déjà essentielle : une première recherche de contacts sur un secteur nouveau se fait très aisément à ce jour. Amis d'amis professionnels, relations de relations professionnelles, contacts de contacts professionnels, le champ des possibles est immense.

Autre avantage, les nouveaux réseaux sociaux proposent d'eux-mêmes, et selon des algorithmes sophistiqués, de nouveaux contacts : connaissez-vous untel ou unetelle ? ...ces

---

[67] *Copains d'avant, Facebook, Trombi.com, ...*
[68] *Voir 6.13*
[69] *Bing, Google, Qwant, Yahoo, ...*
[70] *OVS, 7.14*

propositions s'avèrent assez souvent pertinentes (10% à 35% selon notre propre expérience).
La croissance de votre réseau professionnel est ainsi assurée, si vous savez le cultiver et l'entretenir par des contacts réels.

**Un pont entre générations**
Un intérêt majeur des réseaux sociaux digitaux réside (le plus souvent) dans leur « intergénérationalité », bien plus que pour les réseaux réels.
Les exemples de collaboration intergénérationnelle sont innombrables : des séniors qui aident et conseillent des jeunes, des quinquas qui recherchent un jeune collaborateur, des StartUpers qui promeuvent leur projet auprès de leurs ainés d'une « grande école, des spécialistes d'un domaine très pointu recherchant des pairs à travers le monde avec qui échanger et confronter leurs idées ...

Les réseaux d'aujourd'hui autorisent cette ouverture, ces échanges naturels, totalement insensibles à la distance générée par l'âge, distance plus sensible dans la réalité.
Très souvent, le tutoiement arrive sur un réseau virtuel beaucoup plus vite que dans un réseau réel. Car la simplicité y est de mise, comme le plus souvent l'attitude « cash » et directe. En cela, la généralisation de la langue anglaise est un facteur déterminant.

**Une ouverture sur le monde et sur l'international**
Les réseaux n'ont par essence et par construction pas de frontière, excepté la limite de celles qu'ils se donnent[71]. Ils permettent donc une totale ouverture vers le monde à partir de son bureau ou de son salon, et ce 24 heures sur 24 et 7 jours sur 7.
En deux clics et quelques secondes, vous voilà en Argentine ou à Madagascar. Le contact est identifié et intéressant, ... et c'est parti ! Mais en quelle langue ?

Nous ne voulons absolument pas dire ici que sans l'anglais, il n'y a point de salut. Cela étant, il nous faut reconnaître que l'ultime barrière, lorsque le lien réseau est créé, est celle de la langue.

---

[71] *Sauf les barrières politiques qui interdisent certains réseaux en Chine, en Iran, en Turquie, en Corée du Nord, ...*

L'anglais se présentant comme une langue mondiale, connue et accessible de tous, de la Chine à la Colombie, il devient le passeport effaçant les barrières linguistiques. Pour ceux qui reçoivent des mails ou demandes de contacts en chinois, en cyrillique, ou avec des caractères arabes ... une traduction est immédiatement possible sur votre ordinateur et sur de nombreux réseaux.
Dans le cas où cette fonctionnalité ne marcherait pas, il est toujours possible d'ouvrir un traducteur gratuit[72], qui avec du copié-collé, vous donnera l'essentiel du message reçu. Avant de poursuivre, si vous le désirez ... en anglais !

Bien entendu, les réseaux virtuels, beaucoup plus facilement et pour cause, ont moins de frontières que les réseaux réels. Mais ceux-ci vous permettront également de rencontrer des étrangers à votre région voire de croiser des expatriés.

**Les nouveaux répertoires du monde**
Un nouvel écosystème : ces réseaux sont avant tout un énorme répertoire, en permanence mis à jour par chacun, et donc constamment à jour, au défaut de la non modification près.
Il y a donc constitution progressive de nouveaux répertoires uniques, personnalisés et mobiles, en permanence mis à jour.
Pour certains, c'est un vrai répertoire mondial.
Autre avantage, ce répertoire peut être « à géométrie variable » par exemple un répertoire pro sur Linkedin, un répertoire des familles, amis et connaissances sur Facebook et un répertoire de ceux que l'on veut informer sur Twitter.

**Le jeu de la reconnaissance**
En revanche, parmi les effets négatifs[73] des réseaux virtuels, on notera les effets de zapping et d'infidélité, voire de superficialité. Celle-ci est un risque quand on entre dans la sphère professionnelle, car votre réputation rentre en jeu.
D'où l'intérêt des multiples « tatouages qualifiants » que sont les validations de compétences professionnelles et les recommandations, disponibles l'une comme l'autre sur des réseaux comme Viadeo ou Linkedin.

---

[72] *Comme Reverso.net , linguee ou Translate de Google*
[73] *Traités au chapitre 4.6*

Elles permettent cette validation initiale préalable de l'intérêt comme de la compétence potentielle d'un nouveau contact, avant que votre propre expérience ne la valide en connaissance de cause.
Notons au passage que l'accès à vos contacts communs, ouvert à tous, quels que soient les paramétrages les plus confidentiels, vous permet de qualifier auprès de votre propre réseau, la qualité de tout nouveau contact.

## 2.3 Cartographie et typologies de réseaux

Il existe tellement de réseaux à travers le monde qu'un recensement en est totalement impossible. En revanche une cartographie comme des approches par typologie sont aisément réalisables. Nous vous proposons ainsi en Annexe 1 à la fin de ce guide une cartographie mettant en avant les deux axes essentiels : réel - virtuel et personnel - professionnel.

### Les typologies des réseaux

Afin d'illustrer au mieux les choix qui se posent à chacun d'entre nous, nous avons choisi d'illustrer les différentes typologies des réseaux au travers de la description de leurs axes de positionnement.
Bien évidemment, nous commençons par les deux axes essentiels : réel - virtuel et personnel - professionnel.

**Réel / Virtuel**
Il convient tout d'abord, en droite ligne des chapitres précédents, d'identifier un premier axe entre réseaux réels et réseaux virtuels.
Les deux coexistent et ne correspondent pas aux mêmes buts et démarches :

- aux réseaux réels la convivialité, l'échange direct, la relation entretenue par les contacts interpersonnels ;
- aux réseaux virtuels la facilité et la rapidité d'échange, la simplicité et le moindre formalisme.

Réciproquement, n'oublions pas que certains réseaux réels (clubs, associations ...) se dotent d'un site, qui permet de poster des documents, d'échanger, de consulter les profils des membres ..., et que dans le même temps, certains réseaux virtuels favorisent le réel (meetup, Shapr, réseaux de rencontres privées ...)

**Personnel / Professionnel**
Cet aspect est clivant et contradictoire à la fois. Clivant dans le sens où nos réseaux sont « naturellement différents » entre notre sphère d'activité professionnelle et notre monde personnel et privé. De sorte que ces deux typologies existent en parallèle, et qu'elles pourraient demeurer côte à côte.

Contradictoire parce que de plus en plus, que nous le souhaitions ou pas, que nous le subissions ou le provoquions ou pas, notre activité personnelle et nos activités professionnelles se rejoignent. Tant dans notre emploi du temps que dans nos activités, ... et nos réseaux. Tel collègue devient un ami, telle personne de notre famille est orientée, par nos conseils, vers une relation professionnelle.

Or, que ce soient de la part de vos amis ou de vos relations professionnelles, les meilleures idées viennent très souvent de nouvelles rencontres, et ces rencontres ne sont pas toujours les plus prévisibles.
Le réseautage les permet, et ouvre des opportunités de discussions non conformes, le plus souvent non-conflictuelles, des conversations plus ouvertes car « hors champs habituels » ...
Nous revenons en détail sur ce sujet privé-professionnel dans le paragraphe 4.

**Gratuit / Payant**
Une autre approche est la notion de gratuité ou pas d'un réseau, ou de tout ou partie de ses activités. Certains rappellent, à juste titre, que ce qui n'est pas payant ne se voit attribué aucune valeur. C'est historiquement vrai, mais concrètement faux.
Certains réseaux fonctionnent sur des modèles qui leur permettent d'offrir un accès gratuit à leurs membres, pour une part non négligeable de leurs activités. La tendance du monde actuel est d'ailleurs dans ce sens : les Facebook, Viadeo et Linkedin par exemple offrent des prestations de base gratuites tout à fait satisfaisantes, quand de nombreuses associations ou clubs vous sont ouverts sans droits d'entrée, à condition que vous vous acquittiez des « frais externes » comme la restauration ou les boissons, les voyages ...
Pour d'autres encore, l'acquittement d'une cotisation annuelle plus ou moins élevée permet de couvrir les menus frais de structures.

Cette notion de gratuité ou pas d'un réseau est fondamentale, à plus d'un degré :
- d'une part, elle peut par son coût limiter ou segmenter les entrées dans un réseau

- de plus, elle permet, par la ressource financière d'ensemble qu'elle génère, de proposer une palette de services plus ou moins étendue
- enfin, le monde allant vers la multiplication du nombre de réseaux auxquels nous appartenons et la plupart de nos ressources financières n'étant pas « si extensibles », la notion de réseau gratuit est essentielle.

Pour clore, nous introduirons la notion de réseau dit « Freemium » qui propose une offre gratuite, en libre accès, et une offre « premium », modulable et haut de gamme, payante.
Cette stratégie commerciale est typiquement le cas, à des degrés divers, des grands réseaux sociaux comme Linkedin, Viadeo ou Xing.

**Ouvert / Fermé**

Entrer dans un réseau ouvert, ou en pénétrer un autre qui présente certaines caractéristiques « fermées », et qui en limitent l'entrée, ... belle question !
Là également, il y a un clivage très net. Tant pour les réseaux réels que pour les réseaux virtuels, les deux formats se rencontrent, et présentent l'un comme l'autre des avantages.

Un réseau ouvert, par construction, offrira une très large palette de membres et permettra à ceux-ci un vaste réseautage, sans limites ... sauf celles du temps et de l'espace.
Il aura également une dimension probablement plus vaste que le réseau propre de l'impétrant, permettant « assurément » d'élargir son réseau.
En revanche, il se pourrait qu'il comprenne des membres inintéressants, voire pressants ou indélicats, qu'il conviendra de tenir à distance.

Un réseau fermé présentera quant à lui les caractéristiques contraires : peu d'importuns en raison d'une sévère et stricte sélection à l'entrée, mais un fort risque de clonage voire de consanguinité, ou une vision du monde humain parfois limitée, voire surannée.

On l'aura aisément compris, il faut de tout pour faire un monde et il n'y a pas de recette miracle. Un seul conseil : ne soyez ni (que) dans des réseaux totalement fermés, ni (que) dans des réseaux très ouverts. Un bon équilibre est de mise.

**Neutre ou thématique, ou pluri-thématique**
Un autre point d'entrée à la lecture et à la compréhension des réseaux, encore une fois qu'ils soient réels ou virtuels, est leur caractère neutre et généraliste ou tout au contraire thématique ou spécialisé.

Les premiers vous permettront de rencontrer un public très large, à titre privé (Facebook, associations de voisins ...) comme professionnel (LinkedIn, Tokster, Chambres de Commerce, ...). Les seconds tout au contraire vous permettront de cibler autour de vos centres d'intérêts professionnels (branche, secteur, métier ...) comme privés (hobbies, sports particuliers ...).
Encore une fois, nous prônerons un juste équilibre de ces deux types de réseaux.

Citons ici un modèle de réseau très atypique, professionnel, très intéressant, hyper efficace et plutôt discret, mais ne se cachant pas : les réseaux de chercheurs et de scientifiques. De la recherche sur le cancer à la protection des pôles, des égyptologues anciens aux astrologues, notre planète est constellée de réseaux de scientifiques et de chercheurs, qui dialoguent, travaillent, échangent, se challengent ... au quotidien.

Pour eux, habitués depuis des décennies à partager et échanger, les nouvelles technologies (internet, cloud, réseaux sociaux, Skype ...) représentent un bond en avant capacitaire et facilitateur formidable[74]. Ces réseaux scientifiques vont par nature bien au-delà de la sphère uniquement professionnelle.

**Les réseaux affinitaires**
Très simple, ceux-ci ne regroupent que des individus partageant un même intérêt à se regrouper, voire une passion commune. Il y en a de toutes les catégories : sports ou loisirs, arts ou culture,

---

[74] *Notons que tous leurs échanges et publications se font ... naturellement en anglais.*

sorties ou fêtes, histoire ou littérature, cuisine ou jardinage, philatélistes ou numismates ...

Dans un pays de la taille de la France, il serait étonnant que vous ne trouviez pas un groupe de personnes, y compris dans votre région, qui ne partage pas l'une de vos passions, y compris les plus originales.
Des clubs de fumeurs de cigares, aux collectionneurs de timbres, en passant par les anciens clopocléphiles - collectionneur de porte-clefs - les apertophilistes - fervents amateurs d'ouvre-boîtes - les plus rares botumodélophilistes - attirés par les bateaux en bouteille - voire les microcochliarmaphilistes qui s'échangent avec passions des petites cuillères touristiques, sans oublier les clubs de Tintinophiles et leurs QCM sur les œuvres complètes d'Hergé, vous trouverez sûrement le réseau adapté à vos hobbies ! Tout cohabite plus ou moins ouvertement sur un marché ouvert aux spécialisations infinies.
Plus connus, les clubs de golfeurs, de chasseurs, de bridgeurs et autres joueurs de poker, se regroupent par affinités.

Seuls quelques critères d'accessibilité, souvent par le prix ou la localisation, vous permettront d'accéder ou non à ces réseaux.
Il est d'ailleurs curieux de remarquer que les réseaux virtuels (jeux de rôles en ligne par exemple) ont adoptés les mêmes règles de sélection et fidélisation que les clubs réels.
En dehors de critères de sélection par l'argent, ou par l'appartenance à une région, un village (club de boulistes local), ou à un groupe social dans quelques cas - club ou association de grande ou petite vénerie (chasse à courre) - les réseaux affinitaires sont plutôt majoritairement ouverts.

Bien évidemment, au-delà des informations que vous trouverez dans les mairies, les offices du tourisme, les centres d'arts et de culture ...les réseaux virtuels vous aideront à aller à la rencontre de vos pairs. Nous recommandons ici et à ce niveau 3 réseaux : OVS, Viadeo et Facebook.

Un réseau très récent, Shapr[75], croise affinités professionnelles et volonté de rencontres. Il permet de rentrer en contact avec

---

[75] *Voir 7.18*

une quinzaine de personnes quotidiennement et de les rencontrer, si elles en sont d'accord, selon des critères d'intérêts et d'affinités exclusivement professionnels.

**Les réseaux identitaires**

Dans notre monde en pleine évolution, où les populations et les cultures sont brassées, dans lequel les novlangues et cultures internationales peuvent devenir prégnantes, la recherche du confort de ses propres racines est essentielle à notre équilibre personnel.

Le confort de retrouver ses origines familiales ou son parcours professionnel au travers de votre identité se doublera du plaisir de partager anecdotes et histoires personnelles, le tout autour de la convivialité propre à chaque culture.

Certes, si vous n'êtes pas lorrain, il vous sera difficile d'adhérer à un réseau de lorrains à Paris. Idem si vous n'êtes pas Expert-Comptable, ancien d'une université, salarié ou ex salarié de telle entreprise, il vous sera impossible d'appartenir aux clubs ou réseaux éponymes.

L'identité s'acquiert de maintes façons suivant les différents objets des réseaux concernés : la naissance, (une ville, une région, voire la gémellité ou la couleur des cheveux !) ou le parcours de votre vie – scolarité ou carrière professionnelle – ou votre situation matrimoniale (célibataire) ou toute autre segmentation qui peut résulter de vos choix plus personnels : religion, sexualité, etc.

Ainsi, les réseaux identitaires sont par nature même plus souvent fermés qu'ouverts. Il vous suffit de trouver le vôtre, en fonction des critères qui vous caractérisent.

Leur intégration sera alors parfois plus facile puisque vous répondrez ipso facto aux identités requises.

Il est clair que toute présentation ne doit pas être classifiante, ni sectaire et encore moins exhaustive. Les réseaux identitaires sont bien évidemment constitués de personnes qui se regroupent selon leur parcours de vie.

Nous vous proposons la grille de lecture suivante :

- natifs d'une même origine géographique (les auvergnats de Paris, les bretons de Catalogne, les français de San Francisco, ... et aussi les malgaches de Paris, les allemands de Toulouse ... )
- anciens étudiants issus d'un même parcours (les anciens de l'ENA, les ex des Mines ou les alumnis de l'EDHEC ... )
- fidèles pratiquants d'une religion commune, lorsque celle-ci peut s'avérer minoritaire (les coptes d'Egypte, les adeptes du Dalaï-Lama ... )
- militants d'une vision politique extrême ou marginale (anarchistes, révolutionnaires, groupuscules ... )
- récipiendaires de distinctions honorifiques (médaillés, académiciens, ... )

Ou selon leur mode de vie :
- singulier (les Mormons, les Amish, les tatoués ... )
- spécifique (bobos, végétariens, végétaliens, adeptes des médecines chinoises ... )
- intime et privé (LGBT, échangistes ... )

**Comprendre et différencier média-social de réseau social**
Très souvent, l'amalgame est fait entre réseau social et média social. Les médias sociaux sont tout simplement des moyens de communication centrés sur des contenus. Chacun peut ainsi créer des contenus (photos, présentations, documents, animations, vidéos, émissions ... ), et les diffuser sur des médias sociaux comme YouTube, Instagram ou Pinterest, ... pour ne citer que les plus importants.

Les réseaux sociaux sont plus des canaux de dialogue, d'échange et d'interactions entre des personnes, ou entre des entreprises et des personnes. On citera ici Facebook ou Google+, Viadeo ou Linkedin.

Pour résumer, d'un côté les médias sociaux mettent en scène des contenus, de l'autre les réseaux sociaux mettent en scène des individus ou des entreprises. Très souvent, des réseaux sociaux sont des média sociaux.

## Les différents niveaux de visibilité des réseaux

Autre approche pour une bonne compréhension du réseautage : la visibilité. Il faut savoir apprécier la plus ou moins grande visibilité d'un réseau.

En premier lieu, ce n'est pas parce qu'ils sont les plus visibles que des réseaux sont plus attrayants ou plus efficaces, bien au contraire. En second lieu, le fait d'être dans un réseau plus ou moins visible a des impacts directs sur votre politique de réseautage et de communication. Vous aurez donc, lors de l'établissement de votre stratégie de réseautage, à vous poser ces questions de plus ou moins forte visibilité.

**Les réseaux communicants**

Ils font de la publicité pour se mettre en avant, car ils recrutent des membres ou recherchent à accroitre leur notoriété. Typiquement, vous en verrez les représentants à la télévision, comme les réseaux émanant des partis politiques ou des syndicats pour les réseaux réels ...
Très souvent, ce sont des réseaux dits commerciaux, et ils sont dans un univers concurrentiel (par exemple les sites de rencontres, les réseaux de gamers ... ) pour les réseaux virtuels.

**Les réseaux à forte visibilité**

Beaucoup de réseaux réels présentent une forte visibilité.
Nous citerons par exemple le Lions et le Rotary, qui communiquent sur les actions de bénévolat et de charité qui les caractérisent. Au niveau international comme sur des actions plus locales.
Pour ce qui concerne le monde digital, on peut considérer que Facebook, Viadeo, Twitter ... ont une forte visibilité : ils sont présents dans chaque famille, même s'ils ne font pas de communication.

Essayez de taper votre propre nom sur un moteur de recherche et votre profil Viadeo, Facebook ou Linkedin ressortira extrêmement rapidement ... associant immédiatement votre nom au dit réseau.
De même des réseaux mixant très vite le réel et le virtuel (MeetUp ou OVS par exemple) sont des réseaux à forte visibilité, dont les activités collectives de leurs membres sont d'ailleurs également relayées sur Facebook ou Instagram.

**Les réseaux à faible visibilité**

Ce sont des réseaux qui existent et ne se cachent pas, mais qui pour autant ne recherchent pas une extrême visibilité. Ce n'est simplement pas un objectif de clamer, urbi et orbi, leur existence, comme leurs activités.

Typiquement, les réseaux d'anciens élèves des grandes écoles et différentes universités (les Alumnis) rentrent dans cette catégorie. Ils ont des sites web, mais pour accéder aux entrailles de leur activité, il vous faudra un password de membre. De même, tout quidam, et on peut aisément le comprendre, ne sera pas invité à leurs événements, conventions, manifestations ...

Leurs évènements dits « externes » comme les forums, sont accessibles aux non-membres, mais il faudra, pour y participer, s'acquitter d'un montant, souvent plus élevé d'ailleurs que les membres eux-mêmes.

Des milliers d'associations professionnelles ou d'intérêt général en font également partie : quasiment inconnues du grand public, sauf quand elles bloquent aéroports ou péages ... Même certains membres de leur profession ou de leur secteur ne les connaissent pas.

Leur finalité est de fédérer les intérêts de leurs adhérents, de promouvoir leurs idées, de faire du lobbying. Faisons attention à ne pas les associer aux syndicats proprement dits.

Nous citerons pelle mêle les motards en colère ou les différentes associations d'usagers de la route, les riverains d'aéroports ou les voisins de salles de concerts ...

De même, les nouveaux réseaux de Crowdsourcing (création collaborative) ou de Crowdfunding (financement participatif) rentrent dans cette catégorie : ils ne se cachent pas, mais leur visibilité est assez faible.

**Les réseaux discrets**

Deux exemples de réseaux discrets de par nature : les réseaux financiers et les réseaux confessionnels.

Basés sur la confiance et la recommandation, les réseaux financiers sont par essence fermés à l'extérieur, ce qui les amène à une discrétion naturelle : pas de communication, peu de visibilité... attitudes feutrées et recommandations y sont d'usage. La cooptation n'est pas un vain mot, nonobstant la qualité des personnes qui les composent.

De même, les réseaux religieux sont très discrets. Plus par protection naturelle que par volonté spécifique : afin de ne pas s'exposer à la critique ou au conflit sociétal ou d'idées, ils préfèrent une posture de non communication. Ils sont cependant aisés à trouver et on y rentre sans difficultés.

**Les réseaux extrêmement discrets**

Certains réseaux n'ont absolument aucun intérêt à faire parler d'eux, bien au contraire. Leur qualité comme leur efficacité tenant en effet souvent à leur statut de grande discrétion.

On citera certains cercles d'entrepreneurs (Club Voltaire, Club des 100, ...), des Clubs privés (Le Siècle...), des réseaux élitistes, des influenceurs, les cercles politiques. Les Francs-maçons et l'Opus Dei font partie de cette catégorie : organisations relationnelles séculaires, ils sont fort bien connus et de nombreux ouvrages ont décrit leur organisation, leurs finalités, leurs activités ... Néanmoins, sauf dans des cas relativement limités, leurs membres ne sont pas connus, ou pour le moins ne se présentent pas comme tels. Leur organisation interne reste globalement méconnue du grand public, leurs activités également.

**Les réseaux opaques**

Il s'agit des sectes et sociétés secrètes qui par essence, sont totalement fermées. Nous ne saurons ici en dire plus, excepté que certains se cachent dans l'anonymat pour protéger des activités illicites, réprimées par les lois des différents pays.
La mafia, par exemple, représente le summum de l'opacité. On devrait dire « les mafias » pour être plus précis.
D'origine italienne, les Camoras[76] sont nées il y a près de 300 ans en Sicile, dans la région de Naples et dans les Pouilles. N'oublions pas d'y ajouter la Camorra napolitaine, la Cosa Nostra en Sicile (près de 200 familles, plus de 5000 affranchis en 65000 associés), la Ndrangheta calabraise et les mafias « non italiennes » (américaine, polonaise, russe, corse, albano-kosovar, bulgare, irlandaise ... ).

---

[76] *Littéralement : chambres*

Bien évidemment, on ajoutera à cette liste, les triades chinoises comme les boryokudan japonaises.

Organisations secrètes par vocation, opaques par nature, souvent familiales et très hiérarchisées, elles doivent leur croissance et leur prospérité à des activités extrêmement diverses. Nous citerons des activités aussi variées que l'extorsion de fonds, la contrebande, l'alcool, la prostitution ou la drogue, la promotion immobilière et les travaux publics, l'environnement et le trafic de déchets, la fraude aux subventions, les taxis, le trafic d'organes et celui d'êtres humains... et bien évidemment les jeux et le blanchiment d'argent.
Il semblerait même que certaines activités de cybercriminalité, et pas que le hacking, les intéressent. Ce seraient en effet des acteurs puissants du darknet. On les dit également participant à la flambée des bitcoins.

## 3. Comprendre les finalités du réseautage

S'il y a autant de réseaux que de champs d'intérêt, quelles sont les motivations les plus fréquentes et les plus caractéristiques que l'on peut identifier pour les intégrer ?

**Aller plus vite dans l'accompagnement au changement.**
Qu'il s'agisse d'apprendre, de comprendre, de découvrir ou de faire face à une situation nouvelle, à un environnement inconnu, les réseaux sont de bonnes réponses à toutes les étapes de la vie.
Ce sont des accélérateurs puissants. Qu'il s'agisse également de réseaux personnels ou professionnels, ils vous permettront de mieux vous intégrer dans une nouvelle ville, un nouveau pays, mais aussi une entreprise ou un groupe social nouvellement abordé.

Si l'on admet souvent que des « clubs services » - tels le Rotary, le Lions Club, la Table Ronde et autres Kiwanis - représentent, notamment en région, des réseaux d'influence efficaces, les intégrer vous permettra effectivement de « gagner du temps ».
Nous n'évoquons pas ici les réseaux moins visibles de la franc-maçonnerie, par exemple, non qu'il faille s'en défier, mais leur accès n'est pas, par principe, basé sur une demande émanant du postulant mais d'une sollicitation de la part d'une personne déjà membre.

En dehors des réseaux ayant « pignon sur rue » cités plus haut, tous les réseaux - anciens élèves, professionnels, confessionnels, politiques, sportifs, ludiques, etc. - pourront vous être utile à ces instants de changements de votre vie. Réels comme virtuels, ils seront générateurs de contacts et de liaisons favorisant et accélérant votre intégration dans votre nouvel environnement.

**Aller autrement en sécurisant son parcours.**
Outre le rôle d'accélérateur, ces mêmes réseaux, tant dans les mutations que dans les phases « courantes » de votre vie, pourront jouer un rôle rassurant.

Basés sur la confiance que génère le sentiment d'appartenance voire les process de recrutement de leurs membres, les réseaux induisent un potentiel réel de sécurité pour ceux qui les rejoignent.
Le fait même qu'ils s'autorégulent et rejettent les éléments qui pourraient être « perturbants », vous donnera, à juste titre dans la plupart des cas, un sentiment de solidarité auquel vous devrez bien sûr contribuer à votre tour. La sphère professionnelle est encore plus concernée par cette dernière caractéristique.

Nous détaillerons dans ce chapitre quelques-unes des finalités de la pratique des réseaux.
Les dix points suivants ne sont pas hiérarchisés mais correspondent à des phases que vous identifierez facilement au cours de votre parcours de vie.

## 3.1 Rompre l'isolement

C'est sans doute la première utilité des réseaux.
Petite anecdote personnelle : un ami, comme moi organisateur de clubs professionnels, m'interviewait lors d'une de ces soirées en me demandant devant un auditoire convivial : « pourquoi fais-tu des clubs ? » . Ma réponse fut simple : « Par ce que j'étais enfant unique ! » Tous les enfants uniques ne sont certes pas systématiquement porteurs de ce destin de résauteurs professionnels, mais la logique est bien là.

Si vous êtes seuls, à moins d'avoir une vocation prématurée d'ermite, vous aurez envie d'aller vers les autres.
En 2014, une enquête du Credoc pour la Fondation de France révèle qu'un Français sur dix est touché par la solitude et l'isolement.
Ce chiffre aurait sensiblement augmenté puisqu'en 2016 5 millions de Français de plus de quinze ans se disent en situation de solitude. Cela signifie qu'un Français sur dix, ne rencontrent et passent du temps que très rarement avec famille, amis, voisins ou connaissances.

Cette estimation, qui ne prend pas en compte les relations au sein des ménages, est comparable à une précédente enquête sur les solitudes publiée par cette fondation en 2014, mais relève une hausse de 1 million de personnes par rapport à 2010. Ces personnes n'ont que des contacts très épisodiques avec les cinq réseaux de sociabilité (familial, professionnel, amical, affinitaire ou de voisinage).

**La démonstration par les chiffres**
Quelques chiffres encore pour étayer cette nécessité d'aller vers les réseaux sociaux :

- 26% des Français se sentent exclus, abandonnés ou inutiles
- 22% ont, par exemple, des liens réguliers dans un seul réseau social, ce qui représente une forme de solitude. Parmi ceux-ci, c'est le voisinage qui est leur unique mode de socialisation (35%), loin devant les amis (26%) et la famille (22%). Les vies professionnelles et associatives sont des réseaux moins développés.

Et ça ne s'arrange pas tout seul : la solitude augmente avec l'âge !
On compte 7% de personnes isolées chez les 15-25 ans, 11% chez les 25-39 ans et 12% au-delà et jusqu'à 69 ans.
L'isolement est donc un cercle vicieux, puisque les personnes isolées tendent à se replier sur elles-mêmes : 65% pensent qu'on n'est jamais assez méfiant vis-à-vis des autres et 27% ne se sentent pas en sécurité dans leur vie quotidienne.

Tableau pessimiste ? Non, simplement réaliste !
On peut le corréler à un autre chiffre tout aussi peu rassurant : environ 10 % des français n'ont qu'une seule vraie conversation par an (avec un voisin ou un proche) en dehors bien sûr du « bonjour/bonsoir » avec la voisine ou la boulangère. Autrement dit :

- le potentiel d'accroissement des réseaux est quasiment infini !
- si vous êtes concernés par la solitude, relisez ce livre tous les soirs…

## 3.2 S'informer et apprendre, seul ou en groupe

Une fois sorti de l'école - où l'on est censé apprendre - de la lecture des journaux, voire de leur écoute télévisuelle, quels sont nos modes d'acquisition intellectuels, culturels, artistiques ?
Une fois lancés dans la quotidienneté du travail, de la famille, des enfants, à part quelques poses pour les vacances ou des activités sportives entre amis, les occasions de stimuler et développer son intellect peuvent se faire rares.

Sans faire de ségrégation sociales (Catégories Sociaux Professionnelles) ou géographiques (métropoles/ruralité), l'égalité des chances ou des opportunités peut rapidement se révéler une gageure difficile à surmonter.
C'est là que l'on peut se tourner, entre autres, vers les réseaux.
Des plus anodins aux plus sophistiqués. Des clubs de lotos dans nos villages aux clubs de théâtre, de concerts, de voyages, de réflexions philosophiques, existent des myriades d'associations et de groupements divers qui vous permettront, à moindre frais, d'accéder en toute simplicité à des savoirs accessibles et passionnants.

Même chose bien sûr pour les activités de loisir basées sur le sport, la randonnée à pied ou en vélo, les rallyes culturels en voiture et tant d'autres comme la pêche ou la chasse.

**Apprendre en groupe**
Bref, tout ce que vous pouvez apprendre seul, revêt un caractère souvent bien plus attrayant si vous le faites en groupe.
Vous découvrirez alors, partant du principe bien connu « qu'il y a plus de choses dans plusieurs têtes que dans une seule », que le partage des activités et de la connaissance en groupe est porteur de formation (sur vos semblables et sur vous-même) et que vous apprendrez plus facilement dans tous les domaines en vous astreignant à sortir d'un isolement parfois routinier que la vie courante génère.
Acceptez les offres qui vous sont faites. Sollicitez- les si elles ne viennent pas. Il sera toujours temps de vous rétracter si vous arrivez à saturation (Cf. 5.8).

Tout ceci est valable également sur les réseaux virtuels où, sur les forums adéquats, vous échangerez, apprendrez et communiquerez instantanément avec la terre entière.

## 3.3 Participer, être dans l'action

**La Dynamique de l'action**

Quand vous aurez fait ce pas qui consiste à vous engager dans une vie de réseau, vous verrez que (en respectant les règles d'usage - Cf. chapitre 4) se crée une dynamique qui fait que : « plus vous en ferez, plus vous en ferez... ». Décryptons : plus vous serez invités sur liste (à des manifestations professionnelles par exemple) et plus vous y participerez, plus votre nom sera repris sur des fichiers de partenaires de ces premiers évènements réseaux et plus vous serez ainsi conviés à d'autres manifestations. Et ainsi de suite ...

Cela prend relativement peu de temps et, au bout d'un semestre en moyenne, vous vous apercevrez que votre emploi du temps consacré aux réseaux se développe.
D'une invitation par mois, vous passerez à une par semaine puis ...
Ceci dépend évidemment de votre contexte géographique, mais cette constatation est valable dans toutes les villes françaises (et étrangères) d'importance.

**Constance et assiduité**

De votre assiduité dépendra votre progression. Si votre objectif est ambitieux, avec un minimum de constance, vous l'atteindrez rapidement et vos contacts croîtront en proportion. Progressivement vous seront proposées des manifestations de plus en plus ciblées et vous commencerez à pouvoir intégrer (en tant que visiteurs invités) des réseaux comme des lieux de plus en plus nombreux ou prestigieux dans vos villes de résidence.
Que vous soyez à Paris ou Lyon, Lorient ou Montauban ... vous découvrirez, les uns après les autres, des gens épatants comme des lieux « magiques ». Et, qui sait, en tout cas pour certains,

vous intégrerez peut-être ces même réseaux en tant que membres...

Si vous ne participez à aucune manifestation réseau, ne venez pas vous plaindre que l'on ne vienne pas vous chercher...
Un petit conseil pour quand vous serez, en réseauteur confirmé, en situation de choisir entre deux, voire trois, évènements auxquels vous seriez invités le même soir à la même heure : choisissez toujours celui auquel vous n'avez jamais encore été.
C'est le meilleur moyen de découvrir de nouvelles opportunités de rencontres, quelle que soit votre envie initiale d'aller là où vous êtes déjà connu.

## 3.4 Echanger et partager

C'est bien connu (Cf. 3.2), on apprend plus à plusieurs que tout seul...
En tout cas, c'est le sens même de ce qui relie l'humanité. Partager des savoirs, globaliser les expériences individuelles, c'est ce qui permet idéalement la progression collective et universelle.

Le réseau donne un cadre à ces échanges (réels et/ou virtuels) et permet à tous d'y participer. Dynamiser sa vie personnelle via les réseaux c'est « créer du lien », partager et échanger des informations, des impressions, des astuces, des bons plans.
Alors *off line* ou *on line* quelles sont les modalités du partage et de l'échange en réseaux ? On peut recenser, sans être une nouvelle fois exhaustifs, plusieurs types de partage.

**Partager un bon moment**
Le réseau est un lieu d'échange privilégié où il est agréable d'évoluer.
C'est le lieu convivial par excellence. On y retrouve des personnes connues ou nouvelles pour faire ensemble toutes sortes d'activité : travailler, créer, manger et boire ... voir jouer ensemble.

**Les jeux de société**

C'est un exemple de développement personnel par le réseau.
Que le jeu se fasse dans le réseau naturel de la famille ou dans le réseau plus élargi des amis, du village ou à encore plus grande échelle sur la toile mondiale de l'Internet via les plateformes de jeux collaboratifs, il s'agit de partager ensemble un moment agréable et convivial.
Le plaisir de jouer voire d'échanger des astuces de jeu à l'instar des adolescents qui n'hésitent pas dans les forums de jeu comme dans la « vraie vie » à se donner des tuyaux pour « passer des niveaux », est une source de partage inégalée.

**Partager des informations et des connaissances**
Avec les réseaux réels et surtout les réseaux *on line* rien n'est plus impossible en matière d'acquisition de connaissances... Internet est ainsi LA mine d'informations numéro 1 développée par le réseau pour le réseau.
Les wikis (mot hawaien signifiant « rapide » à l'origine) qui aujourd'hui permettent à tout un chacun d'accéder à des informations en ligne et surtout à chaque utilisateur de nourrir « la communauté » de ses connaissances, est un bon exemple du partage des savoirs via le réseau.

Le plus connu et le plus emblématique des wikis est sans conteste Wikipédia : encyclopédie multilingue, universelle, librement diffusable, disponible sur le Web et écrite par les internautes grâce à la technologie wiki imaginée par Ward Cunningham en 1995.

**Partager des réflexions et des opinions**
Le réseau peut avoir pour objectif de partager et de nourrir les réflexions sur un thème donné.
Ces réseaux dans leur format « réel » prendront alors la forme de blogs ou de Think Tank (laboratoire d'idées regroupant des experts réalisant des études et faisant des propositions dans le domaine des politiques publiques) ou de clubs et cercles de réflexion s'intéressant à des domaines relevant tant de la sphère publique que de celle du privé. (Cf. 2.1)
Dans les réseaux virtuels, la réflexion et le partage d'opinions se déploiera au sein des blogs, des forums, des « chats », des commentaires en ligne et des hubs des réseaux sociaux.

Aujourd'hui les internautes et les mobinautes ne se contentent plus de partager leurs points de vue et leurs goûts, ils veulent

avoir un impact direct sur l'ensemble du réseau, l'ensemble de la communauté.
Ils deviennent des acteurs suivis, des prescripteurs voire dans certains cas de véritables leaders d'opinions.

## 3.5 S'améliorer soi-même par une communication maîtrisée

**Communication et amélioration**
On peut globalement considérer (sans angélisme exacerbé) que les réseaux permettent à chacun, par le partage de la connaissance, l'ouverture aux autres et la massification des informations individuelles, de s'améliorer et de progresser en sortant d'un isolement feutré et atrophiant.
Plus rien ne restreint la communication d'individus à individus, même dans les cas où naguère, ces rapprochements et ces partages étaient rendus impossibles par l'éloignement ou la non-disponibilité, la facilité de transmission des informations, en direct ou en différé, palie assez systématiquement à ces difficultés.
Si vous ne lisez pas un mail envoyé à 21 h 15, vous en prendrez connaissance le lendemain à 9 h 18 et, dans la majorité des cas, ce sera suffisant.

L'universalité et l'instantanéité du partage de l'information a souvent pour conséquence la création d'une émotion commune qui favorise des prises de conscience. Le « plus jamais ça » qui s'exprime collectivement (malheureusement sans réel impact définitif) après des attentats ou autres faits de guerre, est un exemple de ce que les réseaux (en l'occurrence d'information) génèrent en chacun de nous.

**Confronter ses idées**
La confrontation à l'autre est facteur d'amélioration de ses propres qualités, pour autant que l'on respecte des règles d'écoute et de tolérance. Si l'on repense aux premiers réseaux humains vieux de 34 000 ans (Cf. chapitre 1.2), comment ne pas observer que le chemin parcouru a été bénéfique pour tous ?

Les réseaux, par l'exigence des règles de « vie en communauté » qu'ils nous imposent (à défaut ils nous en expulsent) sont donc de réels facteurs d'amélioration de notre « art du vivre ensemble », « *pourvou que ça doure* » comme disait la mère de Napoléon...

## 3.6 Trouver et/ou apporter de l'aide

De la même façon qu'ils contribuent à notre amélioration personnelle et professionnelle, pour autant que l'on en respecte les règles de fonctionnement, les réseaux sont de puissants outils d'accompagnement pour trouver de l'aide en cas de besoin, mais aussi et inversement pour en apporter à nos semblables.

Parmi des centaines d'exemples probants de possibilités d'utilisation des réseaux pour répondre à ces demandes, deux exemples originaux et « vécus » illustreront très simplement ce propos :

**My Hospi Friends**
Comment ne pas évoquer ici une application originale inventée par Julien Artu : My Hospi Friends.
Ce réseau (virtuel débouchant souvent sur du réel : de la prise de contact sur le net à la rencontre « en vrai ») permet à des patients hospitalisés de communiquer entre eux alors que leur état auparavant les en empêchait et les isolait totalement... Ils se retrouvent tous les jours sur le site et échangent autour de leurs passions communes.
Son créateur ne s'en cache pas, My Hospi Friends s'inspire en grande partie de l'esthétique de Facebook. Comme sur le célèbre réseau social, chaque utilisateur dispose d'un "mur", où il peut poster des messages ou encore des photos. Pour s'inscrire, rien de plus simple, il suffit de choisir un pseudonyme, d'indiquer sa tranche d'âge et ses goûts, et de préciser sa capacité ou non à quitter sa chambre d'hôpital.

Pour les hôpitaux eux-mêmes, My Hospi Friends est un moyen idéal pour changer l'image austère qui leur colle à la peau.
« Nous avions de bons médecins, mais nous souhaitions améliorer le bien-être du patient », détaille Valérie Moulins,

directrice du service de communication de l'hôpital Foch et elle ajoute : « Depuis la mise en place du site, les patients ne cessent de nous remercier ».
Bel exemple d'un apport d'aide concrète par un réseau virtuel dans des conditions extrêmes certes mais où rien n'existait auparavant.

**Réseauter pour un job**

Dans un tout autre contexte, le réseau (réel) peut représenter un accompagnement magnifique et efficace pour, par exemple, retrouver rapidement un travail par voie directe, sans intermédiaire (voir 6.11).
Situation classique résultant d'un licenciement collectif ou d'une rupture de contrat individuelle : vous perdez votre job. Pas de panique.

Contactez alors 5 de vos amis les plus proches, qui vous connaissent parfaitement et à qui vous n'avez pas besoin de détailler vos innombrables compétences (ça s'appelle le référencement !). Demandez-leur de vous envoyer vers (minimum) 2 de leurs plus proches amis en les contactant préalablement pour les « mettre en situation d'accueil positif ».
Honorez ces rendez-vous avec enthousiasme et, quelle que soit la réponse à cet entretien, demandez à ces nouveaux contacts de vous donner eux-mêmes deux nouvelles personnes à rencontrer de leur part.

Au bout de quelques semaines, voire mois, (tout dépend bien sûr du taux d'occupation de vos interlocuteurs) vous aurez facilement rencontré 40 à 50 décisionnaires (quel que soit le niveau recherché) en dehors de tout circuit classique et sans le « barrage de la secrétaire » ...
Il serait bien étrange que vous ne trouviez pas le graal recherché.

**Au secours !**

Ce système a sa propre limite, qui est une situation désespérée. Imaginez un jour rencontrer quelqu'un qui, concerné, vous répond après votre brillante suggestion : « je n'ai pas 5 amis » ... Recommandez-lui tout de suite la lecture de ce livre !

## 3.7 Croître

Le destin de la nature, de la société, de l'Homme, de l'entreprise, de tout en fait, est de croître.
La vie EST croissance. Il n'y a pas d'exception et, sans critiquer violemment les partisans de la « décroissance » dont les motivations ont une forme de légitimité pour autant qu'ils critiquent une « mauvaise croissance faîte au détriment de la planète », on a jamais vu les arbres rapetisser, sauf à ne pas les arroser et les conduire à la mort.

Partant de ce constat, un réseau qui ne croit pas est un réseau qui meurt.

**Croitre en quantité**
Plus le nombre des membres augmente (et ceci est valable dans le réel comme dans le virtuel) plus les opportunités de rencontres positives croissent.
Ceci étant valable pour les réseaux d'affaires, comme pour ceux de rencontres. De même, un nombre croissant de réseaux génèrera un nombre encore bien plus important de contacts potentiels.
Illustrons notre propos d'une image, celle de la théorie du supermarché[77].

Vous aurez plus de chance de trouver « l'âme sœur » (Cf. 6.13) dans un réseau de quelques milliers de membres que dans le café de notre village... Quoi que parfois !

**Croitre en qualité**
Si les clubs et réseaux grandissent, c'est aussi pour nous faire grandir. Et c'est bien de cette richesse des échanges que viendra votre propre progression. Plus nos réseaux croissent, plus nous grandissons par les apports intellectuels, amicaux, culturels, qu'ils nous procurent et, plus nous nous améliorons nous-même.

Certains réseaux se fixent cependant des quotas à l'instar de quelques grands clubs parisiens ou étrangers.

---

[77] *Un second supermarché dans une agglomération générera une augmentation du trafic sur les deux.*

Le Siècle, le Club des Cents en font partie. Béatrice Lanson-Villat « Féminin Pluriel » disait, à qui voulait l'entendre, qu'elle limitait son nombre de membre à 100 par réseau ...
En fait, c'était une élégante formule pour écarter avec tact les impétrantes non désirées...
Et puis, sa croissance, elle l'a réalisée par toutes ses nombreuses implantations hors Paris. Même mode de croissance pour Alain Marty et le « Wine »...

**Grandir**
Plus nous leur apportons de la qualité, voire de la quantité en y faisant venir d'autres membres amis, plus ils nous renvoient des opportunités de savoirs et d'heureuses découvertes.
Participer à cette croissance des réseaux que vous rejoindrez, favorisera immanquablement votre propre progression dans tous les domaines.
Celui de votre vie privée, de votre culture, de votre ouverture vers les autres, comme celle de votre parcours professionnel, voire de vos affaires et de votre société.

## 3.8 Réussir et gagner

**Réussir avec enthousiasme**
De cet enthousiasme à réseauter, car réseauter suppose de l'enthousiasme et de l'énergie, viendra le succès.
Pas tout de suite. Il faut du temps, de la patience et de la constance (Cf. chapitres 4 et 5) mais le succès est, si l'on respecte les règles, toujours au bout du chemin.

Si ce n'était pas le cas, interrogez-vous sans mansuétude sur votre propre attitude ou redéfinissez vos attentes pour vérifier que le, ou les, réseaux que vous avez choisis sont les plus appropriés à vos aspirations. Il n'y a pas d'exception à cet axiome.
Les réseaux sont de formidables boosters pour vous-même et pour vos affaires. Quel que soient les moments de votre vie, les objectifs que vous vous fixez et vos attentes en termes de résultats (Cf. 5.1) vous trouverez les bonnes réponses.

**Jouer collectif**
Pas tout seul. Il faudra souvent vous faire aider, accompagner par des plus anciens que vous dans cette démarche de réseauteur, tant dans le réel que dans le virtuel, mais rien ne s'opposera jamais à une bonne conclusion.
C'est un vrai travail de pédagogie, de discipline, d'attention de chaque instant et, ceux qui ont réussi vous le confirmeront s'ils sont bienveillants.
C'est donc un état d'esprit qu'il vous faudra mobiliser ou acquérir. Si vous y réussissez, vous gagnerez forcement. Encore plus si vous jouez collectif. Bon courage.

## 3.9 Renouer des contacts

Rien ne vient vraiment par hasard. Si les sites « copains d'avant » et autres sur Internet vous permettent de vous pencher sur votre passé pour retrouver de « vielles connaissances », c'est bien par ce que nous sommes de plus en plus nombreux à nous y inscrire.
Alors comment renouer avec ces contacts personnels et professionnels ?

**Comment faisait-on avant Internet ?**
Il faut reconnaître que faire abstraction d'Internet aujourd'hui est intellectuellement difficile dans cette quête du passé relationnel !
On a même oublié comment on pouvait faire avant. Retour à l'annuaire du téléphone, au voyage sur place pour retrouver des anciens voisins, à une enquête quasi policière pour découvrir ce qu'est devenue votre petite amie (ou petit ami) des vacances à Royan ?
Peut-être, mais quel bonheur si on y arrive ! Cela dit... tout est quand même plus facile sur le net.

**Et de nos jours, renouer des contacts personnels on line**
Il y a beaucoup plus de facilités aujourd'hui à renouer des contacts[78] qu'auparavant. Toutefois cette démarche n'est pas systématiquement partagée par tous et toutes : certains

---

[78] Voir Chapitre 7

n'accepteront pas forcément votre sollicitation avec bienveillance, surtout si elle est intrusive. Nous recommanderons donc ici tact et bienveillance.

**L'incidence du mariage sur l'état-civil**

Rappelons ici que les femmes sont plus difficiles à retrouver que les hommes. Mesdames pensez à faire figurer dans vos profils en ligne et sur Internet votre nom de jeune fille accolé à votre nom de femme mariée. Il sera ainsi plus évident, pour vos anciennes relations, de vous retrouver.
A moins bien sûr que l'objectif soit de leur échapper !

## 3.10 Entretenir et faire perdurer des relations

Enfin, souvenez-vous qu'un réseau, comme toutes les choses que l'on aime, s'entretient. Un réseau est précieux, fragile, exigeant. Nourrissez-le. C'est en plus tellement simple et facile.
Si, comme dit plus haut, vous ne donnez pas d'eau à votre camélia, il va mourir. Si vous ne donnez pas de petits signes de vie aux membres de votre famille, de vos amis proches, voire lointains, vous allez accélérer la descente de la courbe de Gauss de vos relations (cf. préambule).
Avant même l'arrivée d'internet et de la notion de réseau au sens actuel du mot, les « relations », pour perdurer, ont toujours eu besoin d'être « suivies ». Rien de nouveau sous le soleil et c'est du simple bon sens.

**Illustrations**

Sur votre propre réseau personnel, autrefois, la corvée des envois par la Poste des cartes de vœux était astreignante. Aujourd'hui, un simple clic suffit pour un envoi collectif, impersonnel si vous êtes un peu paresseux, et, si vous êtes plus courageux, vous le personnaliserez en rajoutant le prénom du destinataire et une formule de politesse personnalisée.
Et vous pouvez répéter ces petits signes à Pâques ou pour n'importe quel évènement familial !

Professionnellement, invitez à des déjeuners, des dîners ou à de simples « pots » et vous serez, en principe, invités à votre tour.

Si ce n'est pas le cas et que l'on ne retourne pas votre invitation, au bout de deux fois, n'insistez plus. Ca n'en vaut plus la peine.
C'est un critère de vie et de qualité d'un réseau. Il doit être homogène dans ses valeurs et égalitaire, autant que faire se peut, dans ses engagements.

Au sein même de votre famille (premier réseau), et si vous ne voyez plus depuis des années la tante Jeanine ou l'oncle Marc, vous avez peu de chance ... d'être sur leur testament !
Pardon pour cette image un peu provocante qui pourrait faire croire que les réseaux répondent à des stratégies bassement mercantiles, mais il faut être réaliste.

**Limites du système**
Fixez-vous par exemple une règle dans vos relances téléphoniques (ou par mail) : ne rappelez jamais trois fois. Que ce soit sur le plan personnel ou professionnel, c'est souvent que votre interlocuteur n'est pas intéressé par votre proposition... quelle qu'elle soit !
En comprenant ces mécanismes relationnels, vous aurez ainsi toutes les chances de voir votre réseau, non seulement perdurer, mais croître dans les meilleures conditions.

# 4. Bien réseauter : maîtrise et mode d'emploi des réseaux

Il va de soi que de bien réseauter est un axe essentiel de notre réflexion, au centre de cet ouvrage.
Nous vous proposons ci-après les règles et modes d'emploi des réseaux.

## 4.1 Les fondamentaux : règles, comportements et usages du réseautage

Comme il existe (ou existait !) une « préparation au mariage », il est nécessaire de se « préparer à réseauter » à la fois tant par la création et/ou l'appropriation d'outils et de process tels que ceux décrits dans ce chapitre, que par une préparation plus personnelle, psychologique et comportementale.

**Règles fondamentales**
Pour synthétiser, des règles de réseautage demeurent pour toujours fondamentales : être « clean », être cohérent et homogène, être joignable et facilement « contactable », pratiquer le don réciproque.
De nouvelles règles se dessinent au travers des nouveaux curseurs de la vie moderne : la dissociation plus ou moins prononcée entre vies professionnelles et personnelles, la porosité entre activité réelle et virtuelle, le caractère plus ou moins actif, ou passif, de votre réseautage, et enfin l'aspect plus ou moins discret/visible de votre vie en réseau.

**Valeurs**
De même, il est intéressant de mettre en exergue les valeurs positives comme les valeurs négatives d'une activité de réseautage.
Sont ainsi considérées comme :

- Valeurs positives : la clarté, la concision et la constance, la factualité et la précision, la transparence, la simplicité, l'engagement, le partage et l'échange, ainsi rappelons le, que le don précédemment cité.

- et comme valeurs négatives : le fait d'être ennuyeux ou accaparent, les absences et l'inconstance, la dualité et la double personnalité, l'hypocrisie, l'appropriation, l'hyper-agressivité commerciale, la critique négative, la dissimulation, un comportement inapproprié ou déplacé, le mensonge, la politisation extrême, le sectarisme ou la promotion des sectes ...

C'est à vous de trouver votre propre attitude en fonction des réseaux que vous pratiquerez.

**Données chiffrées**

Un chiffre revient fréquemment quand on évoque la capacité d'un individu à entretenir, selon l'anthropologue Robin Dunbar, une relation humaine stable avec au plus 148 personnes, un nombre généralement arrondi à 150. C'est la taille maximale, selon lui, d'un village, plus précisément d'un « éco-village ».

Au-delà de ce nombre, limité par les capacités et l'organisation cérébrales, des institutions structurées par des règles doivent intervenir.

Si le groupe est plus nombreux, la relation de confiance s'en trouve affectée et cela limiterait la taille d'un réseau social. Nous pensons que, avec un minimum de préparation, ces chiffres peuvent être très sensiblement augmentés.

## 4.2 Les essentiels : dynamique et valeur ajoutée

Une fois que vous maîtrisez les règles, les comportements et différents usages du réseautage, vous pouvez commencer à y apporter une dynamique complémentaire, la vôtre.

**Réseauter pour acquérir de nouveaux contacts**
Réseauter, c'est la finalité première, afin d'acquérir de nouveaux contacts utiles. Au passage, ceci est une lapalissade, mais il ne sert à rien de collecter des contacts « inutiles » ...
Comment faire, et sur quels réseaux ? Sur la plupart des réseaux sociaux, il existe une fonction « Recherche », similaire à un moteur de recherche, qui vous permet de cibler des contacts potentiels.

Vous pouvez par exemple rechercher sur Linkedin ou Viadeo « gouvernance Europe », ou « Executive automobile Chine », ... et vous verrez apparaître des dizaines de profils correspondant, classés par niveaux de proximité avec votre propre profil.
En en sélectionnant une vingtaine, il est fort probable qu'après une dizaine de minutes d'approfondissement de ces profils, vous ayez « trouvé » une personne qui vous intéresse. De même, les groupes de ces mêmes réseaux vous permettent d'approcher des personnes qui partagent le même intérêt que vous.
Enfin, l'utilisation de quelques mots clefs, que vous « attachez » à votre profil, vous permettra de trouver certains de vos pairs à travers le monde. Et réciproquement, d'être également trouvé par les moteurs de recherche.

**Dialoguer et intervenir, partager et échanger**
Les réseaux sociaux sont un lieu d'expression, de prise de parole. Ne vous en privez pas, entrez dans une certaine dynamique !
Soit vous écrirez quelques lignes, sorte de billet d'humeur, soit vous relaierez ou commenterez un article, très aisé, soit vous ferez passer vos propres idées de manière plus réfléchie et posée, en écrivant un post.

Comment faire ? On ne peut plus simple !
- billet, opinion : dans le haut de votre profil, écrivez un message, et publiez le : à vos amis proches (réseau de niveau 1), à votre réseau (vos amis et leurs amis, c'est-à-dire niveaux 1 et 2), soit au monde entier ...
- partage d'un article : un article en français ou en anglais de votre journal favori ou de votre newsletter régulière vous semble être suffisamment intéressant pour que vous jugiez pertinent de le partager :
facile, sur le même article, en haut ou en bas selon les médias, vous verrez une petite ligne de logos (Facebook, Linkedin, Google+ , ... )
En cliquant dessus et en remplissant les 2 à 3 informations demandées, vous aurez très facilement « partagé » une information intéressante. Cette action augmente autant votre visibilité que votre crédibilité.
- écriture d'un post : pour les plus talentueux, l'écriture d'un post permet une expression libre et argumentée, de la longueur que vous souhaiterez.

Un conseil : ne jamais écrire directement sur votre ordinateur, ce qui pourrait vous procurer quelques désagréments en cas d'erreurs, de fautes ou de brève coupure de réseau. Préparez votre texte tranquillement sur un Word, relisez-le plusieurs fois, et lorsque vous en êtes satisfait, publiez le sur votre réseau social préféré par un simple copié-collé.

Les sujets et thèmes sont infinis. Les échanges et discussions sur les réseaux suivent l'actualité (la campagne électorale française de 2017, la coupe du monde de football en 2018, Davos ou le G7, ... ), accompagnent vos hobbies (aviation ou collectionneur de bonsaïs ...), vous permettent de rester « branchés » sur l'actualité de l'un de vos groupes (par exemple anciens de votre école), ou bien d'autres possibilités encore.

Autre avantage, la consultation par vous-même des lecteurs de vos communications (et de savoir qui a regardé votre profil après avoir lu vos messages) comme les commentateurs (toujours visibles) permettent de détecter de nouveaux contacts potentiels autour d'un intérêt partagé et d'élargir votre réseau.

**Dialoguer et tenir informé**

Dialoguer avec votre réseau, c'est également le tenir régulièrement informé de l'évolution et de l'avancée de vos actions et de vos compétences.

Dialoguer, c'est également être en éveil de toutes informations (provenant de tous horizons et/ou médias) susceptibles d'être en corrélation avec les activités et les métiers de vos relations, de vos partenaires, de vos amis ... et qui pourraient les intéresser : donne et tu recevras !

**Le storytelling**

Une des évolutions majeures qu'autorisent aujourd'hui média sociaux et réseaux sociaux est celle de la possibilité de diffusion de contenus. Cette disposition, pour les plus affutés d'entre nous sur les réseaux sociaux, permet de « mettre en scène » la personnalité que vous êtes et de « raconter une histoire », comme au théâtre.

Dérisoire ? Stupide ? Que nenni !

Cela vous permet au contraire de rendre votre personnalité intéressante professionnellement, de rendre votre parcours vivant, votre profil professionnel attrayant et donc de faire la différence avec « les autres » comme certains CV font, au milieu d'une pile de CV, la différence avec d'autres.

Publier une information tellement intéressante qu'elle en devient relayable, écrire sur un sujet donné une série de post tellement intéressants qu'ils sont appréciés par quelques centaines voire quelques milliers de personnes, ... autant d'actions majeures qui « raconteront une histoire » autour de votre profil, au meilleur profit de votre image et de votre réputation de son auteur. C'est cela le storytelling, savoir se mettre en scène.

**Comment ne pas « brûler » un réseau ?**

Il est très important d'envisager les limites du réseautage, les bornes à ne pas dépasser.

C'est-à-dire comment ne pas « cramer » (comme on dit trivialement) un réseau.

Un réseau de qualité, c'est tellement difficile constituer, qu'il faut tout faire pour éviter de le détruire, de s'en éloigner de s'en séparer.

Quelques erreurs, qui pour certains paraitront bien évidentes, mais que les auteurs de cet ouvrage ont très souvent rencontrées :

- le manque de fiabilité, la faiblesse d'un réseau
  Si c'est le cas, quittez-le, et surtout, ne le recommandez-pas, on vous le reprochera très vite.
  Vous-même, devez montrer et démontrer une grande fiabilité au sein de votre réseau, et ne pas en être un « maillon faible »
- l'inexactitude
  Que ce soit l'inexactitude des informations proposées, l'inexactitude de la puissance d'un réseau ou de ses membres, toute preuve de non fiabilité détruira celui-ci très vite. La transparence du web exige une grande exactitude en tous domaines.
- l'excès de sollicitation(s)
  Un bon climat dans un réseau suppose que son activité soit régulière, mais sereine.
  Si vous demandez trop à un réseau, si vous le sollicitez de façon permanente, vous allez l'agacer, puis l'irriter, puis risquer de vous en faire exclure. N'oubliez jamais la notion de don et de contre-don. La sur-sollicitation de son réseau est mauvaise.
- la sollicitation inopportune ou la sollicitation futile
  Plus votre réseau est de qualité, moins les futilités ou banalités seront inopportunes voire destructrices.
  On ne peut imaginer des demandes inopportunes au sein d'un réseau de chefs d'entreprise, tout comme de la légèreté sur les réseaux sociaux.

La préservation de vos réseaux passe par une relative prudence sur ces sujets, il en va de leur stabilité comme de leur pérennité.
Nous avons tous en tête des exemples de relations « non fiables », éloignés des réseaux voire exclus de certains. Le pire étant de ne même pas le savoir ...
Devenir un vrai réseauteur suppose de bien maîtriser ces facteurs.

## 4.3 Les plus : gérer visibilité, image et réputation

**La visibilité**
Première étape : la visibilité, ou plutôt, la « E-Visibilité », conséquence directe des actions précédemment décrites. Exister au travers de sa visibilité n'est certainement pas une condition irrémédiable pour votre existence personnelle, mais c'est un sujet très probablement majeur, sans verser dans le narcissisme ou l'égocentrisme. Grands patrons et stars le savent bien, pour qui la visibilité au travers d'une certaine mise en scène (prises de parole adéquates, photos lors d'une inauguration ou d'un cocktail, présence aux événements majeurs pour s'y faire remarquer, …) participe à leur réputation.

De plus, les classements sur les réseaux sociaux et moteurs de recherche tiennent bien évidemment compte de vos apparitions.
Votre classement, votre ranking, dépendent donc également de votre E-visibilité. Pour en être convaincu, tapez donc votre nom[79] sur un moteur de recherche comme Google ou Bing, et regardez le résultat.

Enfin, nous signalerons qu'être « non visible » n'est pas un gage de succès, comme être trop visible (dans le sens trop exposé) n'en est un non plus. L'équilibre est de mise, alors que tant l'absence ou la surexposition sont dangereux.

**L'image et la notoriété**
Avec l'évolution de nos sociétés, et plus encore demain qu'aujourd'hui, l'homme professionnel devient une marque.
Celle-ci est un atout pour réussir. Ou une raison d'enregistrer un échec.
Les réseaux sociaux permettent de se construire et d'entretenir une image.
Avec des points forts, des dérives, et des erreurs, …
Plus vos communications, vos interventions, vos publications présenteront de l'intérêt pour votre communauté, plus votre

[79] *Cela s'appelle se faire Google-iser*

image sera meilleure. Vous pourrez même l'accroitre, sur des réseaux comme Viadeo ou Linkedin, avec des recommandations et des votes sur vos compétences.

Croyez nous, le jeu en vaut la chandelle : une bonne recommandation de l'un de vos clients, le vote favorable d'une ancienne équipe feront énormément pour une construction positive de votre image.

Mais attention aux erreurs, attention aux dérives ... un chasseur de tête ou un futur employeur sauront aisément trouver une photo de vous faisant la fête, verre à la main, ou exprimant une opinion politique trop marquée, ou intervenant de manière inappropriée sur un sujet inutile ou sur une fake-news ...

Heureusement, la rapidité des réseaux vous autorise quasiment toujours des corrections, mais attention, la mémoire en restera car la trace en demeurera.
Comme certains le disent, une image bonne et positive met des années à se construire, peut s'effondrer en quelques minutes, et mettra des années à se reconstruire. C'est ainsi votre propre réputation qui est en jeu.

**La réputation**
Visibilité, image, réputation ... la trilogie de la communication. Votre E-Réputation va donc être aussi importante que votre E-visibilité ou votre E-image.
Pour cela, il vous faut tout d'abord identifier les supports émetteurs ou récepteurs de votre image (quels réseaux sociaux, quels articles ou revues de presse, quels photos ou vidéos prises à quel moment ... ) et essayer de gérer l'ensemble de ces contenus vous concernant.

Comment ? C'est très simple. Lorsqu'ils vous paraissent positifs ou pour le moins correspondre à l'image que vous souhaitez donner de vous, en les poussant, en les promouvant ... et dans le cas contraire, en les noyant dans du contenu positif ou le cas échéant, en demandant leur suppression.
Ceci s'avérera le plus souvent délicat voire impossible, la transparence de l'internet exigeant une traçabilité comme une historisation des informations et contenus. Presque tout reste.

D'un point de vue légal, le droit à l'image par exemple, devrait vous protéger, mais le plus souvent le mal sera fait. Soyez donc extrêmement attentif et prudent, afin de ne pas vous créer, par maladresse ou ignorance, une réputation négative.
Nous signalerons pour clore que tant pour votre E-Image que pour votre E-Réputation, il faut agir vite s'il y a un risque ou une crise, tant le web s'enflamme rapidement.
Il vous faudra alors réagir avec des propos et des contenus adéquats, et tenter de maîtriser et de reconstruire votre image, pour mieux remonter votre réputation.

## 4.4 Le challenge : aménager nos vies nouvelles, concilier réseaux professionnels et personnels

Une question délicate qui nous est très souvent posée concerne la « frontière » et l'équilibre entre vie privée et vie professionnelle. Quelle stratégie de réseautage avoir, quel monde privilégier, comment se comporter … ?
La première réponse est on ne peut plus simpliste : il y a autant de réponses différentes qu'il y aura de cas de figure. En effet, chaque situation personnelle est différente, chaque situation professionnelle est différente. La combinaison des deux complexifie encore plus la donne.

A ce niveau, la seule réponse idoine est de mener une réflexion poussée et affutée, que nous essayons modestement de proposer au travers de cet ouvrage, et de conserver en permanence de la souplesse comme une volonté d'adaptabilité de sa statégie de réseautage.
La seconde réponse concerne la porosité du monde d'aujourd'hui entre vie professionnelle et vie personnelle, comme un rapprochement progressif des mondes personnels et professionnels.
En effet, nombreux sont encore ceux à ne disposer que d'une adresse mail, à utiliser un smartphone à la fois pour des usages personnels et professionnels, à travailler le soir à leur domicile tout en réservant leur prochain week-end au travail en plein après-midi …

La réponse ici est limpide : ce qui se passera dans « un monde » ne peut être oblitéré ou même caché dans l'autre. Cela implique en matière de stratégie de réseautage de toujours penser « image professionnelle » quand on réseaute à titre personnel, et à imaginer les réactions de sa sphère privée dans toute action de réseautage professionnelle.
On ne saura que trop le répéter, les impacts croisés peuvent être désastreux, contre-productifs, et nuire à une image ou personnelle ou privée savamment et progressivement construite.

Le graphe que nous vous proposons ci-dessus illustre d'une manière simple les différentes stratégies qui s'offrent à vous. Reste à choisir le bon dosage, à contrôler en permanence le contenu déposé et émis, et à veiller constamment aux interférences ou dégâts possibles.

Entre réseautage personnel et réseautage professionnel, vous aurez donc compris qu'il s'agit d'équilibre et de balance. Bien trop de contenus publiés dans la sphère personnelle peuvent nuire quotidiennement à votre réputation sociale pour que vous n'y attachiez pas un minimum d'attention.

En parallèle, ayez en tête que vous n'êtes pas le seul émetteur d'informations vous concernant. En effet, des amis peuvent publier sur Facebook des photos de vous dans une party déchainée, un collègue peut mettre en ligne une blague que vous lui avez adressée au travail, un client mécontent peut vous « trouver » sur Facebook et exprimer son désenchantement face à vos services ...
Sans parler des erreurs d'attribution, des fausses informations ou des homonymies !
En synthèse, principe de précaution et prudences s'imposent. Nous pouvons ici réécrire un proverbe bien connu : une (bonne) image comme une réputation mettent des années à être construites, et quelques instants pour s'effondrer.

Dernier point : n'allez surtout pas imaginer qu'il y a des frontières physiques ou temporelles, c'est-à-dire que ce qui se dit de vous à Paris ne sera pas su à Montréal, ou que ce que

vous avez fait il y a 10 ans a disparu … la mémoire humaine est merveilleuse et le web est performant, …
En résumé, réflexions préalables, cohérence et prudence s'imposent.

## 4.5 Le digital : comprendre la digitalisation des réseaux, savoir maîtriser la technologie, les enjeux de la fracture numérique

**La première fracture est technologique**

« Moi, je n'y comprends rien à tout ça, et cela ne m'intéresse pas. En plus, je n'y arrive pas ». Cette phrase souvent entendue, est un constat mélangé de craintes de ne pas être à la hauteur comme de peurs de l'inconnu, de l'échec, ou du ridicule face aux évolutions d'un monde qui en dépassent beaucoup.

Darwin nous a enseigné que la plus grande des qualités d'une espèce pour ne pas disparaitre n'était ni l'intelligence, ni la force, mais l'adaptabilité.

Or PC, tablette, mobile, ... tous sont essentiels pour réseauter. Encore faut-il « pouvoir le faire » et « savoir le faire ». Pouvoir le faire implique d'avoir les moyens financiers d'y accéder, savoir le faire pose la question des évolutions technologiques et de la complexité des systèmes et applications.

L'humanité va-t-elle être capable de suivre toutes les évolutions des technologies et de s'y adapter ? Probablement pas, ou pour le moins seulement partiellement !

Qu'on en juge : combien utilisent toutes les fonctionnalités de leurs appareils ménagers ?

Quel pourcentage d'entre nous se sert de plus de 20% des différentes options et fonctionnalités d'un appareil photo ? Quel jeune n'a jamais passé une ou deux heures à expliquer à ses parents ou grands-parents les interconnexions entre ordinateur et imprimante, ou entre smartphone et messagerie ? ... les exemples sont innombrables de cette nouvelle fracture technologique « primaire ».

Utiliser toutes les fonctionnalités d'un smartphone, d'une messagerie ou d'un ordinateur, c'est connaitre les caractéristiques des différents appareils, essayer de comprendre leurs spécificités par grandes fonctions, et tenter de maîtriser leurs usages et leur utilisation ... sans parler de leurs évolutions, ce que l'on appelle le versioning.

Ajoutons-y la guerre des modèles technologiques et de la compatibilité (cf. Apple vs. Samsung, IOS et Android, Microsoft vs. ... ) et l'on comprendra aisément que certains puissent avoir des difficultés d'accès ou de compréhension.
Tout ceci étant dit, il convient de se rassurer, nous parlons ici du réseautage.
Pour accéder aux différents réseaux il suffit :

- de disposer de PC, tablette ou smartphone, qui ouvrent les portes aux utilisateurs d'un seul canal l'accès aux réseaux sociaux
- de disposer d'une adresse mail et en quelques clics on peut facilement télécharger les différentes applications, qui plus est, sont majoritairement gratuites.
- d'avoir un accès à internet, ce qui demeure parfois « le » problème majeur.

**Fracture numérique et digitale : les limites de l'accès à internet**
La seconde fracture est encore bien plus grave : nombreux sont ceux qui, y compris en Europe, n'ont pas accès à internet. Pour des raisons économiques (pouvoir d'achat) ou en raison de leur âge (les silver, ou seniors plus), de leur santé (vue déficiente), ... ou pire, parce qu'ils n'ont pas accès aux réseaux. Et dans le même temps, l'administration et les entreprises passent au full-web.

Il y a là un vrai désastre pour une civilisation qui se veut moderne et se prétend avancée. Les moulins à vent des politiques depuis des décennies (plans numériques, plans réseaux internet ... ) n'y ont rien changé, ou si peu.
Il demeure partout dans le monde, mais également en Europe et en France, des zones où l'accès à internet est impossible ou malaisé. C'est là un vrai problème sociétal, peut-être même politique, pour ceux qui, justement dans ces zones, veulent réseauter pour sortir de leur isolement. Et le déploiement de la 4G comme de la fibre ne changent souvent rien du tout à la situation d'isolement de centaines de communes rurales. Et les opérateurs téléphoniques ne font guère d'avancées significatives sur ces « trous noirs », alors que dans le même temps, notre vie devient de plus en plus dépendante d'internet.

**Comprendre la digitalisation des réseaux**

Depuis maintenant une vingtaine d'années, la révolution digitale a bouleversé le monde.

Après un peu plus de 20 ans d'internet, nous disposons tous aujourd'hui d'une ergonomie aisée des plateformes comme d'une très grande facilité d'usage qui nous permettent un dialogue aisé et spontané, une grande rapidité d'expression, et de la réactivité dans nos relations.

Très souvent, nous oublions d'ailleurs le chemin parcouru depuis le milieu des années 90, et les réels débuts de l'internet.

Les réseaux sociaux virtuels sont au cœur de la digitalisation, au même titre que les moteurs de recherche.

Leur effet extrêmement positif repose sur une accessibilité aisée (n'importe où pourvu qu'il y ait internet) et permanente (24/24 et 7/7), une très grande facilité d'usage (du mobile au PC en passant par la tablette).

Ils nous ouvrent le monde, ils nous procurent une extrême variété des informations, ils accélèrent le cours de la vie, privée comme professionnelle.

Les réseaux sont au cœur de nos vies, pour certains même presque au centre, ils y participent pleinement.

Le formalisme y est léger, le tutoiement rapide, tout sujet est directement abordé sans trop de périphrases, leur réactivité est quasi immédiate ou au pire à 24h/36h.

La première des fonctionnalités, celle-là bien connue, de ces réseaux est de relier les individus entre eux.

A titre privé (Facebook, WhatsApp, Snapchat, Instagram ...) ou à titre professionnel (Viadeo, Linkedin, Shapr, Xing, ...).

Mais les réseaux sociaux virtuels procurent également d'autres fonctionnalités très intéressantes : ils deviennent de puissantes messageries et progressivement servent d'agendas complémentaires (rappel des dates d'anniversaires ou des jubilés professionnels par exemple) autant de prétextes à communiquer, à réseauter.

Bref, ils sont devenus les compagnons de nos vies professionnelles et privées.

Bien plus, on y trouve des offres d'emploi comme des fonctionnalités de recherche d'emploi (LinkedIn, Xing ou Viadeo ..., des contenus éducatifs et des cours (LinkedIn), des possibilités de partage de contenus (slideshare ...).

Très récemment est apparu JollyClick, un réseau français qui s'est créé pour relier entre elles des personnes qui apportent des compétences, et d'autres qui en recherchent. Parallèlement, un autre réseau français lui aussi, Whaller, propose des prestations vastes (agenda, messagerie, groupes appelés »bulles », gestion de projet, ...) pour le monde professionnel. L'un comme l'autre, très novateur et que l'on peut imaginer comme de potentiels successeurs de LinkedIn, sont traités en détail dans le chapitre 7.

**Des chiffres impressionnants en 20 ans**

Derrière cette multiplicité de possibilités et d'activités, les chiffres sont impressionnants et donnent le tournis.

On évalue à ce jour à 3,4 Milliards le nombre d'utilisateurs des réseaux sociaux dans le monde. C'est-à-dire environ la moitié de la population mondiale.

Ce chiffre est instantanément faux, tant la croissance est démesurée et rapide. Au-delà de son ampleur société-mondiale, nous rappellerons ici le facteur temps : tout ceci ne s'est passé qu'en 20 ans ! Cet horizon est à comparer à la situation dans lesquelles étaient l'électricité, l'automobile ou la télévision lorsque celles-ci fêtèrent leurs 20 ans !

Constatons leur incroyable succès par ce rapide survol[80] des principaux médias digitaux dans le monde.

Nous signalons à chaque fois le caractère plus « réseau » ou plus « média » de ces nouveaux vecteurs, dont nous entendons parler quotidiennement, que nous en soyons (déjà) membre ou pas.

**FACEBOOK / Réseau social / USA**

Avec plus de 2,2 milliards d'utilisateurs actifs dans le monde, dont plus de 35 millions en France, Facebook est aujourd'hui « LE » réseau.

La généralisation du mobile ces dernières années a réellement boosté son activité.

---

[80] *Des fiches détaillées sur certains des réseaux majeurs figurent à la fin de cet ouvrage, dans le chapitre 7.*

Facebook est un réseau social généraliste, à usage majoritairement privé. Il s'oriente également progressivement vers le monde de l'entreprise, avec des applications dédiées comme Workplace.

Facebook permet de partager informations ou contenus, de communiquer et de garder le contact avec sa famille et ses amis, voire ses collègues, de suivre l'actualité ou d'y réagir, d'organiser sa vie communautaire (soirées, sorties ...), de participer à des activités thématiques (au travers des groupes) et enfin de suivre sa ou ses marques préférées.
Au travers de Messenger, Facebook est également une messagerie.

**WHATSAPP / Média social / USA**
WhatsApp est plus un réseau de messageries et de communication, disponible principalement sur smartphone. Néanmoins, la fonctionnalité de groupes de conversations, très utilisée à titre personnel (famille, clubs et associations, voisins ...) comme professionnel (groupes projets inter-entreprises ou multi-sites, collègues ...) en fait un quasi réseau social, original dans sa forme.
Une fonction vidéo permet de plus de dialoguer gratuitement à travers le monde, via une connexion internet.
WhatsApp, propriété de Facebook, revendique 1 milliard d'utilisateurs dans le monde.

**YOUTUBE / Média social / USA**
Avec plus d'un 1 milliard d'utilisateurs dans le monde, dont près de 30 Millions en France, YouTube permet de regarder des vidéos sur tous les sujets imaginables.
Il permet également de suivre certaines chaines spécifiques et dédiées à une activité. YouTube est extrêmement populaire, tant en raison de sa gratuité totale que de la facilité (au travers d'un moteur de recherche) d'accéder à ce que l'on recherche.
Certains particuliers (les YouTuber) ont leur propre chaine sur YouTube et peuvent être, pour les plus talentueux, suivis par des millions de personnes à travers le monde. Leur financement sera alors assuré par la publicité qu'ils génèrent.

**TENCENT-QQ / Média et réseau social / Chine**

Son logo fait sourire : un petit pingouin avec une écharpe rouge. Mais QQ (propriété du groupe chinois Tencent, le célèbre Pony Ma) a probablement déjà dépassé le milliard de comptes, les chiffres officiels variant de 850 à 950 millions de comptes. Ce réseau permet d'adresser des messages instantanés, comme WhatsApp ou Skype.

Comme beaucoup d'autres réseaux, QQ a également développé ses propres produits dérivés (animaux de compagnie, mini-robots de surveillance domestique, applications de jeux diverses, ...)

**INSTAGRAM / Média et réseau social / USA**

Avec plus de 800 millions d'utilisateurs dans le monde, dont 14 Millions en France, Instagram est un très gros réseau de diffusion de contenus.

Vidéos, photos et messages, uniquement sur smartphone, permettent à chacun de partager sa vie auprès de ses abonnés, sur une sorte d'album de sa propre vie, accessible à tout moment par un réseau choisi.

Instagram propose bien évidemment des fonctionnalités professionnelles.

**Q-ZONE/ Réseau social / Chine**

Cousin de Tencent-QQ, Q-Zone est un réseau social crée en 2005.

Très similaire à Facebook, ses fonctionnalités permettent l'échange et la publication d'informations et de contenus multimédia, l'expédition de photos, les agendas, ... comme de consulter musique et vidéos.

Chaque utilisateur peut adapter son profil à ses propres gouts.

Malgré des applications et fonctionnalités payantes, Q-Zone remporte un succès considérable avec probablement 800 millions d'utilisateurs.

**GOOGLE + / Réseau social / USA**

Lancée en 2011, souvent décrié, peu connu en France, Google+ est le réseau social de la société éponyme, destiné à concurrencer Facebook.

Tout utilisateur de GMail a un compte G+ automatiquement ouvert, mais peu le savent et l'utilisent.

Existe-t-il dans nos espaces et styles de vie une place pour G+ aux côtés de Facebook ? Nul ne le sait vraiment. GooglePlus revendique 360 millions de comptes. Sont-ils tous actifs et réellement utilisés ?

**TWITTER / Média social / USA**

Avec 350 millions d'utilisateurs dans le monde, dont près de 3 millions en France, Twitter est plus un réseau de communication qu'un réseau social. Très vivant et (souvent trop) réactif, instantané et créateur de viralité, on y poste des messages brefs de 150 mots.

Prisé des politiques et des « people », il permet de réagir à l'actualité, de faire passer ses impressions et émotions. On ne peut ignorer le phénomène sociétal et politique généré par les tweets nocturnes ou matinaux de Donald Trump.

Twitter est de plus en plus utilisé par les marques pour accroitre notoriété, promotion, passages en magasins ...

**SKYPE / Média social / USA**

Propriété de Microsoft depuis 2011 et revendiquant près de 300 millions d'utilisateurs à travers le monde, Skype est un logiciel téléchargeable gratuitement permettant de communiquer par web-vidéo.

Les appels d'utilisateur à utilisateur sont gratuits, tandis que ceux vers les lignes téléphoniques fixes et les téléphones mobiles sont payants.

Il existe de très nombreuses fonctionnalités gratuites (téléphone ou vidéo, partage d'écrans ou transferts de documents, messagerie, ... ). Pour les entreprises, l'application payante permet des multi-visioconférences avec différents interlocuteurs à travers le monde.

**RENREN / Réseau social / Chine**

RenRen (ancien nom XiaoNei) est un réseau social chinois très similaire à Facebook.

Il revendique aujourd'hui 220 millions d'inscrits, quasiment exclusivement chinois.

**LINE / Réseau et media social / Japon**
Très très rapide succès pour l'un des derniers venus, le japonais Line, qui revendique déjà 210 millions d'utilisateurs, majoritairement en Asie.
Line est un réseau social qui emprunte son ADN à Facebook, WhatsApp et Twitter : discussions, messageries, partages de photos et de vidéos, envoi de messages audio ...
Line doit son succès à son caractère très japonais (émoticônes, impressions de l'instant, ergonomie ... ).

**VK / Réseau social / Russie**
Disponible en plusieurs langues dont le français, VK (pour V-Kontakte, qui signifie soyons en contact) est le Facebook russe, revendique 200 millions d'inscrits.
C'est une réelle copie du réseau américain, y compris dans sa maquette.
Tout comme la chaine de télévision RussiaToday, VK qui a maintenant à sa tête Igor Setchine, oligarque proche de Vladimir Poutine, fait de l'entrisme politique en Occident, tout en ayant une forte présence dans les anciennes républiques de l'ex-URSS.

**PINTEREST / Réseau et media social / USA**
Pinterest revendique déjà 200 millions d'utilisateurs à travers le monde dont près de 4 millions rien qu'en France. C'est un réseau permettant essentiellement le partage de photographies, comme la constitution d'albums virtuels partagés.
Très apprécié des jeunes, ses performances chiffrées démontrent qu'il existe des alternatives au «tout Facebook »

**SNAPCHAT / Média et réseau social / USA**
La promesse de Snapchat (the fastest way to share a moment !) a été traduite en français par « votre caméra mains-libres », ce qui traduit bien le côté instantané et concentré de ce médium, qui permet de partager photos et vidéos avec ses amis, ... ou le monde entier.
Snapchat revendique près de 190 millions d'utilisateurs à travers le monde, dont près de 10 en France.
Ce qui en a fait un succès auprès des jeunes (l'excitation d'être branché car les contenus disparaissaient après quelques

dizaines de secondes) a été récemment changé, pour un partage de temps modulable des contenus.
De plus, de très nombreuses nouvelles applications (messagerie, jeux, retouche de photos, ...) accentuent le caractère sympathique et ludique de ce média, de plus en plus réseau social.

**LINKEDIN / Réseau social / USA**
Avec 180 millions d'utilisateurs dans le monde, dont plus de 12 Millions en France, LinkedIn est « LE » réseau social professionnel par excellence.
Au-delà d'un formidable répertoire de vos contacts à travers le monde, comme de très nombreuses fonctions professionnelles, Linkedin permet la recherche d'emploi et la participation à des études de marché.
La messagerie intégrée vous permet de communiquer très aisément avec votre propre réseau, comme avec le monde entier (le nombre de messages « hors réseau » étant cependant limité).
Pour les étudiants, un espace dédié permet de cibler des universités et écoles, de suivre leurs statistiques comme leurs alumnis les plus connus ... (cf. chapitre 7).

**WEIBO / Média social / Chine**
Weibo est un Twitter chinois, qui compte près de 140 millions d'utilisateurs.

**NIMBUZZ / Réseau social / Pays-Bas**
Croissance époustouflante pour Nimbuzz, réseau social d'origine hollandaise, avec plus de 150 millions d'utilisateurs dont seulement 25 entre Europe et USA, mais auxquels s'ajoutent déjà plus de 100 millions d'asiatiques, qui apprécient l'originalité comme la réactivité instantanée de ce réseau.
C'est un service de multi-messagerie sociale qui combine très astucieusement une propre messagerie instantanée, comme la présence et l'interconnexion avec les réseaux sociaux.
Grâce à une fonctionnalité originale, vos amis sont également prévenus s'ils sont en veille sur leur smartphone. Vous pouvez ainsi en permanence communiquer ce que vous faites.

**REDDIT / Réseau social / USA**
Reddit est un réseau communautaire américain très original, qui regroupe aujourd'hui 115 millions d'utilisateurs, majoritairement de langue anglaise.

Sa grande originalité est la fonctionnalité AMA, ou tout un chacun peut proposer au monde entier de répondre à des questions, ce que ne permet pas Twitter. Très prisé des communautés universitaires et scientifiques, Reddit occupe un positionnement à part dans le paysage des réseaux, que Barack Obama a su intelligemment utiliser pour une campagne présidentielle, alors que l'on connait la passion de son successeur pour Twitter ...

**TUMBLR / Réseau social / USA**
Créé il y a 10 ans, Tumblr est un réseau de microblogage. Il permet à ses utilisateurs de poster des textes, images, vidéos, liens ...
Son slogan est « Postez n'importe quoi (de n'importe où), personnalisez tout. »
Racheté par Yahoo ! Les chiffres de ce réseau sont très imprécis, les informations que nous avons recueilli allant de 100 à 300 millions d'utilisateurs.

**Réseaux et information, la recherche**
Mais les réseaux ne sont pas que des lieux de prise de parole, de communication de contenus photo ou vidéo, d'échange ou de recherches d'emplois ou de stages.
Ils sont également des relais d'informations, des relais pour la presse (écrite, vidéo ...) et permettent de publier et relayer des opinions... Ils constituent donc une mine d'informations.

De plus, leurs propres moteurs de recherche, aussi puissants et réactifs que les moteurs purs (Google, Yahoo, Bing ...) permettent de rechercher et de trouver des masses d''informations et de travailler à exploiter celles-ci. La recherche sur les réseaux se double également de la recherche en réseau ...que les étudiants et beaucoup de professionnels pratiquent quotidiennement.
On citera les sites professionnels de certains réseaux : Facebook entreprise (Workplace) et Linkedin entreprise, par exemple.

**Le multimédia**

Pour clore cette présentation des différents traits caractéristiques des réseaux sociaux virtuels, nous rappellerons que les réseaux d'aujourd'hui sont multimédias : Facebook comme LinkedIn intègrent depuis longtemps la possibilité de publier des photos, des documents ou des films. Instagram, Pinterest et Snapchat en sont les spécialistes.

YouTube, qui est un réseau en soi permet de partager ses propres vidéos, celles de votre entreprise ... y compris de créer votre propre chaine.

La publication de photos et de films sur les réseaux sociaux ne peut à ce titre que présenter des avantages :

- en termes d'image, ils ne peuvent que renforcer l'attrait d'un profil
- en termes de contenu, leur publication renforce les contenus textes publiés
- en termes techniques, leurs poids « alourdit » le profil, ce qui facilite son référencement par les algorithmes
- en termes de réseautage, toute illustration photo ou vidéo est un plus d'attraction sur un profil.

## 4.6 Risques et dangers du réseautage

Il nous faut maintenant aborder une partie moins glorieuse, mais tout aussi nécessaire, du réseautage : ses risques et ses dangers. Ne sous estimons pas la tâche : ils sont nombreux, et peuvent vous nuire encore plus que ce que le réseautage peut vous apporter de bénéfique.
Les risques proviennent majoritairement de vous-même, les dangers proviennent du monde extérieur.
Evoquons les, sans qu'ils ne provoquent chez d'aucuns des effets paralysants …

### Les risques du réseautage

#### L'amateurisme

Ne pas participer régulièrement à des réunions de ses réseaux réels, ne pas participer ou être quasiment invisible dans un groupe , ne pas être à la hauteur des exigences et contraintes de ses propres réseaux virtuels, ne pas se positionner soi-même « en dehors des radars » alors que le réseautage implique le contraire … autant de signes d'amateurisme qui annihileront toutes vos tentatives de bien réseauter.
Un seul moyen de lutter contre l'amateurisme : avoir une stratégie de réseautage et s'y tenir, voir loin et développer ses réseaux avec professionnalisme. Sinon, arrêtez tout et allez faire du sport ou marcher dans les bois.

#### L'inutilité et l'inefficacité

Le premier des risques est une inutilité potentielle, généralement partielle mais qui peut également pour certains s'avérer quasi-ou totale, de votre réseautage. « *Je ne comprends pas, je passe un temps fou sur Linkedin et je vais à des cocktails, mais cela ne débouche sur rien.* » Phrase souvent entendue …normal, chacun court le risque, s'il n'a pas au préalable réfléchi et construit sa propre stratégie de réseautage[81], de se perdre dans de l'inutile, et de ne pas être efficace.

---

[81] *cf.* 5.1

**La perte de temps**

Le second est de se noyer, de mal maitriser son temps et de se perdre en réseautage : des invitations qui pleuvent sans cohérence, des manifestations à tout bout de champ, une impression donnée de zapping et d'incohérence. Attention, là encore, votre stratégie devra border le temps consacré au réseautage.

**Les coûts**

Le troisième est de dépasser ses budgets par des coûts déraisonnables de réseautage.

Combien d'entre nous font le total de la somme de leurs notes de restaurant en réseautage ? Combien y ajoutent les frais de participations à différents cocktails, manifestations ... ? Et le total de vos différentes cotisations réseaux, quel est-il ?

Au total, un réseautage peu ou mal géré financièrement peut vous coûter plusieurs milliers d'euros par an. A vous d'être cohérent avec votre stratégie, et de mesurer si les résultats obtenus valent cette dépense totale.

**L'inexactitude et la non-cohérence**

Plus techniquement, un risque fréquemment rencontré est l'inexactitude et la non cohérence des informations que vous donnez.

La raison en est simple : c'est l'oubli de mettre à jour ses profils en ligne, de gérer leur cohérence d'ensemble, de bien vérifier que les bases de données des Clubs auxquels vous participez sont à jour...

Le risque est plus important que vous ne le pensez : un membre d'un club, que vous intéressez potentiellement, ira compléter les informations de la base de données de votre club commun par un rapide regard sur Linkedin, Facebook ou Viadéo. Gare aux incohérences, aux informations périmées voire contradictoires.

Une seule solution, toujours la même : une stratégie et quelques outils en appui de celle-ci.

Une liste à jour de vos différents réseaux, qu'ils soient réels ou virtuels, vous permettra de faire rapidement des mises à jour identiques partout. Cette démarche de rigueur est nécessaire.

N'oublions jamais que c'est pour cette raison que les chasseurs de tête et cabinets de recrutement se sont éloigné du CV classique : le pourcentage de CV dans leur base qui n'étaient pas à jour était souvent supérieur à 30% d'où l'avantage des réseaux virtuels comme Linkedin ou Viadeo, où vos informations professionnelles sont « censées » être en permanence mises à jour par vous-même.

Dans le même ordre d'esprit, nous citerons ici la non-transparence. Chacun d'entre nous a et peut avoir des accidents de parcours, mais il ne faut pas trop les dissimuler, et encore moins les cacher par d'autres postes.
Les recoupements de dates, les recherches sur d'autres moteurs, les questionnements d'anciens collègues risquent de démasquer des profils inexacts, ou mensongers.
Le résultat peut alors en être destructeur sur votre réseau, qu'il soit réel ou virtuel.

**Le jeunisme du virtuel face au conservatisme du réel**
Non, tout ne se produit pas dans le Cloud ou sur votre smartphone ... Ne cédez pas trop aux tendances, fort faciles, du jeunisme et de la technologie.
N'oubliez pas l'humain, ne négligez pas le temps, sachez également fonctionner à l'ancienne. Téléphonez à un membre de l'un de vos réseaux, et prenez le temps simple d'un café en face à face, d'un échange réel.
Le contact humain et la chaleur d'un échange réel resteront beaucoup plus longtemps imprimés dans une mémoire qu'un échange de mails, un WhatsApp ou un Skype.

**La procrastination et l'innocence**
Reparlons du téléphone. Un comportement fréquemment rencontré est la procrastination. « Je lui téléphonerais demain, ... » puis « je n'ai pas eu le temps de le contacter, je le ferais la semaine prochaine ... »
Vous ne le savez pas mais peut être qu'aujourd'hui, votre contact est au courant du futur job de votre vie, ou dispose d'un tuyau de business majeur.

Pire que la procrastination est l'innocence. Nombreux sont ceux qui attendent que le téléphone sonne, pensant qu'il est suffisant d'avoir adressé un mail (à quelqu'un qui en reçoit 250

par jour ...) ou pire, qui se mettent à un niveau d'égalité avec leurs contacts, sans aucune humilité : « je ne vais quand même pas me rabaisser à le recontacter, ... ». Et si !
Le réseautage est avant tout une attitude, un comportement, où les valeurs humaines sont primordiales.
Ne pas les appliquer vous expose au risque de passer à côté de formidables opportunités.

**Trop d'info tue l'info**
Un autre risque, très fréquemment rencontré et vécu, est la masse d'information reçue par chacun d'entre nous. Pour ne parler que du réseautage : les newsletters quotidiennes de vos nombreux réseaux, les rapports et documents produits par d'autres, la masse de messages internes reçues au travers des messageries de Linkedin ou de Facebook, de WhatsApp ou de Twitter ... peuvent très facilement vous submerger.
Joël de Rosnay (cf. préface) évoque déjà cette « infobésité » mot qui correspond somme toute assez bien à notre époque.
La solution est triple : s'organiser, classer et jeter, et gérer le temps. Elle s'accompagne d'un filtrage nécessaire entre les domaines personnels et professionnels.

**Egocentrisme et narcissisme**
L'égocentrisme et le narcissisme ont toujours existé. Manifestés dans un cocktail ou pratiqués lors d'une réunion, chacun d'entre nous a toujours la possibilité de s'éloigner du quidam trop égocentré et de rejoindre un autre cercle de conversation.
Or malheureusement, il n'en est pas de même sur les réseaux virtuels et la volumétrie de ceux-ci rend le phénomène assez accablant pour certain(e)s.

En effet, à trop vouloir « occuper la toile », a trop être sollicité par certains réseaux eux-mêmes pour s'exprimer de tout et de rien (en particulier Twitter, WhatsApp et Facebook), certains comportements peuvent très vite verser dans un narcissisme à des degrés plus ou moins élevés, en tout cas inutile.

Les photos quotidiennes du type « moi et mon chat ce matin » ou de la moto bien astiquée, prise en photo sous tous les angles, les 35 photos de « moi en vacances avec mes enfants » sont aussi désespérants et inutiles que les (trop) nombreux

Tweet sur l'humeur matinale, la météo ou les différents comportements du boss ... des people ou des pas people du tout !
Sans parler de certains groupes WhatsApp qui collectionnent les centaines d'échanges futiles et de commentaires non moins inutiles à l'égard d'un groupe d'individus.

Cette nouvelle manifestation de l'égocentrisme au travers du « je communique donc j'existe et donc je suis (intéressant ?) » est assez envahissante et se profile comme une épidémie qui contamine progressivement (presque) tous les réseaux[82]. Ce n'est en définitive qu'une pollution de ce bel univers que sont les réseaux sociaux virtuels. C'est un phénomène de société, psychologique et malheureux.
Enfin, il n'est pas toujours possible de se déconnecter d'une personne, le contact avec celle-ci pouvant être nécessaire pour d'autres raisons (famille, collègue, réseau associatif, groupe d'amis ... ).

Nous relèverons ici que, contrairement aux idées reçues, les jeunes savent souvent mieux se modérer entre eux que les adultes. C'est tout à fait normal, car ils sont nés avec Facebook et ont grandi avec Tweeter : l'autodiscipline fait donc partie de leur vie.
Sinon, la pratique du réseautage et du smartphone deviendrait totalement chronophage pour eux. De plus, entre ados ou GenY, il est plus facile et courant de « balancer[83] ». Message.

**L'inadéquation**
Il arrive à certains de tenir des propos déplacés lors d'une soirée réseau, ou même de les écrire en ligne.
Attaques ou diffamations, idées déplacées ou par trop décalées, opinions politiques ou religieuses trop tranchées ou véhémentes ... les raisons sont nombreuses. Et respectables, en soi, mais les exprimer de manière inadéquate, voire répétée, peut vous nuire.

Vous ne serez plus réinvité aux cocktails d'un club, boycotté par un réseau, blacklisté par un groupe sur un réseau virtuel ... Et

---

[82] *Par exemple Linkedin en était exclu, et depuis début 2017 la nouvelle ergonomie fait la part belle aux informations les plus diverses dans le fil d'actualité.*
[83] *Dans le sens « dénoncer » et « accabler »*

c'est tout un travail minutieux de réseautage, bâti pendant de nombreux mois, qui s'effondrera … Soyez donc en permanence attentif à l'adéquation de vos propos, écrits comme oraux, dans votre réseautage.

### Le blocage

Un réseau peut se bloquer, peut (vous) être bloqué.
Donnons quelques exemples :
- un réseau réel peut être paralysé par une lutte de pouvoir qui dégénère, rendant ce réseau inopérant pendant de nombreuses semaines.
- un club peut être fermé du jour au lendemain pour malversations financières.
- un réseau virtuel peut faire faillite ou être racheté, changeant ainsi sa politique
- votre mot de passe peut être perdu, vous interdisant pendant quelques heures l'accès à votre réseau social préféré
- votre smartphone n'a plus de batterie, ou vous a été volé …

Les raisons de blocage des réseaux, ou pour le moins l'accès à ceux-ci, sont inhérentes à l'activité humaine comme à la technologie et sont multiples. Une nécessaire sagesse devra vous guider. Nous ne saurions que trop vous recommander l'attention et la vigilance, comme la multiplicité des réseaux. Un de perdu … il m'en reste toujours huit ou neuf pour réseauter demain !

## Les dangers du réseautage

### Désinformation et fausses nouvelles

Il en est ainsi de notre monde : désinformation et fausses nouvelles ont toujours existé, mais à l'époque où le flux des informations est immense, le risque d'y être confronté à titre personnel devient de plus en plus important. Qu'on en juge au travers de ces quelques phrases relevées.
- dans un réseau réel : « Ah, je ne t'avais pas vu depuis trois cocktails, je te croyais malade. Philippe m'a même dit que tu avais quitté la France ! ».
- dans un autre réseau : « Entre toi et moi, Paul n'est pas à la hauteur. Je sais de source sûre qu'il ne passera pas l'été. On va le dégager ».

- sur Twitter ou Facebook par exemple, le relais d'informations publiées par un individu ou par la presse, n'est que très rarement contrôlé par le relayeur lui-même. Or, il le « cautionne » en le relayant, ou pour le moins en le « likant ».
Le monde politique n'est pas en reste, lui qui commente l'actualité en permanence, le plus souvent dans l'immédiateté. Maladie civilisationnelle, la désinformation se double maintenant d'informations partiellement ou totalement fausses, les fameuses « Fake News ».

Qui d'entre nous n'a jamais été concerné par ces relais de désinformations ou d'informations plus ou moins fausses ? Attention, il en va de notre image de sérieux, que nous mettons des années à établir, comme de la notoriété de nos communications, lente à construire.
Nous ne sommes pas niais, et le savons parfaitement, même majoritairement : près des ¾ des socionautes français[84] n'ont pas confiance dans les informations relayées sur les réseaux sociaux. Tant pis pour les autres qui ne vérifient pas et relaient ... leur naïveté.
Alors, un seul remède : prenez du recul et du temps, ne réagissez pas dans l'immédiat.

**Prises de paroles intempestives ou abusives**
Un grand danger pour les entreprises est la prise de parole abusive, ou pour le moins non contrôlée, de certains de leurs collaborateurs.
Ceci est malheureusement très facile car sur les réseaux sociaux professionnels, les collaborateurs et leurs entreprises sont « intimement » reliés. Il y a là un danger très clair de perte de contrôle de l'information communiquée en externe, de perturbations de l'image, de fuites ...

Cette prise de parole abusive a toujours existé, mais elle est également amplifiée par l'incroyable volumétrie de la communication de notre siècle. Une règle fréquemment utilisée par les entreprises ou organisations en la matière sont les chartes internes de communication. Réels gardes fous, ils n'empêchent pas les excès et erreurs, mais en limitent pour le moins un grand nombre.

---

[84] *Source : CREDOC*

**Politisation et sectes**

Les politiques comme les sectes ont compris depuis bien longtemps l'intérêt comme l'importance des réseaux. Ils en usent et en abusent. Il faut le savoir, car d'être estampillé par un parti politique ou promouvoir visiblement une secte peut nuire à votre image.

Encore plus grave, utiliser ses propres réseaux pour recruter dans ces contextes peut définitivement vous marginaliser de ceux-ci, voire vous en exclure.

**Harcèlement**

Les réseaux sont au cœur de notre vie. Ils sont donc également des lieux possibles de harcèlements de toutes sortes.

Qui dénoncera son patron sur Facebook, qui poursuivra de ses assiduités une jolie assistante de réunions en réunions, qui ira provoquer un ou une ex dans un commentaire sur Linkedin … tout existe, tout se passe et tout se passera encore.

Une attention particulière sera portée aux adolescents, encore fragiles et peu informés, dont certains groupes peuvent lancer de quasi campagnes de désinformation, de calomnie ou de dénigrement sur les réseaux sociaux.

Il est désolant et triste pour l'humanité de savoir que certains d'entre eux sont allés jusqu'au suicide. Nous portons donc tous collectivement une grande responsabilité, comme un devoir de prévention et d'auto surveillance.

Parmi tous les organismes qui pourront vous aider à protéger enfants et adolescents, nous vous signalons l'existence d'une association dont la mission est de protéger les mineurs sur internet. Créée en 2005, e-Enfance [85] est une association reconnue d'utilité publique et agréée par le Ministère de l'éducation nationale.

Son positionnement plaide clairement en faveur des nouvelles technologies, mais l'évolution permanente de celles-ci expose enfants et adolescents à des risques toujours renouvelés, d'où ses actions d'information, de prévention et de protection. Si vous êtes confronté à un problème de cet ordre, son numéro

---

[85] http://www.e-enfance.org/

gratuit et confidentiel, Net Ecoute 0800 200 000, ainsi que son site internet vous épauleront et conseilleront utilement.

**Usurpation de personnalité**

L'usurpation de personnalité, de la fausse barbe à la carte de visite falsifiée, a toujours existé. Les réseaux n'en sont pas exempts. Il existe de très nombreux faux profils sur les réseaux sociaux, comme il en existe avec de fausses identités, comme il en existe peut-être ... à votre propre nom.

Tapez régulièrement celui-ci sur les différents moteurs de recherche comme sur les différents réseaux sociaux, et faites le tri entre ceux de vos homonymes qui vous paraissent légitimes et ceux qui vous paraissent l'être moins ou pas du tout.

Sachez que sur les grands réseaux professionnels, la dénonciation d'un profil louche ou usurpé se fait en quelques instants, généralement dans la rubrique contacts, ou directement sur le profil que vous refusez. Mieux vaut prévenir que guérir et être pré informé.

Alertez également vos amis et vos contacts si vous pensez que leur comportement est douteux : ce n'est peut-être pas eux même qui sont derrière ce comportement, mais un usurpateur d'identité en Afrique, en Asie ou ailleurs ... à quelques kilomètres.

**Arnaque et escroquerie**

L'homme est le meilleur ennemi de l'homme. Escrocs et arnaqueurs de toute sorte ont depuis longtemps déserté les cocktails et les comportements chevaleresques d'Arsène Lupin pour s'établir, sous une fausse identité, sur les réseaux sociaux et y prospérer.

Demandes de renseignements poussés, sollicitations de financements, demandes de recommandations douteuses, parrainages incertains, ... tous les trucs et toutes les astuces sont bons pour parvenir à leur fin.

Avant d'accepter un contact, regardez les contacts que vous avez en commun, recherchez les éventuelles incohérences, vérifiez si la personne présente des qualifications crédibles ... à accepter n'importe qui dans son réseau, on risque potentiellement gros, ne serait-ce que la notion d'association de votre nom avec tout quidam inopportun.

Là encore, bon sens et prudence sont de mise.

**Sécurisation et intrusion**

La sécurisation de vos activités dans vos réseaux, et encore plus des données vous concernant, est primordiale. Ne rentrez pas dans un réseau sans un minimum de précautions, ne lui communiquez pas des informations qui ne vous paraissent pas adéquates avec l'objet social de ce réseau, ...

D'une part parce que plus vous en donnerez, plus vous vous exposerez à toute sollicitation ou pire et d'autre part parce qu'en situation d'intrusion (hacking) sur les bases de données de l'un de vos réseaux, vous risquez gros.

Il convient donc de prendre un certain nombre de précautions, voire de verrouiller ou pour le moins maitriser certains aspects de votre « privacy ».

D'une manière générale, deux questions majeures se posent à vous :

- une première question qui n'est plus de savoir quand vous serez hacké, mais par qui vous l'avez déjà été, ce dont il pourrait disposer et ... quand vous allez le savoir.
- la seconde étant : qu'est-ce que l'on peut vous prendre aisément, facilement ou plus difficilement ... et qu'est-ce qui est inviolable dans vos systèmes ?

Au cœur de ces questions, les notions de cyber sécurité, de maîtrise des flux d'informations et des systèmes, de messageries et de réseaux d'entreprise sont capitales.

On a ainsi récemment appris que LinkedIn aurait été « partiellement hacké » il y a quelques années. Des millions d'adresses, de liens de contacts, de numéros de téléphone auraient ainsi été piratés en 2011 et 2012.

De même, en ce début 2018, avons-nous appris que les données personnelles d'environ 50 millions d'utilisateurs de Facebook auraient été collectées par une société anglaise d'analyse de données et de profilage (Cambridge Analytica) sans leur consentement...

Utilisation apparente : la campagne électorale du Président américain, ainsi que quelques dizaines de campagne marketing ... ? Le sujet enfle, Mark Zuckerberg, Président et fondateur de Facebook est allé en personne fournir des explications devant la chambre des communes de Londres ... à suivre.

D'ores et déjà, et au risque de paraitre ringards, nous vous recommandons, par exemple, de ne pas afficher vos contacts personnels (option possible sur la majorité des réseaux sérieux à travers le monde), de ne communiquer qu'une seule adresse mail, de ne pas répondre aux sollicitations de ces mêmes réseaux qui vous demandent fréquemment de se connecter à votre carnet d'adresses et de ne pas communiquer votre numéro de téléphone.
Le cloisonnement et un minimum d'attention vous protégeront quelque peu. En tout cas plus que si vous ne cachez rien par pure innocence. De même, essayez d'utiliser plusieurs mots de passe, si possible assez sophistiqués et de les changer régulièrement.

Enfin, nous ne pouvons que conseiller aux chefs d'entreprise qui ne l'ont jamais fait, de procéder à un cyber audit de leurs activités, accompagné de recommandations précises à l'ensemble des équipes.

**Intelligence économique et espionnage**
Pour clore cette liste, pas forcément joyeuse ou optimiste, des risques et dangers des réseaux, nous ne saurions oublier ce qui de près ou de loin, touche au renseignement, à l'intelligence économique et à l'espionnage. Sans verser dans une paranoïa déplacée, force est de constater que l'intelligence économique a trouvé dans les réseaux sociaux et l'internet un territoire de jeu sensationnel.

Alain Juillet (pape de l'intelligence économique en France) indique souvent que près de 98% des informations dites « sensibles » sont disponibles sur le web, que ce soit sur les sites des centres de recherche des universités, dans les rapports et thèses publiées par des millions d'étudiants à travers le monde ou sur les réseaux sociaux ...

Plus grave, les services secrets ouest allemands ont découvert de « vrais espions » d'origine chinoise [86], prenant tout tranquillement contact sur LinkedIn avec des sociétés

---

[86] *http://www.france24.com/fr/20171211-linkedin-espions-chine-allemagne-contact-internet-securite*

américaines et européennes, sous couvert d'être des chasseurs de tête ... Même chose plus récemment avec des « chercheuses » contactant des politiciens[87].

Cette description des risques et dangers du réseautage, aussi complète que possible, n'est certainement pas exhaustive. Comme dans tous les moments de la vie, la sagesse et le bon sens vous aideront certainement à vous protéger des dérives d'un système qui n'en reste pas moins efficace et intéressant.

---

[87] *http://www.lemonde.fr/pixels/article/2017/12/11/la-chine-accusee-d-utiliser-de-faux-profils-linkedin-pour-espionner-des-politiciens-allemands_5227964_4408996.html*

## 4.7 Les 10 règles d'or du bon usage des réseaux

### Savoir dire «bonjour»

C'est la première des règles d'or. De la poignée de main au regard, l'énergie proposée, offerte, sans prise de domination sur l'autre, révélera votre savoir-être.
Le « très heureux » remplacera l'inélégant « enchanté ». L'attention franche et courtoise, l'écoute de l'autre dans sa présentation de ce qu'il est et fait sera la bienvenue. Quelques questions complémentaires non indiscrètes bien sûr vous permettront ensuite de faire le tri de ce dont vous l'informerez sur vous-même en vous concentrant sur ce qui répond directement à ses champs d'intérêt ou à ses attentes. Pas d'envahissement et pas d'excessifs « ah ! moi c'est pareil ! ».

Souvenez-vous que, comme pour une belle voiture, ce qui charmera, c'est tout ce que ne vous a pas dit le vendeur et que vous découvrirez par vous-même après. Vous êtes encore mieux qu'une belle voiture !
Entrainez-vous à savoir dire « bonjour » in live, au téléphone, trouvez votre meilleur ton, toujours dynamique. Soyez des « pros » du « Bonjour » !

Et ne l'oubliez pas dans le mail. Tout mail qui ne commence pas par une formule de politesse et notamment un « Bonjour » ou un « Hello » devrait aller à la poubelle directement...

### Savoir donner

Si vous ne donnez rien, vous n'aurez rien. Une fois cela dit, tout reste à imaginer et à faire, selon vos dons, vos talents, votre personnalité.
Le réseau n'est pas une œuvre caritative, ce ne sont pas des dons matériels ou financiers que l'on attend de vous, mais plus simplement, de l'attention, de la mémorisation, du souvenir, des conseils attentifs et surtout : du temps. Les réseaux virtuels et réels sont très chronophages.

C'est un investissement obligatoire, du moins au début de votre insertion dans un réseau.

Répondre aux « amis » sur Facebook, remplir vos fiches profil avec attention sur Viadeo ou Linkedin, tout cela représente un temps considérable.
Plus vite et mieux vous le gérerez, mieux vous pourrez ensuite sélectionner l'essentiel.

### Savoir attendre

Peut-être le plus difficile. C'est le syndrome du dernier arrivé dans le compartiment du TGV. Vous allez obliger les précédents installés à vous faire une place. Petite au début. On vous observe. On vous jauge. Montrez-vous disponibles, patients, dévoués sans ostentation. Souples sans être faibles.
Les réseaux sont parfois comme les cours d'écoles. Il y a les meneurs, les leaders, les suiveurs, les timides. Et vous ?
Ne vous travestissez pas, vous seriez vite démasqués. Plus lentement sur le net, et encore... une clé de réussite : quand saurez-vous que votre intégration sera réussie ? Le jour où on vous demandera un conseil, voire un service. Réjouissez-vous alors sans fausse modestie de votre intégration et ... vous pourrez alors proposer de nouvelles recrues, vous êtes « de la bande » !

### Savoir aimer

N'ayons pas peur de ce mot : aimer. Il faut aimer les autres, sans angélisme bien sûr, pour donner, être patient, accepter le rythme des structures et des hommes qui les animent. Le temps du groupe n'est pas celui de l'individu.

La liberté des cooptations réciproques ne se fait qu'au prix d'un sensible renoncement aux égos les plus affirmés.
Un réseau qui fonctionne est un réseau qui s'enrichit tous les jours de nouveaux venus, attendus avec ouverture par les uns et les autres.
Un réseau où les gens se découvrent avec leurs belles et leurs tristes histoires parfois. Sans compassion excessive, mais toujours juste. Sans jugements péremptoires ou définitifs. Bref, un réseau ou l'on s'aime et se respecte.
Le virtuel n'échappe pas à cette règle, même si elle est plus matérialisée dans le monde réel.

### Savoir oser

Cette notion d'oser peut sembler décalée et pourtant ... Il ne s'agit pas d'oser tout, de braver les codes, les interdits et les règles de bienséance. D'envoyer des mails trop vite personnels, envahissants, diurnes et nocturnes. Non. Mais il s'agit d'oser être soi-même, de se livrer en toute simplicité, sans fard.

Oser aller chercher l'autre, moins téméraire, plus en retrait. Oser suggérer avec modestie, proposer, se faire l'écho des non-dits quand cela est acceptable. Oser servir, oser être un lien, un recours, un secours. Oser être médiateur quand on vous connaît un peu mieux. Oser proposer de nouveaux membres. Oser se sentir bien quand on contribue au bien-être des autres. Oser être un acteur inventif et chaleureux.

## Savoir rendre

Pas de différence entre le « savoir vivre » social et celui en usage dans les réseaux. Bien au contraire. Idéalement ils devraient être le creuset de toutes les meilleures pratiques. Rendre – une invitation, un service, un contact – est indispensable. Les réseaux sont souvent des microcosmes où la proximité et la fréquence font effet de loupe sur les qualités et défauts humains.

Ceux qui « prennent » sans « renvoyer l'ascenseur » y sont encore plus vite repérés. De même que celles ou ceux dont les ego, démesurément grossis, les inciteraient à négliger les « mercis » et les retours gracieux, sont très rapidement et souvent collectivement rejetés. La pente est alors souvent fatale et s'étend parfois aux réseaux connexes. N'oubliez pas la multi-appartenance grandissante, elle est facteur d'excellence mais aussi d'exclusion.

## Savoir y limiter son temps de présence

Question de bon sens, il faut impérativement limiter le temps que l'on consacre aux réseaux. Cet aspect est encore plus pertinent quand on pense aux réseaux virtuels. Autant on comprend qu'il est difficile d'aller à plus d'un dîner par soir, autant, être à deux heures du matin sur les réseaux virtuels est d'un banal affligeant.
Internet n'a pas d'horaire. On frôle et dépasse parfois l'addiction.

La diversité des contenus et des contacts permet souvent de ne révéler que fort tard la « dépendance ».

Sachez vous limiter, débranchez votre ordinateur, n'ouvrez pas les mails de votre iPhone et autre smartphones le week-end. On se décrédibilise très vite en étant omniprésent sur le net…

**Savoir durer**

C'est un peu le corollaire de la règle précédente. Si vous êtes trop visible, tout le temps, on se lassera.

Etre présent partout n'est pas un gage de performance. C'est même le contraire. Etre remarqué par son absence (ou une interruption momentanée de sa présence) n'est pas le comble du snobisme, mais plus certainement la preuve d'un discernement, de la prééminence d'autres centres d'intérêt, de critères de sélection que vous vous appliquez à vous-même.

Durer dans le temps qui est un critère éminemment positif n'est sûrement pas compatible avec une boulimie chronique et contre-productive.

**Savoir trier**

Savoir trier est dans la continuité immédiate du « savoir durer ». Après une période d'investigation indispensable à la création de sa propre « réseau attitude », après avoir investi en temps et en argent dans différents réseaux, il vous faudra assez rapidement passer à une phase de tri.

Choisir les plus utiles, les plus performants, les plus proches de vos objectifs et de vos attentes, ceux dans et sur lesquels vous vous sentez bien et où votre intégration est quasi déjà réussie. Il n'est vraiment pas utile ni nécessaire d'être sur tous les réseaux sociaux, d'autant plus que l'on vous en propose de plus en plus.

**Savoir dire « au revoir » …**

Savoir dire « au revoir » est aussi important que de dire bonjour. En réel et sur internet. Cette formule n'est pas que de la politesse la plus élémentaire, elle est la promesse d'un autre contact, d'un suivi, d'un continuum, de retrouvailles prochaines. D'une fidélité, gage de fiabilité. De confiance. C'est aussi, savoir se retirer positivement quand on a choisi de ne pas revenir.

C'est ne jamais refermer une porte tout à fait car les réseaux évoluent et votre décision de quitter tel ou tel réseau peut être un jour à revisiter. On vous y accueillera d'autant mieux que vous aurez su dire « au revoir ».

Enfin, et, pardonnez cette note pour le moins réaliste dont vous garderez le sens positif : c'est aussi se retirer avant un terme qui pourrait vous être imposé par les autres, les règlements, l'Histoire ou ... votre propre horloge biologique.
Laisser le meilleur souvenir possible est un devoir. Un privilège. Un plaisir à partager avec tous ceux qui vous suivront et suivront votre exemple d'hommes et de femmes accomplis dans les réseaux. Réels et virtuels.

# 5. Etre efficace dans son réseautage

## 5.1 Savoir où l'on va : quelle stratégie pour quel réseautage ?

## Un réseau personnel constitué de plusieurs réseaux.

L'ensemble des points évoqués depuis le début de cet ouvrage étant compris et intégrés, il ne vous sera plus trop difficile de réfléchir et de construire votre propre stratégie de réseautage. Celle-ci devra définir tant votre politique de communication personnelle que professionnelle, et autant vos axes de réseautages dans des réseaux réels que votre stratégie digitale. Et bien entendu, préciser vos objectifs et les moyens d'y parvenir.

Non, nous ne rêvons pas, non, nous ne nous prenons pas au sérieux, mais nous pensons sincèrement que la démarche est tellement importante qu'elle vous impose de construire votre propre stratégie.

Il y va de votre temps et de votre argent, de votre image et de votre réputation. Regardez comment les meilleurs hommes et femmes politiques peaufinent leurs stratégies de réseau et de communication, observez les réseautages et présences sans failles de certains patrons du Top100 mondial : tout est réfléchi, pensé et pesé.

**Recensement et mapping de mes réseaux actuels**

Avant de débuter tout renouveau de votre activité de réseautage, un inventaire s'impose, car pour bien faire un bilan, il faut d'abord mesurer l'étendue de votre réseau.

Première étape, procéder à une évaluation [88] de votre réseautage actuel, tant personnel que professionnel, de l'existant. Les points à analyser sont les suivants :

- l'intérêt et la valeur ajoutée de mon réseautage actuel

---

[88] *Une maquette de document vous est proposée en fin d'ouvrage (Annexe 2)*

- évaluation des moyens mis en œuvre, en temps et en budget
- évaluation de la résolution de mes manques, comme de la satisfaction de mes besoins
- satisfaction de ma stratégie, efficacité de mon équation coûts / temps investi / résultats
- réalisation ou pas, de mes objectifs de réseautage (si je m'en étais fixé)
- évaluation de mes moyens de mesure actuels

Nous vous proposons en annexe 1 une cartographie qui devrait vous aider à bien recenser vos différents réseaux. A l'aide de ces deux documents, prenez le temps de bien faire cet inventaire, il est capital.

Probablement plus aisé et rapide pour ce qui concerne les réseaux virtuels (votre smartphone comme votre ordinateur vous y aideront très vite), prenez quelques temps pour faire cet inventaire, en particulier pour ce qui concerne vos différents réseaux réels. En effet, certains[89] qui sont par nature inactifs vont se révéler à vous dans le cadre de cette recherche, et pourraient s'avérer très précieux à l'avenir.
Donnez-vous ainsi deux bonnes semaines pour réaliser cet inventaire. Consignez-le sur un document, afin de ne rien oublier. Bien évidemment, une catégorisation s'impose. Pour gagner du temps, utilisez celles que nous vous avons proposées.

L'inventaire réalisé, vous allez pouvoir passer au bilan de chaque réseau. Quel investissement financier nécessite-t-il chaque année, pour combien de temps, ... pour quelle qualité relationnelle, et pour quels résultats ?
Soyez sans complaisance avec vous-même : ne vous mentez pas, cela ne sert à rien. Soyez au contraire précis et factuel, honnête et lucide. Si tel réseau est totalement inefficace, notez-le. Ne vous obstinez pas à vouloir privilégier un réseau qui ne vous voudrait pas, sans vous le dire.

**Auto-évaluation Linkedin**

---

[89] *Anciens d'une école, club sportif abandonné, stage effectué il y a 15 ans...*

Linkedin[90] étant à ce jour le réseau social professionnel le plus puissant, le plus complet et le mieux « installé » dans notre paysage, une attention particulière doit être spécifiquement portée à votre profil Linkedin. Même étudiant, nous vous préconisons de déjà ouvrir un profil Linkedin, d'y faire figurer vos stages et de demander vos premières recommandations.
C'est pour cette raison, afin d'aider toutes celles et tous ceux qui ont déjà un profil Linkedin, que nous avons construit l'évaluation ci-dessous, qui figure en annexe 3.

**Réflexion stratégique**
Inventaires de vos différents réseaux, évaluation de la situation réalisée, évaluations spécifiques de certaines de vos actions de réseautage effectuées ... une foule de réflexions vont venir à vous.
Des idées vont surgir, des autocritiques affleurer, des pistes se dégager ... en un mot, vous êtes mûr pour lancer votre réflexion stratégique.
Les points à travailler seront alors les suivants :

- Définir quels sont vos objectifs : privé-pro, réseautage d'entretien ou réseautage de développement, supports éventuellement utilisables ...
- Réfléchir aux moyens nécessaires à la mise en œuvre de cette réflexion pour atteindre ces objectifs : outils, temps, budgets, volumétrie ...
- Imaginer et définir votre politique de mesure (quoi mesurer et comment, avec quel tableau de suivi, quels seront vos critères d'efficacité, quelle puissance voulez-vous sonner à vos réseaux et comment la mesurer, mesure de la quantité de contacts qualifiés, mesure de la qualité de ceux-ci ...)

**Stratégie de réseautage**
Tout ceci étant fait, l'élaboration d'une stratégie de réseautage s'avère alors simple et vous auriez tout intérêt à la coucher sur le papier. Elle sera votre mémoire, votre ligne de conduite. Nous vous en proposons une trame en Annexe 4.
Sur une feuille ou en quelques feuillets, elle sera la colonne vertébrale de vos différentes actions de réseautage. Seront ainsi brièvement codifiés par vous-même, pour vous-même, vos

---

[90] *Linkedin est également traité en détail dans les parties 7.10 (fiche réseau) et 5.10 (construction d'un bon profil) de cet ouvrage.*

buts et finalités de réseautage, vos objectifs et vos indicateurs, votre stratégie des moyens, tant financiers que temps. Il vous sera alors aisé de construire votre identité professionnelle sur les réseaux pertinents pour vous, à un instant donné.

Certains pourraient s'étonner de notre proposition de réaliser de tels documents. Nous leur répondrons qu'ils le font sans doute déjà pour leurs activités bancaires ou leurs investissements, pour leur synthèse de retraite ou le suivi de tel ou tel dossier personnel. Alors pourquoi pas le réseautage ? Vu l'importance du sujet, il vaut mieux prendre le temps d'analyser, de synthétiser et d'écrire votre démarche que de « tout avoir dans sa tête » ... et de ne pas savoir in fine le temps que vous investissez, les montants annuels, vo objectifs, les résultats ...

**Un réseau, des réseaux**

Le choix d'un axe de réseautage, privilégiant tel réseau plus qu'un autre devrait alors être limpide pour vous. Et votre mapping idéal de l'imbrication de différents réseaux, réels et virtuels, aisément réalisable. N'oubliez pas que de cumuler trop de réseaux et de peu ou mal les cultiver et les entretenir peut donner de vous l'image de quelqu'un de superficiel, qui risque de vous amener à être perçu comme un zappeur.

Vous aurez ici compris que nous vous recommandons de vous reposer sur moins de réseaux, mais efficacement utilisés en adéquation avec une stratégie réfléchie et ciblée, plus que sur une trop grande quantité de réseaux peu et mal exploités.
Votre challenge stratégique ultime, pour être efficace et avoir des résultats, est donc de savoir choisir et exploiter les réseaux réels et virtuels pertinents pour développer votre réseau relationnel global et l'exploiter à fond.
C'est à dire s'investir à fond dans ses réseaux, pour y être actif et reconnu, pour y développer reconnaissance et notoriété, y construire et y développer votre image, ... et préparer de futurs business ?

## 5.2 Agir et mettre en œuvre : développer et piloter ses réseaux

**Développer ses réseaux**
Il y a fondamentalement deux vecteurs pour développer ses réseaux comme son réseau global.
Un axe quantitatif, qui vous amène progressivement à entrer et à être actif dans plus de réseaux, et un axe qualitatif, où la qualité de votre présence vous amènera progressivement de plus en plus de contacts au sein d'un même réseau.
Nous n'évoquons ici que ce second axe, le premier étant une résultante de votre stratégie[91].

Développer la qualité relationnelle au sein d'un réseau, optimiser la relation avec d'autres membres grâce aux contacts réels ou au monde digital posent la question de la qualité de votre action.
Il vous faut en effet jouer de facteurs qualitatifs tels que :
- un bon positionnement de votre profil sur les réseaux adéquats,
- une adéquation des messages que vous portez et des contenus que vous déposez sur les réseaux avec votre profil stratégique,
- une pertinence quasi-totale de vos interventions et prises de parole ...

Votre comportement « en réseau » sera également déterminant. Il convient en effet d'être :
- rapide et réactif
- régulier et constant dans la présence comme dans la communication
- de maitriser le parcours de vos nouveaux contacts en organisant votre « propre CRM digital ».

Seule, une telle discipline personnelle vous permettra d'établir une qualité relationnelle sans égale, une réputation de réseauteur intéressant, gage du développement quantitatif de votre réseau.

---

[91] *Voir 5.1*

**Piloter ses réseaux**

Réseauter c'est bien, et bien réseauter, c'est mieux !

D'avoir une même semaine quatre soirées réseaux et d'en annuler deux par manque de temps n'est pas forcément très adroit. D'avoir une liste d'une quarantaine de demandes de contacts en attente sur Linkedin, ou un retard d'une douzaine de personnes à rencontrer pour un repas ou un café, ce n'est pas idéal non plus. De « découvrir » en début d'année que l'ensemble de vos cotisations réseaux se monte à plusieurs milliers d'euros est grave surtout si vous l'aviez jamais évalué au préalable ...

Ces trois phénomènes décrivent une situation bien connue : l'hyper-networking, la boulimie de réseautage, qui fait que rien n'est bien fait ni maîtrisé et que l'amateurisme pointe son nez.

Il va donc vous falloir maîtriser et cartographier votre réseautage, organiser et qualifier celui-ci, afin que votre réseau relationnel soit plus un soutien et une valeur qu'un pur-sang non maîtrisé.

Mesurer et savoir est donc essentiel. Agir avec ordre et cohérence encore plus.

## 5.3 Animer son réseau : pourquoi, comment ?

Il est essentiel d'animer un réseau, d'animer son propre réseau. Nous vous proposons de mettre tout de suite de côté les aspects d'extraversion ou de nombrilisme, qui sont hors de contexte ici.

Animer un réseau, c'est l'essence et la respiration du réseautage : en effet, un réseau n'est jamais figé, il est vivant, il évolue, …c'est donc un devoir de le développer, d'y faire rentrer amis ou connaissances, de recommander les services d'une personne ou d'un réseau, de lui transmettre des informations, d'éloigner une personne nocive ou toxique …

Il est assez simple de maitriser et de motiver ses contacts : tout d'abord, il s'agira de s'intéresser à ceux qui s'intéressent à vous, qui vous « suivent » ou qui sont venus à votre rencontre dans un cocktail ou sur la toile, de valider sans retard les bonnes demandes et surtout de recontacter régulièrement les membres de votre réseau avec qui vous n'avez pas échangé depuis un certain temps …

A contrario, un réseau qui n'est pas animé est mort. Il existera toujours sur le papier ou sur un site web, mais il ne sera ni actif, ni pro-actif, ni réactif, dans le sens « vivant ». Donc il ne servira plus à rien. Combien d'exemples connaissons nous ainsi de groupes d'anciens, qui faute d'un volontaire, ne se sont pas réunis depuis des mois voire des années, et qui dépérissent alors.
A l'heure des réseaux sociaux, il n'y a aucune excuse pour en faire un minimum …

Il nous faut parler de deux vecteurs essentiels de l'animation des réseaux : les associations, pour les réseaux réels, et les groupes, pour les réseaux sociaux.
Il existe de par le monde des millions d'associations, qui regroupent autour d'un intérêt social ou sociétal, des personnes motivées par celui-ci. Que ce soit du sport ou de la culture, de l'action sociale ou du développement personnel, du syndicalisme ou de l'entrepreneuriat, des loisirs ou un intérêt

national ... vous trouverez toujours une association pour vous accueillir.
Lieu de réseautage par excellence, elle vous permettra de vous épanouir et de vous occuper, d'échanger et de partager, de produire ... et de construire un bout de votre réseau.

Très similairement, les groupes sur les grands réseaux sociaux remplissent le même rôle. Sauf qu'ils ont deux dimensions formidables que n'ont pas les associations : ils sont joignables 24 heures sur 24 et 7 jours sur 7 et n'ont ni géographie ni frontières.
Passionnés d'aviation ou d'orchidées, amateurs de poteries chinoises ou de masques vénitiens, fans de jazz ou de lecture, randonneurs ou visiteurs de musées ... vos passions vous rejoindront aisément à travers l'Atlantique ou à l'autre bout du monde.
Tout aussi aisément, vous retrouverez un groupe des anciens de votre école primaire du Gers, ou du Bataillon du Génie de l'Air au sein duquel vous avez effectué votre service militaire, tout comme des anciens collègues d'usine.

Et il en est bien évidemment de même dans les domaines professionnels. Les groupes professionnels sur des réseaux sociaux comme Linkedin[92] vous permettent de :

- toucher des pays et zones géographiques (Egypt Business Club, Asia Forum, ...)
- accéder à des regroupements par fonctions (CEO Club, The CFO's ... Execs)
- intégrer des métiers (The Finance executives, Family Business Club, ...)
- accéder à des secteurs (Automotive Business Club, Aviation Professionals, ...)

Intégrer un groupe vous permet ainsi d'accéder à des pairs à travers le monde, d'échanger avec eux, de rentrer en contact voire d'être très rapidement en relation avec eux.

Au passage, signalons qu'il est relativement aisé de créer un groupe sur Facebook, Viadeo ou Linkedin.
L'intérêt pour vous sera d'y partager des photos ou films d'évènements, d'y intégrer des anciens qui avaient « disparus »,

---

[92] *Voir 7.10*

de vous en servir comme plateforme de communication, comme messagerie …
Et vous, quand commencez-vous ?

En synthèse, animer son réseau, ses réseaux se fait dans un vaste mouvement d'information, de dialogue et d'échange, de don et de partage. C'est ainsi que vous animerez famille, amis, relations proches ou éloignées, contacts professionnels, prospects …et que pour eux tous, vous « serez-là », bien présent, et que vous existerez.

## 5.4 Entretenir son réseau : pourquoi, comment ?

**Une relation vivante**

Une relation, cela s'entretient. Cet axiome, vieux comme le monde s'applique bien évidemment au réseautage.

Il s'agit ici d'entretenir une relation intra-personnelle avec de très nombreux individus, comme dans entretenir une avec différentes communautés.

Pour se créer des opportunités, il faut exister dans son réseau. Cela suppose ainsi de savoir stimuler ses réseaux et de savoir et pouvoir les mobiliser. On lit souvent que la valeur d'un réseau tient plus à la valeur comme à l'intensité de ses échanges, qu'à son nombre ou à son statut.

C'est totalement vrai car de l'intensité des échanges proviennent l'intensité des relations, elle-même génératrice de plus de force et de capacité mobilisatrice d'un réseau. Il faut ici savoir donner des informations, consacrer du temps, communiquer des articles de presse intéressants pour être dans l'échange, dans l'intensité d'un réseau.

Et la pyramide des âges ... ? Un autre facteur qui justifie l'entretien d'un réseau est son vieillissement.

Exemple : faute de « rajeunir » leur réseau, certaines personnes voient la qualité et l'influence de celui-ci baisser, nombre de leurs membres n'étant par exemple plus dans la vie professionnelle active.

Ce risque touche les quinquas comme les jeunes retraités.

De plus, n'oublions jamais de « rafraichir » un réseau, en particulier s'il a tendance à sommeiller. Notez qu'au bout de 3 ans de non rafraichissement, un réseau aura perdu de l'ordre de 30 à 50% de la qualité de ses bases de données.

En effet, le turnover professionnel est en moyenne de 3 ans. Cela signifie que tous les 18 mois, environ la moitié de votre réseau a changé de situation professionnelle. Combinez-y les changements de mail, de numéro de téléphone portable, de domicile, de statut familial ... et vous aurez vite compris l'aspect éphémère de votre réseau : il ne vaut que si il est à jour et régulièrement rafraîchi.

C'est ici l'énorme avantage des réseaux sociaux, où chacun d'entre nous « travaille » en mettant lui-même à jour ses informations et coordonnées, assurant ainsi l'ensemble des membres de son réseau du taux très élevé de pertinence de ses propres informations.

**Entretenir son réseau**

Le réseautage n'est pas un sens unique. Si vous sollicitez votre réseau de temps en temps, ce qui est normal, il vous faut aussi savoir l'entretenir en s'intéressant à lui, le faire parler, se souvenir de son actualité ... pour mieux garder le contact.

Profitez de toutes les occasions qui vous sont données pour entretenir votre réseau. C'est ainsi que des vœux très personnalisés, le souvenir d'un anniversaire, un clin d'œil de vacances, ou une attention spécifiquement professionnelle comme la connaissance d'une étape majeure, seront autant d'occasion de « conserver la flamme ».

Vous pourrez profiter des différents moyens de communication (sms, mail, message sur réseau, coup de téléphone ... ), pour à la fois solliciter et demander quelques nouvelles, et communiquer sur votre actualité.

N'oubliez jamais non plus de consolider la force de votre réseau en mettant vous-même en contact des personnes entre elles.

Ceci étant dit, comment entretenir son réseau ? Un premier aspect, unilatéral, est très simple, en lui faisant parvenir des « cadeaux ». Nous entendons ici par cadeaux des informations, des articles de presse pertinents, des tuyaux ... Bien sûr, donner de l'information sur soi est important, mais ce n'est pas ce qui intéresse votre réseau en premier chef.

Un vrai cadeau sera une information ultra-pertinente ou un scoop, un dossier hyper pointu trouvé sur le site d'une université, une introduction vers un membre de votre réseau susceptible de l'intéresser ...

Il y a bien longtemps que le fait d'adresser ses vœux, même s'il n'est pas à négliger, ne suffit plus, et de très loin, à entretenir son réseau.

Un second point, bilatéral, auquel nous tenons beaucoup, est le rendez-vous en tête à tête. Pour un repas ou un simple café, dans un lounge d'aéroport ou à la brasserie en bas de chez vous, toute occasion de profiter de quelques dizaines de

minutes pour approfondir une relation et l'entretenir vous seront bénéfiques sur le long terme. L'échange produira de l'intensité relationnelle, celle-ci déclenchant des opportunités, professionnelles ou privées, individuelles ou collectives.
Pour ceux qui sont éloignés, le coup de téléphone, l'échange sur WhatsApp ou Skype feront parfaitement l'affaire.

Le troisième point est le multilatéral. Cocktails et conférences, meetings ou salons, réunions d'anciens ou remises de médaille, forums et manifestations, inaugurations ou lancements … toutes ces occasions seront bonnes pour vous pour créer ou recréer du lien, revoir des membres de votre réseau, rafraichir votre relation avec eux, et probablement développer d'autres idées que le sempiternel … « à l'année prochaine ! ».

Aller au-devant des autres à travers toutes ces possibilités, canaux et occasions est le seul moyen efficace pour entretenir ses propres réseaux. Vous constaterez ainsi que certains de vos contacts deviendront des amis que vous reverrez régulièrement, pour le plaisir.
Pensez enfin à entretenir vos relations sur le long terme, en tenant votre réseau individuellement et régulièrement informé, en valorisant la contribution de chaque nouveau contact pour celui-ci, en partageant des informations ….

## 5.5 Evaluer régulièrement son réseau, mesurer son activité et ses performances

Nous avons évoqué plus haut l'inventaire initial de votre réseau, de vos différents réseaux. Une évaluation régulière procèdera du même principe d'auto évaluation sincère et drastique et vous permettra d'utiliser le même document.
Tout doit être pris en compte :

- le temps que vous passez en réseautage, direct (réunions et rendez-vous, cocktails et dîners, repas ...) et indirect (pianotage tablette, consultations réseaux, temps de déplacements ...)
- les montants divers (cotisations, frais de restauration, transports ...) que vous y investissez
- le détail de tous vos réseaux, avec en face une évaluation de leur efficacité, de leur puissance, de votre implication
- une approche de leur valeur ajoutée pour vous ... notamment en termes de nouveaux contacts intéressants ou d'activité professionnelle ...

Donnez-vous un calendrier régulier d'évaluation[93] ainsi qu'un créneau d'évaluation[94]. Consignez tout sur un document, afin de le réutiliser la fois suivante afin de gagner du temps et de ne rien oublier.

Nous ne pouvons que nous répéter : soyez précis et factuel, honnête et lucide, sans complaisance avec vous-même, ne vous mentez pas, cela ne sert à rien. Ne vous obstinez pas, ne persévérez pas dans l'erreur du choix d'un mauvais réseau. Et procédez à d'éventuels réalignements stratégiques[95].

---

[93] *Une à deux fois par an.*

[94] *Deux heures, en soirée ou le week-end, suffisent. Et quel temps gagné sur le long terme en efficacité !*

[95] *cf. 5.1*

## 5.6 Viser l'efficacité et mener des actions correctives

A partir de ce niveau d'analyse, votre stratégie de réseautage sera cadrée : d'une part vous disposez d'une stratégie, et d'autre part vous procédez régulièrement à l'évaluation de la qualité, de la quantité et de l'impact de votre réseautage.

De connaître ainsi son propre plan d'action, comme d'en organiser la mesure et d'être conscient des écarts va vous permettre une tâche redoutablement efficace : celle de classer vos réseaux. Ceux sur lesquels vous êtes efficace, c'est-à-dire que le réseautage y est intéressant et à bon coût, ceux qui le sont moins ... comme ceux que vous constaterez ne guère l'être.
Dès lors, nous vous recommandons de décider d'actions correctives rapides. Vous vous donnez un timing d'améliorations, et en cas de non succès, vous déciderez de quitter tel ou tel réseau.

## 5.7 Pourquoi garder une longueur d'avance sur les autres, sur ses concurrents ?

Cette question n'est pas aussi saugrenue qu'il n'y parait. Au-delà du classique « qui n'avance pas recule » il est clair qu'un bon pilotage de votre réseautage comme de vos performances réseau devraient vous permettre de conserver de l'avance.
Il est en effet essentiel de ne pas être le dernier à rejoindre un groupe ou un réseau en création, à adopter une nouvelle technologie, déjà éprouvée mais en phase de lancement, à innover au travers d'un nouveau concept ... qui ne sera guère plus innovant dans quelques semaines.

Prenons l'exemple d'un cocktail : certains y échangent encore leurs cartes de visites, d'autres y échangent depuis maintenant près de 8 ans leurs coordonnées sur smartphone (QRcode, Buzzcard, ou simple VCard). Qui a raison ?
De même, sur les réseaux sociaux, certains ne mettent encore que des informations écrites. D'autres y partagent depuis longtemps déjà ce que l'on appelle du « Rich-media » : photographies, vidéos, articles, études en PDF.
Foin de jeunisme, être trop à la traine peut s'avérer un jour un handicap face aux autres, à vos éventuels concurrents ... Ceux-ci ne se priveront jamais de se moquer de vous et de vos retards conceptuels.

Par ailleurs, la vitesse d'évolution du web comme des nouvelles technologies impose une veille technologique constante, qui vous évitera la ringardisation. De plus n'oubliez jamais que vos collègues, amis et contacts ont des capacités rapides d'apprentissage. Tout retard technique ou conceptuel se manifestera vite, à vos dépens.

Dès maintenant, l'évolution du prédictif et l'arrivée de la Big-data sont pour vous à considérer comme des opportunités de réseautage : en effet, et grâce à ceux-ci, vos réseaux préférés vont au travers de leurs algorithmes vous proposer de nouveaux contacts, souvent fort bien ciblés autour de vos intérêts. Un jour l'Intelligence Artificielle vous aidera à travailler en réseau ...

Reste la marginalisation : ne pas savoir qu'un réseau réel est en perte de vitesse et y demeurer, négliger la mauvaise image d'un réseau virtuel, utiliser des pratiques de réseautage préhistorique ... autant de pratiques qui donneront de vous une image de looser et qui risqueront de vous marginaliser.

## 5.8 Savoir sortir d'un réseau

La conclusion n'est pas toujours limpide, et la décision ne sera jamais simple. Si l'on entre dans un réseau, c'est en général de manière raisonnée et pour une foule d'excellentes justifications. Quelles que soient, à un moment donné, les raisons de le quitter, il demeurera forcément quelques raisons d'y rester, pour le moins celles « d'y être et d'en être ».
Mais il faut essayer de ne rester que dans de « bons réseaux » et d'éviter certains réseaux inutiles, peu efficaces, en perdition ou malsains.

Nous vous proposons donc de vous reposer sur la conduite suivante, à mener sur un réseau bien spécifique pour lequel vous vous poseriez des questions :

- reprendre votre stratégie de réseautage et vérifiez l'alignement ou pas de celle-ci avec le réseau concerné au moment où vous vous posez la question ;

- reprendre les éléments complémentaires de votre stratégie (moyens, temps, budget...) et vérifier l'alignement de ce réseau avec vos propres critères ;
- étudier dans le détail vos indicateurs, afin de vérifier son niveau de performance ;
- poser ensuite tous les arguments sur un tableau faisant apparaitre les pour, les contre et les « je ne sais pas ».

Votre analyse devrait alors apparaitre limpide. Donnez-vous quelques temps avant de prendre la décision, de quelques jours à quelques mois. Vous utiliserez cette période pour préparer votre communication de sortie (essentielle), les réseaux de remplacement ou de substitution où vous pourriez souhaiter entrer ... et reposez régulièrement sur votre tableau, les pour et les contre.

Mieux vaut avoir le courage de quitter un réseau qui n'est plus adéquat pour votre situation personnelle, votre profilage professionnel ou privé, que d'y rester pour y cumuler désagréments, temps perdu, coûts ... et risques de dégâts sur votre image. Nous appellerons cela la « respiration » des réseaux.

De dire qu'un réseau performant facilite un bon réseautage, et qu'un bon réseautage ne peut se faire qu'à partir d'un réseau performant est à la fois une tautologie, une banalité et surtout cela ne vous fera pas avancer. Rentrons donc dans le détail.

## 5.9 Qu'est-ce qu'un réseautage efficace et réussi ?

Ce sujet est extrêmement complexe, tant les attentes et objectifs de réseautage sont variés et multiples, tant les réseaux sont différents en vocations. Osons quelques idées !

**Un réseautage réussi « en général »**
Tout d'abord, un bon réseau est un réseau fidèle, qui vous connaît et que vous connaissez, où la qualité de la relation avec les autres prime. Donnons quelques exemples : vous y trouvez rapidement ce que vous cherchez, il fonctionne « tout seul » et « bien » et vous permet de rencontrer environ 80% des gens que vous souhaitez rencontrer. Fluide, les conseils arrivent naturellement, les recommandations se font toutes seules, les « retours d'ascenseur » fonctionnent dans les deux sens ...

Un second critère sera bien évidemment lié à la variété et à la complémentarité de vos réseaux, voire à leur multiplicité. Plusieurs réseaux privés, plusieurs réseaux professionnels ... peu importent l'âge, la formation, la situation professionnelle présente ou passée ou la surface financière.
Vos réseaux sont multiples, votre réseau répond à toute demande.

Enfin, un réseau doit participer à la vie sociétale, au don-contre-don, être motivant et intéressant. Quand votre réseau vous permet de recevoir en retour 5 à 10 remerciements par mois, c'est qu'il fonctionne bien, qu'il est de qualité et que vous l'utilisez bien.

**Un réseautage réussi en termes professionnels**
La réussite en matière d'affaires se mesure essentiellement au résultat. Il en est de même du réseautage.

Tout d'abord, en termes de fonctionnalités, il pourra être considéré comme réussi s'il vous permet de :
– générer de vous-même une meilleure lisibilité de votre positionnement, une plus forte notoriété, une meilleure image

- vous positionner comme un réseauteur fiable et sérieux, intéressant et généreux
- être assuré de gains de temps substantiels dans vos recherches (compétences ciblées, expertises, partenaires, collaborateurs ...)
- transformer des contacts en liens professionnels sérieux puis transformer des contacts en prospects, ou plus directement, en clients
- pouvoir accéder à des décisionnaires, ou pour le moins à ceux que l'on souhaite rencontrer
- générer des potentialités d'activité additionnelles, avec éventuellement un business à la clé.

En termes qualitatifs, il pourra être considéré comme réussi s'il vous permet de :
- reposer sur un réseau vaste en nombre et en diversité (secteurs et entreprises, fonctions et niveaux de responsabilités ou de hiérarchies, âges et mixité, francophone et international ...)
- échanger de manière équilibrée (informations ou recommandations reçues ou données ...)
- vous apporter son dynamisme (croissance, vitalité des nouveaux profils, renouvellement, pyramide des âges ...)
- éventuellement collaborer à vos travaux, coopérer et vous conseiller, permettre de valider ou non des hypothèses de business
- générer des opportunités (en nombre et en qualité), ayant un taux de transformation en activités concrètes (nouvelles opportunités, nouveaux postes, nouveaux marchés ... nouveaux contrats, chiffre d'affaires additionnel) en provenance de vos réseaux, quels qu'ils soient
- vous assurer de tous les petits plus et bénéfices relationnels, qui très souvent font la différence en matière de relations professionnelles (coup de pouce, name droping approprié, avis pertinent à un moment crucial ... ou mêmes en cas de contractualisation).

Pour résumer, un réseautage globalement réussi et positif, reposant sur quelques (ou de multiples) réseaux, pourra vous permettre de vivre et d'évoluer dans un environnement multiple, riche dans sa variété et sa multiplicité, moteur dans sa dynamique, bienveillant dans son attitude, collaboratif dans ses

pratiques et coopératif dans vos actions ... et in fine, motivant par son existence même.
L'être humain est fait pour vivre en société ... donc « en réseaux ».

## 5.10 Je construis mon profil sur LinkedIn

Maintenant que vous avez mené toutes ces réflexions et démarches, que votre stratégie réseau est claire, que vous êtes un réseauteur motivé et averti, vous allez pouvoir passer à la phase essentielle, celle de la bonne construction de votre profil, ou si vous en disposez déjà d'un, à l'adaptation comme à l'optimisation de celui-ci.

Il en va d'un profil comme d'une poignée de mains : il y en a des fermes comme des mous, des expressifs comme des fades, des bons comme de moins bons ... Ne l'oubliez pas, un profil est signifiant.

Ayons tout d'abord l'humilité de souligner qu'il existe des millions de possibilités, des milliers de réseaux.
Sur chacun, vous construirez votre propre image.
Nous vous rappelons que celle-ci devra être adéquate au réseau sur lequel vous vous présentez, cohérente avec ce que vous présentez par ailleurs, et bien évidemment pertinente.

Pour vous aider pas à pas dans la construction et l'optimisation de votre profil, nous avons choisi LinkedIn.
C'est en effet le réseau qui correspond le plus à la démarche proposée dans ce livre : « Réussir à réseauter, réseauter pour réussir ».

Des conseils préalables : préparez tous vos textes à l'avance sur un Word, en toute tranquillité. Cette démarche vous permettra d'éviter les erreurs dues à la précipitation, ou de perdre du contenu en raison d'une microcoupure sur internet ...
De même, préparez toutes vos illustrations à l'avance dans votre ordinateur. Ordinateur ? Oui, nous déconseillons la mise à jour des profils sur smartphone, celle-ci est souvent bien plus délicate et certainement moins aisée que sur un bon ordinateur.

Enfin, n'oubliez pas qu'il en va de LinkedIn comme d'un appareil électronique ou une voiture, ... nous ne lisons jamais assez sérieusement et préalablement la notice d'emploi !
Sur LinkedIn, avant toute chose, allez mettre en place vos paramètres de sécurité, allez consulter les règles et possibilités ... ce ne sera jamais du temps de perdu, bien au contraire.

**Notre pyramide de Maslow**

Tout comme Maslow a conceptualisé une pyramide des besoins, nous avons également conceptualisé une pyramide d'un profilage sur un réseau social, de la construction de celui-ci, des fondamentaux aux basiques, et aux plus.

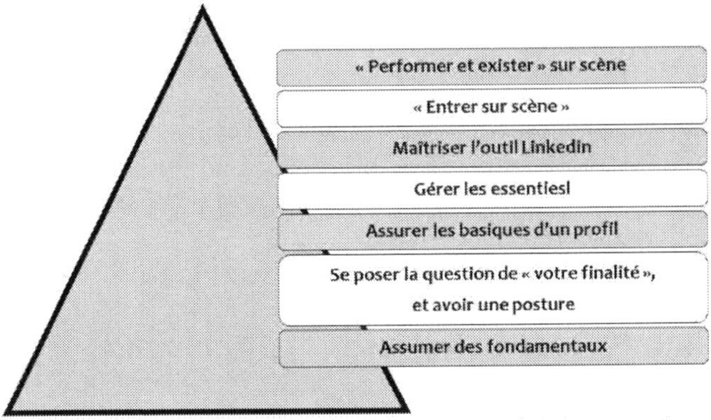


**Le Triangle de la construction d'un bon profil réseau social**

Que signifie, dans le détail, cette pyramide ?

1. Assumer les fondamentaux
   C'est l'état d'esprit. Bien se dire que si l'on va sur LinkedIn, c'est pour « y être », en professionnel et pas en amateur. Pour y être vu en bien et en bon, pour y être performant et reconnu. Se cadrer afin de ne jamais produire une mauvaise image de soi.

2. Se poser la question de « votre finalité » et d'avoir une posture
   Pourquoi vais-je sur LinkedIn ? Pourquoi suis-je sur LinkedIn ? Si vous ne savez pas y répondre, attendez un peu, c'est que vous n'êtes pas mûrs. Si j'y suis, c'est pour être actif, pas passif.

3. Assurer les basiques d'un profil
   Choix de la langue ou du bilinguisme, bonne photo, résumé et sommaire précis et efficaces. Pas d'amateurisme ou de trous.

4. Gérer les essentiels

C'est donner du relief à votre profil, de l'intérêt à votre vie professionnelle. C'est illustrer votre profil avec du rich-media (photos, vidéos, présentations ...). C'est avoir une politique de contacts, savoir rentrer dans des groupes. C'est enfin gérer la mise en avant de ses propres compétences, ainsi que les recommandations écrites sur votre profil.

5. Maîtriser l'outil LinkedIn
   C'est connaitre la « technique », savoir faire bouger les blocs d'information sur LinkedIn, c'est maîtriser tous les paramètres de confidentialité, savoir déplacer une information ... comme dominer toutes les petites astuces qui feront la différence.

6. « Entrer sur scène »
   Une fois réellement prêt, vous pouvez entrer sur scène, en participant à des discussions, en vous exprimant et donnant votre avis en « likant » une information ou un article, en en diffusant une autre ...
   Puis en partageant vos propres contacts avec d'autres, en interagissant avec l'ensemble de votre réseau.

7. « Performer et exister » sur scène
   C'est arriver au top de la performance sur LinkedIn. Faire que vos interventions comme votre profil soient jugés pertinents, que vous receviez des demandes de contact en nombre croissant ...
   C'est commencer à écrire par vous-même, à proposer des idées personnelles ... participer à des tendances et mouvements d'opinions, jusqu'à les influencer.
   Et un jour, de devenir vous-mêmes un influenceur sur LinkedIn.
   Cette situation n'est pas le graal pour tout le monde, mais quel étudiant n'a jamais rêvé d'être Mark Zuckerberg ou Elon Musk ?

Il est clair que de bien suivre ces différentes étapes vous prémunira d'un maximum de faux pas, comme vous permettra d'accéder assez rapidement à un niveau très correct, et probablement suffisant, de performances sur LinkedIn. Tous les points évoqués ci-dessus sont détaillés ci-dessous.

**Le choix de la langue**

N'oubliez jamais que LinkedIn est un réseau mondial. Que votre profil est susceptible d'être consulté par un Lyonnais ou un Mongol, par un Bruxellois ou un Québécois, un Iranien ou une Chinoise ... Alors Français ? Anglais ? Espagnol ? ... quelle langue choisir ?

Selon votre parcours et selon le message que vous voulez adresser, votre profil sera plus opportun en français ou dans une autre langue. Choisissez-en une et soyez cohérent du début à la fin.

L'un des auteurs de ce livre a un profil en français, l'autre l'a en anglais !

Il est également fréquent de voir des sommaires bi- ou même trilingues, sur un profil en français ou en anglais. Cette disposition assez courante est très pratique pour permettre un minimum d'échanges à l'international.

En revanche, nous vous déconseillons fortement la multiplicité des profils, selon les langues.

**Un ou plusieurs profils**

La question ne devrait jamais se poser. En effet, cette option est complexe et difficile à gérer, en particulier pour les compétences et recommandations qui peuvent se disperser. Ou le flou qu'il génère auprès des employeurs éventuels ou professionnels du recrutement. Avoir plusieurs profils sur Linkedin est ainsi une grossière erreur.

Certains se recréent un profil car ils ont oublié leur précédent mot de passe, ou parce qu'ils ont changé d'adresse mail ... Si vous découvrez que vous avez, par erreur, plusieurs profils sur Linkedin, vous devez très rapidement procéder à une remise au carré de votre profilage. Soit en supprimant certains profils passés, soit en fusionnant des comptes. Cette disposition existe dans la rubrique paramètres.

**Photo et illustration du fond**

Votre photo sera si possible en couleur. Elle devra exprimer de l'intérêt, dans le sens où une photo où vous regardez le

photographe, donc la personne qui consulte votre profil, a beaucoup plus de sens qu'une photo de vous un micro à la main, en conférence, ou d'une autre où vous ne regardez pas l'objectif, ou à la plage (cas réel!) ...
Celle-ci doit exprimer des sentiments comme une personnalité et ne pas être trop neutre. Bien évidemment pas de logo.
Petite précision : la taille de votre photo étant minime, en particulier dans les conversations ou avis que vous exprimez, vous avez tout intérêt à la zoomer et à la cadrer au plus près de votre visage. Visionnez plusieurs parmi vos contacts et vous comprendrez aisément ce message.

L'illustration de fond est également essentielle : elle traduit votre personnalité et vous « singularise ».
Vous devez absolument en avoir une et la choisir avec pertinence. Plusieurs options s'offrent à vous :

- business : un ou les produits de l'entreprise, son logo en grand, une photo du siège ou d'une usine ...
- personnalisé : une photo de Paris ou de New-York, un paysage marin ou désertique ...
- conceptuel : des graphismes correspondant à votre activité, une photo abstraite ...

Cet arrière-plan est un message, un vecteur de communication. Il sert d'écrin à votre photo d'identité, et revêt de ce fait une grande importance ... ne le négligez pas et accordez lui une grande attention.

**Nom, prénom et titre**
Sur Linkedin, l'utilisation de noms d'emprunts, d'initiales ou autres est à proscrire et fortement déconseillée.
Pire, l'association entre prénom et nom de l'entreprise, ou trop d'initiales confusantes : on ne le répètera jamais assez, Linkedin est un réseau d'êtres humains, destiné à établir des contacts professionnels.
Si vous voulez vous cacher, n'y soyez pas !
Le seul choix que vous ayez réside dans la police de votre nom : en minuscules ou en majuscules.
Les deux se pratiquent, sentez-vous à l'aise.

Sous votre nom, le titre correspondant à votre activité est essentiel, car il accompagne partout votre prénom et votre nom, dans les commentaires, les suggestions de contact, les prises de parole …. Vous devez présenter un titre correspondant au plus près de vos activités, telles que vous souhaitez les présenter.

En général votre fonction « en français », sans utiliser le jargon propre à certaines sociétés, qui n'est pas compréhensible à l'extérieur.

La possibilité de mettre plusieurs mots offre un avantage supplémentaire, en particulier pour les slashers[96].

Voici quelques exemples possibles, à titre d'illustration de notre propos :

- Chef de projet informatique | Web concepteur | Organisateur MeetUp
- Directeur de Business Unit Export | Expert de l'international | Trade development
- Etudiant en école de commerce | Luxe et Mode | International Business
- CEO et fondateur Sté.XXX | Membre du Comité Automotive France | Administrateur de sociétés

Soyez ici précis, factuel et extrêmement concret.

**Sommaire**

Comment résumer un métier, votre savoir-faire, voire les dix dernières années de votre vie ? Vaste question qui nous préoccupe tous. Voici quelques éléments de réponse.

Tout d'abord, rappelez-vous que Linkedin n'est pas un CV. Construisez tranquillement un texte, presque un argumentaire, de 5 à 50 lignes, qui mette en avant vos expertises, vos points forts, les aspects saillants de votre carrière ces 5 à 10 dernières années et bien évidemment, ce que vous pouvez apporter à une entreprise ou à un partenaire de Business.

Ce texte doit être précis et concis (maximum de 3.000 caractères). Ne vous étendez ni sur votre situation personnelle (nous déconseillons le classique « en recherche active d'emploi »), ni sur votre rémunération ou votre mobilité. Encore une fois, ce n'est pas un CV ni une lettre de motivation. Présentez plutôt des aspects originaux de votre parcours, des traits saillants de votre expertise.

---

[96] *Pour ceux qui ne sont pas familiers du nom, ce concept désigne ceux d'entre nous qui ont plusieurs activités.*

Des éléments de contact (votre adresse mail ou votre site par exemple) sont souvent un plus. Nous recommandons une extrême prudence avec la communication de votre numéro de portable ... que nous ne conseillons pas.

La meilleure des suggestions à ce niveau est de prendre une heure de votre temps (vous le valez bien ... ) et d'aller consulter sur Linkedin une soixantaine de profils de votre réseau, un par minute. La lecture rapide de 60 sommaires vous forgera parfaitement dans votre opinion de ce qu'il faut écrire ou ne pas écrire, de ce qui est intéressant ou de ce qui ne l'est pas, de ce qui est pertinent ou pas ...
Vous y trouverez certainement quelques pépites et excellentes idées, que vous reprendrez à votre compte.
Puis vous écrirez votre texte sur un Word, l'affinerez progressivement en une dizaine de jours, avant de le publier.

**Le poids des mots**
Choisissez bien les mots que vous utilisez. Ils doivent être pertinents et adéquats. Vous devez également les répéter plusieurs fois, pour les plus importants d'entre eux, afin qu'ils « signent votre profil » (mobility, webservices, international, aluminium, Côte d'Ivoire ...) et vous permettent d'être plus facilement trouvé par les moteurs de recherche que d'autres personnes.
Dans l'idéal, les 15 mots les plus importants de votre profil devraient s'y trouver cités entre 3 et 10 fois, et tous se retrouver dans vos compétences.

**Les contenus multimédias**
Linkedin est un réseau social comme les autres où l'importance du contenu multimédia est forte. Vous devez donc illustrer votre profil, au-delà des deux photos d'en-tête, de contenus multimédias : photos, vidéos, présentations ...
Le résultat obtenu est à la fois pédagogique et illustratif, mais également technique. Attardons nous sur ce dernier facteur : de mettre des illustrations ou des vidéos à certains endroits de votre profil le rend « plus lourd » en regard des algorithmes et aide votre profil à plus facilement remonter dans les requêtes.

Vous pouvez donc rajouter du contenu média à votre sommaire, à vos différents postes et expériences

professionnelles, à vos études ... Des photos pertinentes de vos produits ou une mise en situation de vos services, une vidéo corporate reprise sur YouTube, même les photos de votre siège social, sont les bienvenues. Sinon, votre profil risque d'être un peu commun, voire fade.
Avec un peu d'expérience de la vie, une photo de vous à une remise de trophées, lors d'un discours, ou même un article de presse ... seront du meilleur effet.
N'oubliez pas qu'il vous faut sortir du lot, exister au milieu de quelques centaines de millions de personnes ...

**Vos fonctions professionnelles / votre carrière**
Sur Linkedin, les 5 derniers postes apparaissent. Les autres sont aisément visibles en « scrollant ».
Tout d'abord l'entreprise : si celle-ci n'a pas de profil sur Linkedin, vous serez raccroché à une « entreprise virtuelle » avec un logo gris insignifiant et non significatif. Nous recommandons donc de bien faire attention à la saisie exacte du nom de l'entreprise, ou de ses filiales.
Souvent, l'identification de celle-ci est différemment formulée par les uns et les autres, le suffixe « SA » ou « SARL » étant nécessaire, ou chaque lettre peut être séparée d'un point, ou le nom est en majuscules ou en minuscules ... soyez attentif à ce point crucial, de très nombreuses erreurs existent.
Dès que vous avez le bon « nom d'entreprise », et si celle-ci est répertoriée sur Linkedin, son logo apparait. C'est alors à vous de choisir le bon établissement ...
Ce point est primordial car, in fine, nombreux sont ceux qui ne sont pas, pour un poste donné, « reliés » à la bonne entreprise, ou au bon groupe. C'est mauvais pour vos algorithmes !

Pour ceux, et ils sont encore extrêmement nombreux, qui font une carrière au sein d'un même groupe, nous recommandons le regroupement, plutôt que de faire apparaitre 5 à 10 fois le même logo ... ce qui ne présente aucune valeur ajoutée.
Dans le détail, après, vous pouvez spécifier chaque poste, le définir et l'expliquer.

Décrire un poste doit se faire entre 3 et 10 lignes maximum. Plus serait déplacé et lassant, moins ou même rien du tout peut être considéré comme léger, voire suspect.

Rendez-vous donc intéressant et attractif, factuel et clair, transparent et ouvert.
C'est l'un des fondamentaux du réseautage.
Soyez précis et concret, détaillez vos responsabilités comme vos réalisations, indiquez éventuellement des points saillants. Nous recommandons de communiquer de 2 à 5 informations chiffrées (responsabilité de 18 personnes, croissance du CA de +26% en deux ans, acquisition de 40 nouveaux clients, mise en place de 8 salons, ...) qui étayent et « factualisent » votre propos.
N'oubliez pas que les anglo-saxons demandent, voire exigent, une transparence factuelle grâce à la capacité de communiquer certains chiffres, qui représentent pour eux des accomplissements.
Pour ceux qui sont soumis à des obligations et contraintes de secret ou de confidentialité, sans bien sûr les enfreindre, vous trouverez toujours la possibilité de mettre quelques informations qui sont du domaine public.

Petit test quand vous avez fini d'écrire un poste tenu au sein d'une entreprise : tapez sur le nom de l'entreprise que vous citez. Vous devriez arriver sur votre entreprise ou business unit, et y retrouver des connaissances. Double avantage : ce test va vous permettre de vérifier que vous êtes bien dans le bon univers, comme de pouvoir assez rapidement vous faire de nouveaux contacts sur ce réseau, qui sont déjà des relations professionnelles identifiées. C'est le but d'un bon réseautage.

**Vos compétences**

Linkedin vous autorise jusqu'à la mise en avant de 50 compétences. Ne les boudez pas, mais ne trichez pas non plus. Une compétence non reconnue ne vaut rien, c'est même un message négatif.
Identifiez donc au préalable vos différentes compétences sectorielles (imprimerie, automobile, hôtellerie ...), vos compétences métier (contrôle de gestion, ventes, marketing, webservices ...), voire géographiques (Moyen Orient et Afrique, Midi-Pyrénées ... ).
Les compétences linguistiques figurent à part, donc sont ici superflues et il nous parait puéril de signifier que vous maîtrisez Word ou Excel ...

Vous allez très vite observer ce que votre réseau « valide » comme compétences et le contraire.
En revenant régulièrement sur ce sujet (disons 4 fois en 6 mois), vous aurez la possibilité d'affiner et d'optimiser la présentation de vos compétences, comme de supprimer celles qui ne seraient pas reconnues.

**Les recommandations**
Les recommandations sont essentielles, car elles représentent à la fois l'une des plus-values et différences essentielles de Linkedin (enregistrer des validations professionnelles par des personnes identifiées), comme la possibilité de se différencier, de sortir du lot.
N'hésitez donc pas, ne jouez pas avec de la fausse pudeur : sollicitez des recommandations de la part de vos anciens patrons, de vos clients, de vos collègues, y compris ceux avec qui vous pouvez avoir travaillé il y a 15 ans. Chacun écrivant ce que bon lui semble et le contrôle étant toujours possible, la sincérité et le bien-fondé d'une recommandation sont rarement remises en cause.

N'oubliez pas non plus que les recommandations ne servent pas qu'aux embauches : un nouveau client ou fournisseur professionnel, un partenaire potentiel, ou même votre futur patron, iront peut être voir sur Linkedin qui vous êtes. Des recommandations chaleureuses et pertinentes ne peuvent que vous mettre en bonne position.

Etablissez donc, tranquillement, une liste de la dizaine de personnes qui ont compté dans votre vie professionnelle et dont vous savez qu'ils vous ont apprécié. Reprenez téléphoniquement contact avec eux, et présentez leur votre requête. Rares sont ceux qui refuseront ce coup de pouce.
Après vérification de votre bonne compréhension mutuelle sur le message à adresser, et après avoir validé que vous êtes bien en lien (de rang 1) sur Linkedin, adressez-leur votre requête. En trois clics votre demande est faite, attendez le résultat.
Rappelez-vous qu'une recommandation peut toujours être modifiée par les deux parties, ou partiellement cachée.
Entre 5 et 15 recommandations reçues, sur divers postes, seront du meilleur effet. Et font encore aujourd'hui la différence sur Linkedin. Vous ne le regretterez jamais. Notez qu'une bonne

recommandation ne fera jamais moins de trois lignes (sinon, ce n'est pas la peine) mais pas plus de dix non plus (ce ne doit pas être un roman fleuve).
Elles peuvent être en anglais ou dans une autre langue, ce n'est absolument pas gênant, bien au contraire.

N'oubliez pas non plus d'en attribuer vous-même : un jeune stagiaire méritant, un collègue souhaitant obtenir une promotion ... un ex-patron (!) vous seront toujours reconnaissants de ce que vous pourrez dire d'eux.
A condition d'être sincère et dans « le vrai ».

Enfin, veillez à un équilibre sain entre recommandations reçues et données. Trop de recommandations reçues pour pas ou très peu d'attribuées donnera de vous une image associale, comme de trop en donner par rapport à peu en recevoir donnera de vous une image trouble, éparpillée, ou peu sérieuse ...
Comme en toute chose de la vie, l'équilibre doit être préservé. Et la maxime d'un bon réseautage est « don – contre-don ».

**Education et formation**

Soyez complet. Inscrivez toutes vos formations, écoles et universités. N'oubliez pas de spécifier majeures ou spécialisations, cela donnera de la profondeur à votre profil. Si vous avez eu des notes exceptionnelles à un concours, ou si votre thèse de fin d'étude a été jugée remarquable par un vaste jury, mentionnez-le. Pas de fausses pudeurs.
Et ne mentez jamais, ne vous attribuez pas un diplôme que vous n'avez pas.

Notez qu'il en va des filières de formation, écoles et universités comme pour les entreprises : faites bien attention à ne pas vous tromper d'école. Souvent, le logo n'apparait pas : c'est que vous n'avez pas repris le nom « officiel » de votre école.
Soyez vigilants car nous avons maintes fois rencontrés des ex-étudiants « isolés » ... et qui le regrettaient.
Enfin, un petit « tuyau » complémentaire à savoir : une seule formation s'inscrit en haut de votre profil, automatiquement. Celle-ci reflète celle que vous positionnerez tout en haut de votre espace consacré à l'éducation et à la formation. Choisissez donc bien l'école ou la formation que vous voulez « signifier » et positionnez la tout en haut.

**Les contacts**
Un réseau, c'est avant tout fait pour générer de nouvelles opportunités relationnelles et occasionner de nouveaux contacts. Agoraphobes ou associaux s'abstenir !
Reste néanmoins la philosophie de contacts que vous souhaitez avoir. Celle-ci est avant tout issue de votre propre stratégie relationnelle[97].

Pour faciliter votre bonne compréhension, nous vous présentons ci-dessous 3 stratégies différentes de contacts sur un réseau comme LinkedIn :

- Répertoire de rencontres et de connaissances
  Vous n'avez en contacts que des connaissances ou des personnes déjà rencontrées.
  LinkedIn est alors un super-répertoire de cartes de visites de rencontres, pas plus.
  L'inconvénient en sera très vite la limite volumétrique, donc un très faible accès à l'extérieur de votre monde, une notoriété très basse.
- Réseau ouvert
  Vous rassemblez également des contacts sectoriels, pas forcément connus, des clients et partenaires, des anciens de votre école, des prospects rencontrés en voyage ...vous ne vous fermez pas systématiquement. Vous acceptez certaines demandes de contacts si elles vos paraissent motivées et intéressantes pour votre futur.
- Réseau dynamique
  Vous recherchez et sollicitez de nouveaux contacts, avec plus ou moins de critères sélectifs, vous acceptez la plupart des nouvelles demandes que vous recevez ...

Aucune n'est meilleure qu'une autre, cela dépend fondamentalement de votre propre stratégie de réseautage. Notez que LinkedIn recommande de ne pas procéder à des invitations tous azimuts. L'expérience vous procurera le recul et la sagesse nécessaire.
Petit « tuyau » complémentaire à maîtriser : nous vous recommandons de cacher vos contacts[98]. Linkedin est un

---

[97] *cf. supra*
[98] *Rubrique paramétrages de LinkedIn*

répertoire ... ne le confiez pas à tout le monde et à n'importe qui !

**Les groupes**

Ici, notre recommandation est plus ferme : votre propre intérêt est d'être dans un nombre important de groupes. D'une part pour assurer une meilleure visibilité et notoriété de votre profil, d'autre part pour vous permettre d'avoir une base de nouveaux contacts « potentiellement ciblés et assez similaires » au vôtre et enfin pour entrer dans une dynamique d'informations que les groupes, de par leur conversations et posts ciblés, peuvent vous offrir.
En effet, le niveau des contenus publiés dans certains groupes, majoritairement en anglais, est souvent très élevé, riche et varié.

C'est ainsi que vous pouvez solliciter l'entrée dans des groupes :

- sectoriels : automobile, luxe, voyages et loisirs ...
- professionnels : finance, marketing, ventes, RH ...
- géographiques : Parisiens, Toulousains ... Colombiens, Canadiens, Chinois, Russes ... dont seule la connaissance ou pas de la langue sera la barrière
- affinitaires : golfeurs, religions, centres d'intérêts ...
- alumnis : toutes vos écoles ou universités ont au moins un, si ce n'est plusieurs, groupes d'anciens sur LinkedIn. Les groupes d'anciens d'une même entreprise sont également très intéressants.

Limité à 50, le nombre de groupes est suffisamment large pour procéder à un panachage très efficace : nous vous recommandons 10 groupes de votre secteur, 20 de votre profession et le reste réparti entre les autres classifications.
Vous observerez rapidement de très intéressants échanges avec des inconnus, voire quelques rencontres qui pourraient être des « pépites » professionnelles.
Le plus souvent, l'anglais sera la langue véhiculaire entre ces nouveaux contacts et vous-même.

**Volontariat et bénévolat, réalisations et centres d'intérêts, langues ...**

Bien d'autres rubriques existent sur LinkedIn, qui vont vous permettre de compléter votre profilage, de donner du relief à votre personnalité, de susciter de l'intérêt.

Volontariat et bénévolat vous permettent de présenter des actions « hors monde professionnel », parlantes sur vous, qui montreront un autre aspect de votre profil. Elles peuvent être l'occasion de générer de très belles rencontres, voire des contacts professionnels de haut niveau, derrière une façade de bénévolat.

Vos réalisations et vos centres d'intérêts, vos éventuelles publications, sont également des marqueurs de votre personnalité, des indicateurs de votre activité générale. Profitez-en.

Les langues, enfin. Elles montrent votre niveau général. Ne trichez surtout pas, tout balbutiement en italien démontrera à un contact milanais que vos indications sur votre niveau linguistique sont trompeuses et que, peut- être, votre profil n'est pas aussi « vrai » que cela.

**Et après ?**

Tout ceci parfaitement approprié et correctement maîtrisé, vous pourrez avancer avec un profil assez pointu, probablement bien plus sophistiqué que la grande majorité des profils de LinkedIn.

Il vous reste à agir et à interagir, c'est-à-dire à passer aux niveaux supérieurs 6 et 7 tels que présentés dans notre pyramide.

Voici donc, en synthèse 10 principes pour être ultra performant sur LinkedIn

1. Avoir une vision globale du réseautage, déployer votre propre stratégie, spécifique à vos objectifs
2. Etre cohérent entre les différents réseaux sociaux, Linkedin n'est ni seul ni unique
3. Toujours penser multi supports : en fonction d'un PC, d'une tablette ou d'un smartphone
4. Se construire « sa méthode », ses outils, ses aides, ses documents de mesure

5. Agir avec rigueur et discipline, se comporter en pro (délais, suivi, pertinence ...) et ne jamais oublier que Linkedin n'est pas Facebook (plus people, loisirs ...)
6. « Optimiser » en permanence son profil, penser aux mots clés et aux algorithmes
7. Etre « présent » : agir et interagir, relayer, transmettre, donner de l'information, publier ...
8. Etre « assez prudent » (hacking, sécurisation, protection de vos contacts ... pas de téléphone)
9. Avoir une forte implication et une présence dans de nombreux groupes
10. Ne pas dépendre « que » de Linkedin, avoir une stratégie combinée (LIN+FB, LIN+VIAD ...)

# 6. Réseauter pour réussir aux différentes étapes d'une vie

Nous avons choisi d'illustrer dans cette partie de notre livre-guide quelques situations et cas de la vie. Nous proposons, grâce à l'emploi de réseaux bien différents, des solutions dont la mise en œuvre pourrait s'avérer fort utile.

## 6.1 Lycéen, je « vis » en réseau !

**La vie en réseau**

Pour le lycéen d'aujourd'hui, le mot « réseau » est « déjà » vétuste et obsolète. Le terme « réseauter » quant à lui n'existe tout simplement pas. Sauf chez nos amis québécois !
En effet, reliés au monde comme à leurs amis, à leur famille comme à leur lycée, les jeunes d'aujourd'hui « vivent en réseau », sont en réseau permanent. Ils n'ont plus de frontière entre vie et réseautage : le vocabulaire comme leur vie a complètement intégré cette notion.

C'est le professeur qui passe ses instructions sur la conversation Facebook de la classe, ce sont les copains et copines qui communiquent sorties et infos sur Messenger, c'est la famille qui publie photos et commentaires sur WhatsApp, c'est la meilleure copine qui publie ses exploits sportifs sur Snapchat ... du lever au coucher, les réseaux sont plus qu'omniprésents, ils sont là. Avec la hantise d'être à certains moments dans la pire des situations : « *ce coin est pourri, il n'y a même pas de 4G* ». Quel adulte ne l'a jamais entendu ?

**Zapping et changements de réseau**

Plus encore intéressant est le comportement des lycéens avec les réseaux : ils en ont au minimum une demi-douzaine sur leur

smartphone, auxquels on peut ajouter entre 10 et 25 applications, et ils passent de l'une à l'autre en permanence.
Avec des conséquences inattendues comme la décroissance très rapide (par millions d'adolescents à travers le monde) de Facebook au profit de Snapchat ou d'Instagram.
En 2018, le nombre d'utilisateurs aux États-Unis devrait baisser de 5,6% parmi les 12-17 ans et de 5,8% parmi les 18-24 ans. *"C'est la première fois que eMarketer prévoit une baisse de l'utilisation de Facebook chez les jeunes"*, écrit ce cabinet. Rien de différent en France où l'on entend des 16-18 ans annoncer (presque fièrement) qu'ils quittent le réseau bleu.

**Les « jeunes » face aux « vieux » ?**
Se dessine ainsi un nouveau contour du réseautage, qui devrait peut être devenir très significatif à l'avenir.
Tout comme il y a des modes différentes, des styles et codes différents, entre ados et quadras, il pourrait y avoir un clivage au niveau des réseaux sociaux. Non seulement, ce n'est pas « fun » d'être en lien avec ses parents sur Facebook, mais c'est encore pire de constater que la grand-mère y est également.

Etre relié entre trois générations ? un bonheur pour les grands parents, un rêve pour les parents, une honte pour les enfants ... A méditer ! Et si Mark Zuckerberg était devenu un « vieux » pour les jeunes générations ?

**Préparer l'avenir**
Reste quand même, au-delà de la famille et des sorties, des activités et des études, le plus important : préparer son avenir. C'est à cet âge que les réseaux des parents, oncles et tantes peuvent participer à la réflexion d'un beau projet professionnel, à la mise en relation pour les premiers entretiens en réseau, voire à l'obtention du tout premier stage.
Et là, les réseaux peuvent servir ...

Puis se pose la question de la confiance en soi : « *je ne veux pas déranger* » ou « *je ne sais pas quoi lui dire* », entend-on souvent. Oui, c'est vrai, timidité et manque de confiance en soi sont inhérents à l'adolescence.
Et c'est justement la vertu des réseaux et du réseautage que de permettre d'amener ces premières « relations quasi-

professionnelles » sur un plateau de bienveillance et d'ouverture : celui des parents, de la famille et des amis.
Et la boucle se termine ainsi : l'adolescent quitte Facebook car ses parents y sont, mais se connectera discrètement à eux comme à leurs relations sur LinkedIn, pour profiter de leurs réseaux et bénéficier ainsi du soutien nécessaire à la préparation de ses études supérieures (choix de filières, stages, points de chutes ...) comme des conseils avisés pour le développement de son projet professionnel (réflexions initiales, contacts, stages et premier emploi ...)

## 6.2 Etudiant, je recherche un stage

Le premier stage dit « écolier » se situe maintenant en novembre de l'année de troisième et dure une semaine : il s'agit de donner au lycéen ou à la lycéenne un premier aperçu de ce qu'est l'activité d'une entreprise, ou d'une association, d'une administration, d'un hôpital ... En général, le réseau parental et familial est utilisé.

Mais très vite, l'orientation du lycéen, futur étudiant, atteint les limites du réseau naturel familial. Il va donc falloir utiliser d'autres pistes : démarchage auprès d'entreprises, courriers spontanés, soutien de l'école ou de l'université ... avec un processus souvent laborieux pour des taux de réussite faibles.
De plus, une forte propension des jeunes d'aujourd'hui tend à se réveiller au dernier moment, ou pour le moins à vivre dans une temporalité qui n'est guère celle des entreprises et grandes organisations, ce qui amène malheureusement beaucoup à ne pas avoir de stage au dernier moment[99], faute d'avoir mené une recherche efficace et anticipée.
Ils seront dans ce cas amenés à prendre ce qui passera sous la main, souvent moins intéressant en soi et forcément moins enrichissant pour les études menées. Alors que faire ?

**S'organiser pour bien réseauter**
Et bien tout simplement s'organiser à l'avance et bien réseauter.
Tout commencera par la double démarche d'un CV bien construit, doublé d'une présence débutante sur les réseaux sociaux professionnels. Le CV sera adressé aux amis, aux relations, à des entreprises ciblées ... mais surtout, il sera le soutien d'un premier réseautage : remis aux responsables du club sportif ou de l'association à laquelle l'étudiant participe, adressé aux anciens du collège, du lycée ou de l'université, même s'ils ont 10 à 20 ans de plus que l'impétrant.
Il sera alors adressé par courrier et par mail aux quelques dizaines de personnes du réseau familial et personnel.

Nous signalerons ici que plus la recherche est précise, plus il est facile d'aider l'étudiant(e).

---

[99] *Les auteurs de cet ouvrage ont malheureusement vécu des dizaines de ces cas ...*

Plutôt que : « je cherche un stage du côté de Toulouse ... » nous conseillerons : « Région Sud-Ouest, départements limitrophes de la Haute Garonne. Stage de 2 mois à partir du 1$^{er}$ juillet. Domaine comptabilité analytique ou trésorerie. Secteur industrie ou BTP. » Une telle précision, au lieu de resserrer la recherche, va au contraire permettre de mieux la diffuser.

**Viadeo ou Linkedin**

Et puis, il y a bien évidemment les réseaux sociaux professionnels.

En s'y prenant raisonnablement à l'avance, c'est-à-dire 6 à 8 mois avant le début du stage, notre étudiant(e) devrait avoir de grandes chances de trouver chaussure à son pied. Tout commence par un profil sérieux, bien construit, justifié et intéressant[100].

Viadeo permettra une large communication, en France, du statut de la recherche. Malheureusement, la fonctionnalité gratuite de Viadeo ne permet pas de bien cibler. Elle permet néanmoins d'atteindre un grand nombre de personnes.

A notre avis, beaucoup plus efficace, LinkedIn autorise des ciblages (géographiques, d'entreprises, de fonctions, ...) qui devraient permettre très vite d'être en relation avec quelques dizaines d'entreprises.

Contrairement à une fausse réputation, et comme le relevait récemment le magazine l'Etudiant[101], LinkedIn est un réseau très utilisé par les jeunes : étudiants, jeunes cadres ... toutes et tous s'y essaient, généralement avec succès.

En particulier ceux qui ont des diplômes et qui sont ouverts sur l'international. LinkedIn est alors tout simplement un « perchoir » avant le grand envol ...

L'utilisation des bonnes vieilles recettes fera le reste pour trouver son stage : qui puis-je atteindre facilement dans cette entreprise et qui ne serait pas trop éloigné de l'un de mes réseaux, quelle offre de prestation de stage lui faire (demander

---

[100] *Voir 5.10, comment construire son profil Linkedin. Et le chapitre 7 détaillant ces deux réseaux.*

[101] *http://www.letudiant.fr/jobsstages/recherche-d-emploi-j-ai-trouve-du-travail-grace-a-linkedin.html*

la lune ne sert jamais à rien ...), comment relancer sans harceler, ...
Il est clair que plus le profil LinkedIn ou Viadeo sera correctement renseigné, justifié de manière adéquate et les compétences ou les recommandations mises en avant, plus la démarche en sera facilitée. Il est clair que le taux de complétude et l'intérêt d'un profil feront la différence entre deux étudiants.
On rappellera que la dématérialisation fera le reste : très souvent, l'envoi d'un profil par une tierce personne sur le profil LinkedIn de la cible, via la messagerie interne, sera bien suffisante.

Par ailleurs, nous ne recommanderons pas, sans l'exclure, la recherche de stage sur Facebook, Twitter ou autres réseaux ... qui ont d'autres avantages, mais dont la finalité est assez éloignée de la préoccupation qui est ici la nôtre.

Signalons enfin, et nous reviendrons ultérieurement sur ce point, que plus l'étudiant multiplie les stages dans des entreprises différentes, plus il a l'occasion de commencer à constituer et à structurer son futur réseau professionnel.
Collègues, autres stagiaires, patrons de stages, cadres de l'entreprise, clients, fournisseurs, ...la toile d'araignée va commencer à se tisser autant de fois qu'il y aura de stages et sera d'autant plus efficace pour le futur qu'elle sera le plus dense possible.
Si les premiers stages se passent bien, il ne sera pas trop difficile de solliciter une recommandation ou pour le moins la validation de certaines compétences ... et c'est parti !

## 6.3 Etudiant, je réseaute pour trouver mon premier emploi.

Sur beaucoup de points, la recherche d'un (premier) emploi pour un futur diplômé s'apparente au sujet précédent de la recherche de stage.

**Avoir fait des stages préalables**

Nous signalerons tout d'abord que, plus l'étudiant aura effectué de stages au préalable (2, 3, 4, ...), plus il lui sera aisé de trouver un emploi par rapport aux autres. Les premiers stages d'une vie permettent en effet de se constituer les fondements d'un réseau professionnel, les premières « vraies relations professionnelles », qui s'avèreront essentielles dans leur soutien, leurs conseils et leur support pour la future recherche d'emploi.
Et pour certains, pour la vie ...
Très souvent même, la dernière ou l'avant dernière entreprise fréquentée peut lui proposer un début de carrière fort intéressant.

Intéressant pour les deux parties qui se connaissent déjà :
- intéressant pour l'entreprise qui sait sur qui elle va se reposer et qui aura d'autant moins à le former qu'un stage lui aura permis de le préformer
- intéressant pour le futur embauché qui connait déjà assez bien l'entreprise, ses activités et son potentiel de carrière pour lui.

Et surtout, il y dispose déjà d'un embryon de réseau ...
Les filières d'apprentissage s'avèrent excellentes et très opérationnelles dans ce cadre.

Si d'aventure cette entreprise ne peut proposer un emploi à notre étudiant en recherche, elle peut néanmoins s'avérer une excellente plateforme de réseautage.
En effet, les collaborateurs qui y travaillent connaissent autant l'impétrant que leur secteur, ont eux-même leurs propres réseaux ... Ils se feront un plaisir de l'aider.
Le rebond des réseaux, c'est aussi savoir utiliser les réseaux des autres.

Enfin, quelle que soit votre cible, tout stage effectué, avec les validations de compétences et recommandations qu'il aura généré sera pour vous un atout supplémentaire face à vos concurrents.

**Avoir un projet bien défini**

Pour bien aborder une recherche d'emploi, il faut commencer par avoir un projet. Celui-ci doit être clair et réfléchi, si possible validé par son entourage et ... son réseau. Sans plateforme claire de projet de recherche d'emploi, sans attendus identifiés, sans démarche structurée de recherche, nous conseillerons de ne pas activer les réseaux[102] : ils vont au mieux se décourager, au pire ne rien faire.

Partons du principe que quelques-uns des prérequis sont réalisés : nous avons un diplôme en poche, nous avons une plateforme écrite qui détaille notre projet de recherche, et donc nos idées sont claires parce que nos critères le sont. Nous pouvons donc « activer » les réseaux, et faire du réseautage.

**Activer ses réseaux**

Activer les réseaux a déjà été traité dans le point précédent : réseau familial et amis, réseau associatif et d'activités, réseau d'anciens élèves ... et embryon de réseau professionnel : tous peuvent être activés, par rencontre, téléphone, courrier ou mail.

L'envoi de la plateforme de recherche en accompagnement du CV suffira.

Nous recommandons ici de privilégier une rencontre avec les piliers les plus importants de votre réseau, y compris pour le temps d'un café dans un lieu chaleureux et calme : un ancien patron de stage, un professeur concerné, le meilleur ami de vos parents ... tous vous accorderont certainement ce moment de convivialité et de bienveillance, rien que pour vous, au cours duquel ils vous prodigueront conseils avisés et recommandations pertinentes ... a

---

[102] *Voir le chapitre 4.*

Avec un peu de chance ils vous communiqueront quelques noms et coordonnées de leur propre réseau à contacter de leur part.
Vous comprendrez aisément que si plateforme et projet de recherche, CV et profils bien remplis sur les réseaux sociaux ne sont pas préalablement établis avec sérieux, vous risquez de « bruler » ces rendez-vous et d'en perdre tant le potentiel que de « brûler » des pièces maitresses de votre futur réseau professionnel.
Tenez-les régulièrement informés de vos démarches, remerciez-les de leur soutien chaque fois que vous les solliciterez à nouveau … et laissez votre réseau travailler pour vous.
Vous allez en avoir besoin, car vous allez concentrer toute votre énergie sur d'autres vecteurs, également essentiels pour votre recherche : le réseautage vers des cibles inconnues, dans des réseaux nouveaux voire ignorés de vous.

Allez rechercher des réseaux réels, correspondant à votre démarche de recherche, que vous n'avez jamais abordés. Nous citerons pêle-mêle, à titre d'exemple : les bretons de Paris ou les auvergnats en PACA, le club des jeunes ébénistes, l'association d'aviron régionale ou un club sportif, les anciens de votre collège, l'association de judo du 14° arrondissement …
L'histoire de votre vie se retrouve autour de clubs, souvent associatifs, ou vous aurez légitimité et porte ouverte. Au sein de tous ces réseaux, des gens bienveillants vous conseilleront, vous épauleront dans vos recherches … vous communiqueront le sésame : un nom et un numéro de téléphone.
C'est le magique « va voir untel de ma part … ».

**Etre « clean »**
Tout commence ici, et nous l'avons également signalé plus haut, par un excellent profilage sur les réseaux sociaux. Profitez-en pour « nettoyer » votre profil sur les réseaux plus sociétaux comme Facebook, Twitter, Instagram … afin que les recruteurs n'y trouvent pas des informations, des photos, des vidéos qui pourraient nuire à votre image donc à l'efficacité de votre recherche.
Vous pouvez également vous « google-iser » régulièrement, à partir de votre smartphone ou de l'ordinateur ou de la tablette d'une relation : il peut être intéressant de se voir tel que les autres vont vous découvrir.

Combien de nos connaissances nous ont dit, des mois après une telle démarche, avoir regretté de ne pas avoir supprimé quelques photos, certes non compromettantes, mais pas en accord avec l'image professionnelle qu'ils voulaient se donner ... idem pour un malheureux Twit, trop rapide et peu réfléchi.
Les recruteurs sont impitoyables, et leur professionnalisme les amène à rechercher toutes les informations leur permettant de cerner votre personnalité. Y compris sur Facebook ou Twitter.

Profitez-en également pour vérifier la cohérence des informations entre votre CV et les différents réseaux sociaux où vous êtes présent ... combien de personnes se font coincer chaque année pour des raisons souvent assez stupides, ou une date ne correspond pas entre deux réseaux sociaux, ou un poste est intitulé différemment entre le CV et Viadeo, alors que c'est tellement important.
L'image[103] que vous y présentez doit être clean et cohérente.

Tous ces points, ajoutés à la qualité de votre profilage, doivent vous permettre d'optimiser votre profil un instant « T », celui de la recherche qui débute. Agissez donc tant qu'il est encore temps, après, il sera trop tard.

C'est ainsi qu'en quelques jours, vous avez pu affiner et optimiser votre profil sur les réseaux sociaux professionnels, comme LinkedIn ou Viadeo. Recherchez les derniers soutiens possibles, les quelques recommandations qui vous manquent ou la reconnaissance de vos compétences.
Ainsi préparé, vous pouvez passer en phase action.

**Action**
En premier lieu, il faut savoir que des sites comme Viadeo ou LinkedIn vous proposent des fonctions de recherche d'emploi. LinkedIn est aujourd'hui un excellent vecteur[104] pour les étudiants.
La démarche est simple : vous vous inscrivez à des profils différents de recherche (secteur d'activité, géographie, titre recherché ...), qui déclenchent des alertes, et vous recevez automatiquement des annonces. Y postuler s'avère assez

---

[103] *Se reporter au chapitre 4.*
[104] *http://www.letudiant.fr/jobsstages/recherche-d-emploi-j-ai-trouve-du-travail-grace-a-linkedin.html*

simple : il suffit de « matcher » avec son profil, ou d'adresser un mail.
La plupart des offres viennent soit de cabinets de recrutement, soit directement des entreprises. Le système d'alerte fonctionne bien et en s'inscrivant au nombre maximal de requêtes possibles (10), vous recevez un flot continu et quotidien.
L'avantage d'un profil bien construit et suffisamment étayé, sera que le recruteur aura directement accès à des informations qui usuellement, ne figurent pas sur un CV : qui avez-vous dans votre réseau qu'il puisse connaitre, quelles qualités professionnelles vous sont reconnues et attribuées, quelles recommandations vos relations professionnelles (ou anciens patrons de stages) font-ils de vous. C'est rapide et très efficace.
Viadeo offre également cette fonctionnalité, assez différente, mais aisément accessible dans l'espace emploi. Niveau d'expérience et type de contrat sont des plus de Viadeo que ne procure pas LinkedIn.

Seconde utilisation des réseaux sociaux en recherche d'emploi : l'approche directe. Celle-ci est aussi facile qu'elle peut s'avérer laborieuse ... Il s'agit tout simplement d'aller « à la pêche » de contacts qui pourraient vous intéresser dans le cadre de votre future recherche.

Trois options sont à utiliser, sans pour autant en privilégier l'une plus que l'autre :

- la recherche directe multicritères d'entreprises et de contacts au sein de celles-ci, un moteur de recherche est disponible, tant sur LinkedIn que sur Viadeo. D'un fonctionnement simple, il permet de cibler des listes de personnes.

- l'approche directe de personnes de votre réseau ou proche de celui-ci, via le même moteur, sélectionner uniquement les contacts directs (#1) ou indirects proches (#2).
  Ceux-ci peuvent alors être invités. Une option est de « passer » par un relais qui est votre contact de niveau 1.
  Conseil : ne sollicitez pas trop vos contacts, vous risquez de les « user ». Ciblez bien.

– la communication dans des groupes ou forums

Quand vous êtes membres de groupes sur LinkedIn ou Viadeo, vous pouvez « ouvrir des discussions » : pourquoi ne pas en profiter, être « visible » car communiquant auprès d'une communauté qui partage votre intérêt pour l'automobile ou l'aviation (… ) et lui faire éventuellement savoir votre disponibilité sur le marché du travail ?

Enfin, et au-delà du réseautage décrit ici, nous rappellerons que bien d'autres possibilités de recherche d'emploi existent, au premier rang desquelles figurent les petites annonces, les sites d'emploi, l'envoi de candidatures spontanées …

**Hackaton**

Nous signalerons ici une idée originale, provenant d'une société de services informatiques[105] qui lance maintenant une sorte de « hackaton du recrutement » : entreprise avec une énergie hors du commun, élue "Great Place to Work", elle communique sur les réseaux 15 offres d'emploi de Business Managers. Le post doit être partagé.

Et si « la perle rare » est recrutée grâce à vous, vous gagnez un superbe voyage en Afrique du Sud.

Encore un signe de la créativité des jeunes entrepreneurs, de la vitalité des réseaux sociaux et du changement total du paradigme comme des formats de la recherche d'emploi.

Pour clore, n'oublions pas les clubs rassemblant des demandeurs d'emploi.

D'origine publique (via Pôle Emploi), locale ou municipale (souvent très intéressante pour les nouveaux contacts qu'elle propose), ou enfin associative (réunion libre, anciens d'une école, groupe de travail …) ces clubs peuvent considérablement vous aider par la dynamique qu'ils génèrent, la motivation qu'ils entretiennent et le rythme souvent régulier, si ce n'est soutenu, de leur démarche. C'est aussi cela, le réseautage …

**Check list finale**

Voici une petite check list finale, qui devrait vous permettre d'assurer et de border votre démarche. Il vaut mieux passer

---

[105] *Ametix*

plusieurs heures de préparation en plus, que de paraître amateur ou désordonné. Votre réseau vous en sera d'autant plus redevable qu'en s'engageant « pour vous » il engage également sa propre réputation.

Nous vous recommandons donc de :

- ne « sortir du bois » que quand vous êtes totalement préparé, que votre profil est bien construit et que votre axe de recherche est bien cerné et réfléchi (secteur, localisation, métiers recherchés ...) sinon, vous risquez de perdre votre propre temps, comme de donner de vous une image de totale inefficacité à votre réseau et surtout de paraître désordonné
- bien définir vos cibles, votre audience : inutile d'approcher des personnes non utiles, de préparer des contacts ou des rencontres inexploitables ... avoir un réel plan de communication et d'approche, avec objectifs, timing, ... et suivi. Etre sérieux, cela paie
- choisir les bons supports de recherche (Linkedin, Facebook, clubs, alumnis, réseau réel familial ...) adéquats aux cibles recherchés. Là encore, question de professionnalisme
- faire jouer votre réseau : utilisez les réseaux de votre réseau, et croisez-les
- vous rendre visible et lisible une fois votre image travaillée et peaufinée. Assurez-vous que vous êtes légitime dans le domaine ciblé. Sinon, abstenez-vous
- utiliser quelques « petits trucs » qui feront la différence : un mail personnalisé avec recommandation d'un tiers de confiance, une approche en 2 temps (message avec une première demande de conseil ou d'avis, un partage d'expertise ou d'expérience, suivie de votre demande), une approche par vos passions et hobbies de la personne que vous souhaitez rencontrer, rechercher et mettre en exergue vos points en commun (entreprises, écoles, secteurs, connaissances ... hobbies ou sports), enfin, une petite dose d'humour et de recul sur soi et sa situation seront déterminants.
- vous entrainer et vous préparer mentalement. Testez-vous sur le marché, à coût zéro, auprès d'une cible pré-qualifiée de contacts et d'amis, de proches au sein de votre réseau privé et professionnel pour mieux vous préparer, vous corriger et enrichir votre projet comme votre démarche et

vos arguments. C'est ce que l'on appelle une « proof of concept »

- ne rencontrer des personnes que si vous êtes bien préparé. Ne jamais oublier que ce que vous allez « vendre » est le « meilleur produit » et celui que vous connaissez le mieux : vous-même !

Vous voilà prêt, bonne chance !

## 6.4 Autoentrepreneur ou StartUper, artisan ou profession libérale ... je réseaute pour trouver mes premiers partenaires de travail

Le réseautage est idéal pour l'entrepreneuriat. Il permet de faire converger toutes sortes d'énergies et de compétences autour d'un projet. Il permettra de gagner du temps, de faire des économies majeures, d'obtenir des informations et recommandations ... et donc de briser cette solitude entrepreneuriale que beaucoup connaissent bien.

**Accès et qualification**
Un réseau assure la rapidité d'accès et l'obtention de rendez-vous aisés auprès de décideurs, mais surtout, de par sa qualité, il permet d'avancer en affaires grâce à un niveau de confiance élevé voire important : « je viens de la part de Mr. Pierre ». La confiance est en effet l'un des socles, garant d'un réseautage réussi.
Par ailleurs, un réseau est un référent, un facilitateur, pour choisir un partenaire ou un prestataire.
L'avis de son réseau, voire sa cooptation, sont des atouts considérables dans la vie d'un entrepreneur.

Enfin, nous savons tous que plus le réseau sera important et plus on pourra aider les autres au travers de mises en relation ... et plus on aura de chances d'être aidé en retour.
Plus le questionnement pour trouver un partenaire sera large, plus la qualité totale des retours sera bonne.
Se créera ainsi un écosystème riche, dense et efficace au service de l'entrepreneur.

**Mais de quels réseaux disposons-nous ?**
Le réseau des chambres de commerce[106] et des chambres des métiers[107] (CNAMS, Confédération Nationale de l'Artisanat des Métiers de Service et de Fabrication) est très bien établi et organisé en France. Il fonctionne depuis des dizaines d'années, sur un mode paritaire.

---

[106] *http://www.cci.fr/web/organisation-du-reseau*
[107] *http://www.cnams.fr/fr/accueil.html*

Allez à leur rencontre, ils vous consacreront du temps lors d'un rendez-vous préparé, consulteront votre projet et vous orienteront vers différents interlocuteurs internes ou externes. Très souvent, ils vous remettront des brochures ou documents, remplis d'une foule d'informations pertinentes, légales et juridiques, sociales ou financières ...
Leurs portails internet vous permettront de vous inscrire à différentes réunions au cours desquelles vous pourrez, non seulement approfondir votre démarche, mais également réseauter et faire les premières rencontres professionnelles qui vous épauleront dans votre parcours.

N'oubliez pas de consulter les divers groupements professionnels et réseaux d'entreprises de votre secteur. Que ce soit la Fédération du Bâtiment, le Centre des professions financières ou un réseau de StartUper du web, ... vous y trouverez également les appuis et soutiens que vous pouvez rechercher et attendre.

Plus diffus et hétéroclites, les clubs professionnels ou étudiants sont pléthore en France. Chaque ville, chaque école dispose de plusieurs clubs, auxquels vous pouvez adhérer. Plus familiers et moins protocolaires, ces nombreux clubs d'entrepreneurs et d'étudiants regroupent des hommes et des femmes qui partagent la même passion de la création d'entreprise, qui rencontrent ou ont rencontré par le passé les difficultés qui sont les vôtres aujourd'hui.
Ils seront d'un soutien fort appréciable et vous vous y ferez très probablement de vrais amis.

Démarche utile et précieuse, les clubs vous rendront au centuple ce que vous leur apporterez : à l'usage, il n'y aura pas de réunion ou de discussion, de cocktail ou de manifestation, dont vous ne ressortirez pas avec quelques « pépites » de réseautage, contacts utiles, tuyaux efficaces ou informations pertinentes.
A consommer sans modération !

**Clusters et incubateurs**
Enfin, n'oubliez pas les Incubateurs et les clusters, qui sont autant de lieux de synergies et de convergence, de soutien et d'entraide. Apparaissent également des FabLabs, des

LabsMeetings, ... autant d'opportunités de se retrouver entre StartUp-eurs.
Chaque ville, chaque région dispose ainsi de ses propres politiques de soutiens aux StartUps, qui sont autant de réseaux à la disposition du jeune entrepreneur.

Au sein de ces incubateurs, vous rencontrez fréquemment des mentors, professionnels aguerris et expérimentés. Ils vous conseilleront, vous épauleront, vous challengeront ... et vous feront bien évidemment bénéficier de leurs propres réseaux, étendant ainsi très largement le vôtre.
A consommer encore sans modération !

**Les réseaux sociaux et les rencontres.**
Beaucoup de réseaux sociaux professionnels (Linkedin, Viadeo, Tokster, Facebook ... ) disposent, on l'a déjà vu, d'un espace de fonctionnalités appelé « Groupes ». C'est un vecteur extrêmement efficace qui devrait vous permettre de trouver de l'information, de faire des rencontres de pairs et même de trouver efficacement de nouveaux partenaires professionnels.
N'hésitez pas, leur inscription est toujours gratuite, seul votre temps ne l'est pas.

Mais d'expérience, il n'est pas de groupe au sein d'un réseau social où l'on ne trouve pas au minimum un contact utile, une (future) bonne relation ou pour le moins des informations utiles pour votre démarche entrepreneuriale.
Allez-y, n'hésitez pas, et bonne chasse !

Nous traitons dans le détail les réseaux Meet-Up en fin de cet ouvrage[108]. Ces réseaux présentent le très grand intérêt de conjuguer réseautage virtuel et physique et qu'ils privilégient les rencontres.
Sachez déjà qu'il existe très probablement un ou plusieurs réseaux professionnels MeetUp, peu éloignés de chez vous. Qu'ils existent déjà depuis 6 mois ou 6 ans, ils regroupent déjà et réunissent des inconnus qui partagent les mêmes préoccupations professionnelles que vous.

---

[108] *Au 7.13*

Le moteur de recherche de MeetUp est suffisamment bien fait pour qu'en quelques dizaines de minutes, vous ayez eu la possibilité de cerner votre recherche.

De manière similaire, Shapr [109] met quotidiennement et rapidement en relation des professionnels indépendants et des entrepreneurs qui recherchent de nouveaux contacts ou services. Tous les jours, y compris le dimanche, une sélection d'une quinzaine de personnes vous est suggérée en fonction de différents critères : localisation, profil et expérience, attentes et centres d'intérêts.

Ce sont ces réseaux qui, au-delà de vos activités naturelles et disons « classiques », vous permettront peut-être, par accident ou par chance, par travail ou par évidence, de trouver vos premiers clients ...

---

[109] *Au 7.18*

## 6.5 Réseaux et Business : je recherche clients et affaires, partenaires et collaborateurs

**Réseau et carnet d'adresses professionnel**

« *Sans carnet d'adresse pas de business !* » telle était la maxime de nos pères. Comment voulez-vous vous faire connaître tout seul ? Ce sera long, fastidieux et souvent décevant. Plus on met de lignes à l'eau ... plus on de chance de pêcher des poissons ! Le réseautage est devenu essentiel, de façon générale, dans le business, pour plusieurs raisons :

- d'une part, les moyens de communication, générant les réseaux sociaux, autorisent de s'affranchir des liens institutionnels classiques, permettent en quelques clics de toucher des centaines de contacts ou facilitent sans frais de s'adresser à une cible bien déterminée.
- d'autre part, via ces mêmes moyens, un réseau s'agrandi exponentiellement, toujours sans frais, rendant possibles la prise de contacts jusqu'alors inaccessibles.

Cela dit, l'humain reste la clé et sans une forte capacité relationnelle, le nombre de contacts n'est pas un atout suffisant, à peine nécessaire. Il convient de convertir ces "données" en relations, ces relations en relation d'affaires et amitiés si affinités.

Au cœur du dispositif : votre image et vos compétences professionnelles.

Pour pouvoir évaluer par des faits la validité, le sérieux et l'efficience de ses compétences et de ses actions, il est important de s'appuyer sur l'avis et la recommandation des autres. S'ils parlent de vous c'est qu'ils vous apprécient, car leurs dires sont plus pris au sérieux que les vôtres.

C'est ainsi que le réseautage est essentiel, voire crucial, sous divers aspects :

– tout d'abord, c'est un moyen très efficace et rapide, une voie d'accès privilégiée et peu formelle aux bons interlocuteurs que vous pouvez rechercher, afin de récupérer des informations ciblées sur un domaine, une personne, une entreprise, une activité via des contacts plus ou moins informels et cela permet de by-passer les hiérarchies (récupérer en « off » des infos, au-delà des annonces officielles)

- de plus, c'est un « facilitateur » : il permet d'être informé d'opportunités en amont, il peut aider à éviter certaines lourdeurs des processus de décision, ensuite, basé sur la réciprocité, c'est une démarche gagnant-gagnant
- il s'avère essentiel en matière de recrutement pour s'assurer des compétences, d'un historique professionnel, des résultats opérationnels d'un candidat pour un poste
- ensuite, il est essentiel dans le choix de partenaires ou prestataires, pour s'assurer de la fiabilité des prestations, de la santé financière d'une entreprise, de la qualité de ses prestations...
- par ailleurs, c'est un moyen de différenciation très net de business, car il permet aisément de sortir du lot, de se différencier
- enfin, pour toute entreprise en développement, la bonne capacité à soulever des opportunités et à créer des affaires (générer des leads en anglais) est cruciale.

  Les réseaux le permettent, que ce soit les réseaux réels ou les réseaux virtuels.

**Réseaux réels**

Il est évident que de réseauter, d'aller dans des clubs et des associations, de participer à des réunions ... permet d'échanger des cartes de visite et de mettre en avant son offre de services. Nous ne saurons que recommander une pratique assidue de cette démarche, vieille comme le monde et qui demeure essentielle de nos jours.

Nous la pratiquons couramment et assidument, et ne saurions nous en passer.

Une excellente pratique est de recontacter les contacts rapidement rencontrés et de leur proposer une réunion de présentation, la convivialité d'un repas, ou même tout simplement un verre.

De rebond en rebond, un réseau s'anime, s'étoffe, et permet d'initier des affaires.

Enumérons ici quelques astuces bien utiles en réseautage d'affaires en réunions, cocktails ou assemblées diverses, afin de trouver des opportunités de business :

- ne jamais proposer ses offres de service dès le premier contact, mais attendre le second voire le troisième : établir une relation saine et si possible pérenne passe avant le court terme du business ;
- ne jamais hésiter à proposer ses services au bon moment : la fausse pudeur ne sert à rien et vous regretteriez d'avoir laissé passer une occasion ;
- restez « discret » : si vous êtes à plusieurs, soyez discret et raisonnable. Ne vous faites pas rejeter par un club, une association, un réseau ... pour le motif que vous faites trop ostensiblement du « forcing ». Certains réseaux sont très à cheval sur ce principe et reconnaissons-le, ils n'ont pas tort ;
- soyez adaptable : si votre contact souhaite échanger une carte de visite, donnez-lui la vôtre, s'il souhaite n'être connecté que sur Viadeo, acceptez-le, s'il ne veut rien échanger dans l'instant ... rongez votre frein, mais encore une fois, soyez « existant » sans être « pressant » ;
- bien évidemment, utilisez « l'effet réseau », à deux niveaux : en relevant les connaissances communes, si possibles déjà clientes et en signalant votre appartenance à certains des mêmes réseaux que votre interlocuteur (anciens d'une même école, camarade de sport, appartenance à une même association ...)

  A ce niveau, la préparation de votre base de données prospects, comme une bonne connaissance de vos propres réseaux s'avèreront un atout de travail indéniable ;
- Enfin, n'oubliez pas que les réseaux disposent d'outils de communication qui leurs sont propres : magazine, tableaux d'affichage, newsletter, site web ... ne vous privez pas de les utiliser, à bon escient et sans trop de pression, pour mettre en avant vos prestations. A partir du moment où la possibilité existe, utilisez là.

En parallèle, vous aurez à gérer le suivi, voire la relance de vos prospects. Nous conseillons toujours de le faire dans les 2 à 7 jours suivant le premier contact : le souvenir d'une conversation, la mémorisation du visage ... sont encore présents à l'esprit.

Faites-le discrètement, avec tact et sans lourdeur aucune, et nous le recommandons par trace écrite (mail, messagerie

Linkedin ou Viadeo, SMS ...) afin de laisser vos coordonnées une seconde fois au contact ou prospect.
Nous déconseillons le téléphone, non opportun à ce moment. L'avantage de l'écrit est qu'il permet d'adresser en pièce-jointe une documentation, les coordonnées complètes ... le troisième contact, décisif, se fera lui, éventuellement par téléphone. Et si possible mieux, ... autour d'une tasse de café !

**Réseaux virtuels**

Les principes de fonctionnement dans les réseaux virtuels sont identiques. Seuls changent deux paramètres, majeurs :

- leur célérité de fonctionnement : il s'y passe en quelques heures ce qui se passerait souvent en un mois de vie réelle, mais également 24h sur 24, et 7 jours sur 7
- et leur volumétrie : en nombre de membres, pour chaque réseau, certains atteignant des centaines de milliers (le groupe Digital Marketing sur Linkedin comprend plus d'un million de membres) et en nombre de réseaux virtuels auxquels vous allez pouvoir accéder (jusqu'à 50 sur Linkedin, illimités sur Viadeo et Facebook).

Ceci peut vous poser des difficultés d'organisation. Pensez-y à l'avance, et préparez convenablement votre propre organisation[110] : états, relances, tableaux matriciels, textes pré-préparés ...
Le concept de social selling consiste à utiliser les réseaux sociaux dans les différentes étapes d'un processus de vente.

La première des priorités sera l'optimisation de votre visibilité, puis de votre image, et enfin de votre notoriété sur les réseaux sociaux. Détaillons les dans l'ordre :

- optimisation de votre visibilité : relayer de l'information pertinente, pour être visible, « prendre la parole » en commentant des posts ou des articles, interpeller un groupe ou un réseau en prenant position ... autant d'actes qui, ajoutés et régulièrement répétés, concourent à augmenter votre visibilité
- construction de votre image : passer de visibilité neutre à image positive suppose que vos contacts réseaux

[110] *D'expérience et pour l'avoir vécu de nombreuses fois dans notre entourage, ce point est critique.*

attribuent de l'intérêt à vos prises de paroles, tout comme aux informations et articles que vous relayez.

Il s'agit ici de pertinence et d'à-propos, de qualité des informations transmises, et d'opportunité dans leur timing. Tout est dans la finesse ... nous avons tous des exemples de personnes qui sur-communiquent sur les réseaux, souvent hors de propos, et qui détruisent plus leur image, qu'ils ne la construisent.

Nous avons également en tête des personnes qui ne communiquent jamais ... et que nous aurons donc tendance à oublier. Question de dosage et d'adéquation des messages.

- pérennisation de votre notoriété : celle-ci est le résultat d'une bonne visibilité, assortie d'une image positive.

**Le marketing relationnel en réseau (MLM)**

Créée au Etats-Unis dans les années 40, cette activité est actuellement en plein essor dans le monde entier, l'industrie du marketing de réseau développant un CA mondial annuel de 90 milliards de dollars. Le MLM (Multi Level Marketing) est également appelé marketing multi niveaux, marketing de réseau, de recommandation ou encore marketing participatif, viral ou collaboratif ...

Le principe en est simple : un producteur confie ses ventes (produits ou services) à des distributeurs directs qui, pour ce faire, créent leurs propres entreprises et développent leur activité sur le principe de la recommandation et de la duplication auprès de prospects et clients qui deviendront acheteurs, voire, à leur tour, partenaires et ainsi de suite.

Contrairement à certaines idées reçues les marketeurs de réseau ne sont en aucun cas rétribués sur le travail des partenaires qu'ils recrutent.

Ils sont rémunérés par des commissions sur leur chiffre d'affaires directs et perçoivent des bonus de la société mère pour l'accompagnement prodigué aux nouveaux venus afin de dupliquer la méthode.

L'intérêt de ce système pour une entreprise réside dans les économies réalisées par l'absence d'intermédiaires entre elle et ses consommateurs, ce qui permet d'optimiser le rapport qualité/prix des produits ou services concernés.

Il est maintenant enseigné dans de nombreuses écoles de commerce (par exemple à l'EM Lyon), le MLM est désormais considéré comme un métier à part entière.

**Transformer des prospects en clients**

Il importe de détecter les opportunités commerciales, d'identifier des prospects, puis d'aller à leur rencontre au travers d'une mise en relation efficace, de leur diffuser des informations qualifiées, de les suivre et les activer au travers de propositions ciblées, de les relancer puis de concrétiser la vente, de livrer puis ensuite de les fidéliser.
Nous y ajouterons la recommandation par des tiers, la veille concurrentielle et l'intelligence économique.

Détecter des opportunités de Business est assez aisé au travers des réseaux :

- tout d'abord, vous avez accès à toutes les entreprises potentiellement clientes (croisement fichiers sectoriels propres, Linkedin et sites officiels des entreprises), ainsi qu'à leurs collaborateurs essentiels (croisements Linkedin et Viadeo par exemple)
- ensuite, ces mêmes réseaux sociaux vous permettent d'entrer en contact avec des prospects, voire de commencer à échanger.
- une possibilité récente, émanant de Shapr, permet de cibler des centres d'intérêts professionnels proches de de votre localisation et d'avoir ainsi accès à de potentielles nouvelles rencontres. Cette fonctionnalité émergente peut s'avérer très efficace pour un salon professionnel à Toulouse ou un déplacement à Londres par exemple.
- Ils vous permettent également, via un site comme Linkedin, de promouvoir vos compétences et la qualité de vos produits.
- Reste une action commerciale classique, utilisant les réseaux et le digital : messages, offres détaillées ... soit via ses réseaux, soit par le biais de moyens plus classiques.

Il est ainsi possible aujourd'hui d'approcher et de traiter des clients au travers des réseaux sociaux, comme de vendre grâce à eux. Ces mêmes réseaux permettent également à des prospects, en fonction de la réputation de votre société, de vos

produits ou services ou même de votre propre réputation, de vous approcher.
Avec une bonne organisation en propre, il vous sera également possible de combiner vos actions, c'est à dire de piloter à la fois des prospects, des clients en négociation et d'anciens clients. Linkedin est un parfait outil d'accompagnement pour ce type de tâche. Doublé d'un outil CRM léger, votre efficacité peut être redoutable.

**Y-a-t-il des risques ? Oui, mais limités**

Certains aventuriers du Business essaient en effet d'utiliser les réseaux sociaux pour connaitre les secrets de votre offre et se renseigner sur celle-ci, ou sont dans une approche non sérieuse, ou tout simplement pensent que tout est gratuit sur le web ...
Mais il en est sur les réseaux comme dans la « vraie vie » : si vous faites preuve d'un minimum de prudence, comme d'un certain bon sens, vous repérerez vite les faux clients, les aventuriers ou les escrocs ...
Un simple conseil : plus vous leur poserez de questions de plus en plus précises, plus vite les faux clients et vrais escrocs s'élimineront d'eux même. La bonne vieille technique BDM[111] est une arme en définitive redoutable pour cerner les prospects sérieux, ceux qui seront vos futurs clients,

**Reste à fidéliser les clients**

Un bon outil CRM[112] et les réseaux sociaux professionnels vous permettront aisément de mesurer la satisfaction client, d'entretenir la relation avec eux et donc de les fidéliser. N'oubliez pas de travailler votre image, d'entretenir la relation ...et donc de développer un capital relationnel qui vous permette d'approcher par la suite d'autres prospects. N'oubliez jamais qu'un client satisfait est un prescripteur potentiel. Demandez-leur donc de valider vos compétences et de recommander vos prestations sur Linkedin ou sur Viadeo ...

---

[111] *BDM : quels sont vos besoins ? Quels sont vos désirs ? Quels sont vos moyens ?*
[112] *Microsoft propose par exemple des fonctionnalités CRM de base sur Outlook Professional, tout à fait suffisantes pour une PME.*

Pour être complets, il nous reste à évoquer deux[113] aspects du commerce qui sont parfaitement compatibles avec les réseaux sociaux :

- la vente en réseau reposant sur un acte de démonstration/recommandation fort (parfums Avon, boites et accessoires Tupperware, produits de beauté NuSkin, robots Thermomix, l'aloé véra chez Forever Living Products ... ) peut très aisément combiner réseaux réels et réseaux virtuels, en particulier sur vos relations personnelles
- l'invention de nouveaux formats de boutiques en ligne, souvent de mode, de déstockage ... associés aux réseaux sociaux pour leur promotion.

L'une comme l'autre sont parfaitement compatibles avec la combinaison des réseaux réels et virtuels, qui en démultiplie le rayonnement comme la puissance.

Enfin, n'oublions pas que la veille concurrentielle, comme l'intelligence économique, sont très aisées sur les réseaux qu'ils soient réels ou virtuels.
Vous pouvez en effet rechercher des entreprises par secteurs économiques et géographiques, en trouver les principaux collaborateurs (fonctionnalité très facile sur Linkedin), identifier ainsi certains clients (leurs contacts) ou fournisseurs, mixer les entreprises partenaires ...

En croisant les activités, les réseaux privés (type Facebook) vous permettront de savoir qu'une personne que vous avez ciblée revient d'un voyage de prospection à Shanghai et en visualisant la progression de ses nouveaux contacts (majoritairement d'une société X.) vous aidera à détecter ses futurs clients ... que vous pourrez donc approcher immédiatement si vous êtes concurrent.
Une bonne intelligence économique ne saurait aujourd'hui se faire sans les réseaux sociaux. Ils vous seront aussi utiles qu'ils peuvent être potentiellement néfastes à vos propres activités. Attention donc à protéger vos propres secrets maison, à mettre en place un certain nombre de paramètres de sécurité qui vous

---

[113] *Nous en avons éliminé un troisième, hors contexte dans cet ouvrage : le E-Commerce et l'E-Paiement.*

masqueront et à instaurer des process et règles de confidentialité au sein de votre entreprise.

## 6.6 Manager, je pilote des équipes sur plusieurs sites

Le travail du futur sera fondamentalement différent de ce qu'il est aujourd'hui :

- certains prédisent que la moitié des métiers de 2050 n'existent pas aujourd'hui. Cela veut dire que certaines carrières connaîtront des rebonds sans précédents
- la délocalisation comme le home-working et le co-working auront une place bien plus importante qu'aujourd'hui, ce qui nécessitera le travail en réseau, les réunions déportées, la mise en œuvre de nouvelles technologies au service du travail
- la nature même du travail et des emplois évoluera, puisque nous passerons progressivement du CDI vers le contrat de mission, de l'emploi direct à l'emploi indirect (type portage salarial), du temps plein au temps partiel, du mono emploi au multi-emploi (slashing, en émergence).

Une conséquence certaine sera une augmentation de l'autonomie du manager, mais aussi de sa solitude, ainsi qu' une croissance de son isolement. Que ce soit en interne comme en externe, le recours aux réseaux sera alors primordial pour trouver solutions, idées, ressources, supports ...

Réseauter, s'inscrire dans différentes communautés en réseau, être capable d'animer des « réseaux sociétaux d'entreprise » va devenir plus qu'une nécessité, une obligation.
Manager des équipes avec des salariés et des indépendants, des insiders/locaux et des outsiders/déportés, des emplois à temps plein comme des emplois à temps partiels ... va devenir un vrai challenge pour les dirigeants.

**Outils et réseaux**
Dans un premier temps, la mise en œuvre de « conversations » du type de celles proposées par WhatsApp au travers de ses groupes seront déjà un premier support de collaboration, qui peut s'avérer fort efficace.
Puis nous citerons l'émergence de plateformes de travail collaboratif, comme Workplace de chez Facebook, qui permettent de constituer assez rapidement et avec des couts

relativement modestes, des cercles comme des communautés managériales efficaces.

Autre possibilité, et pour trouver contacts et ressources dans un lieu donné, l'utilisation de certaines fonctionnalités de Shapr (localisation de ressources ou de soutiens dans un lieu donné) pourrait s'avérer salvatrice. Côté communication, Skype ou JoinMe permettent de travailler en multi-conférences entre différents lieux et d'échanger documents et visualisation de contenus.
Les outils sont là, il suffit de les connaitre et de les maîtriser.

Se pose alors le problème de la confidentialité comme de la protection des données d'une entreprise. Faisons confiance au bon sens des managers, qui sauront faire la différence entre ce qui est sensible et ce qui ne l'est pas, avant de travailler au sein de, et avec, ces différents réseaux.
Réciproquement, notre message s'adresse aux responsables sécurité et informatique de certaines entreprises : ne versez pas dans la paranoïa du tout sécuritaire et du tout système interne, qui empêche certaines entreprises de fonctionner ... quand leurs concurrents ont déjà quelques longueurs d'avance.
Les intéressés se reconnaîtront dans ce message !

Nous le voyons bien, sans réseautage, le manager du futur n'aura guère la possibilité ni de bien travailler en équipe, ni de survivre dans un environnement mouvant. Notre recommandation aux managers est ici simple et claire : ne perdez pas de temps et apprenez dès aujourd'hui à comprendre l'utilité, la maîtrise et le fonctionnement de vos outils de travail collaboratif. Il en va de votre survie professionnelle.

## 6.7 Chef d'entreprise, je recherche aides et conseils

**Les réseaux**

Les réseaux réels sont tout naturellement des espaces de rencontres neutres et bienveillants, au sein desquels tout entrepreneur trouvera aides et conseils.

Nous citerons les réseaux de CCI et de chambres des métiers, les réseaux d'entrepreneurs (MEDEF, CJD, Entreprendre, ...), les réseaux d'anciens (collège, université, école, ...), de collègues (presque tous les grands groupes ont leurs propres réseaux d'anciens, qui fonctionnent très bien), les syndicats professionnels, les clubs, ...

Tous vous permettront de retrouver vos pairs, d'échanger de manière agréable et impartiale, afin de trouver les aides dont vous avez besoin comme les conseils que vous recherchez.

Ils existent depuis des siècles et sont essentiels au bon fonctionnement de nos sociétés.

En parallèle, les réseaux virtuels offrent leur simplicité comme leur rapidité. Il vous est difficile d'arriver à accéder et à parler au Président de la Chambre de Commerce lors d'un cocktail, alors que vous le joindrez aisément sur WhatsApp ou Linkedin et qu'il vous y répondra d'ailleurs. Tel club pourrait ne se réunir que dans 6 semaines, alors que vous obtiendrez sur un réseau social une réponse dans la nuit.

Par leur puissance et leur efficacité, de par la nature même de leur étendue comme de leur développement, les réseaux sociaux sont des outils remarquables pour les entrepreneurs. Ils permettent un accès immédiat après une courte recherche comme un gain de temps incroyable.

Viadeo ou Linkedin, Shapr ou Bumble Bizz, Skype ou WhatsApp, ... chacun est un moyen idéal de créer des contacts professionnels et de trouver de nouvelles opportunités de carrière. A vous de savoir les exploiter.

**Les différents conseillers d'une entreprise**

Il n'est pas ici question de faire un panégyrique du métier ni du travail fourni par les consultants et autres divers conseils. On reproche souvent aux consultants leur trop faible valeur ajoutée et aux conseils leurs coûts élevés. Il est vrai, et l'on comprend l'agacement de certains, que de voir ses propres idées restituées par un consultant, ou de se voir facturer toute heure commencée à un taux assez élevé par son avocat a de quoi énerver le premier chef d'entreprise venu.

Ceci étant dit, un entrepreneur est entouré de tout un écosystème qu'il faut connaitre et dont il faut « se servir », y compris à outrance : le banquier, l'expert-comptable et son équipe, le cabinet d'avocat de l'entreprise, le courtier en assurance, le délégué professionnel ... tous ont pour mission de prodiguer des conseils et des avis, d'apporter des idées voire des solutions.
Leur performance sera d'ailleurs globalement meilleure si elle s'accompagne d'un suivi régulier et ouvert, gratuit et bienveillant, du chef d'entreprise.

**Le conseil indépendant**
Il en est de même des consultants, qui très souvent accompagnent leurs clients sur des prestations bien plus vastes que leur pure mission, dans un état d'esprit mutuel de win-win.
Une présentation dispensée en plus pour appuyer une démarche en interne, la réalisation d'un document en catastrophe pour sauver une réunion, la mise en relation avec une direction des achats ou un client potentiel, l'organisation d'une discrète rencontre lors d'un salon à l'étranger ... toutes ces démarches représentent aujourd'hui le quotidien de biens des consultants et surtout mettent en avant leur réelle valeur ajoutée.

On notera d'ailleurs à ce sujet une évolution structurelle profonde de ce métier, qui voit la perte d'influence et d'activité progressive du business model des grands cabinets de consulting internationaux, jugés trop chers et trop éloignés des préoccupations de leurs clients, en particulier les PME/ETI, au profit des structures de taille moyenne ou des consultants indépendants expérimentés, organisés en réseaux.

Ceux-ci sont agiles et discrets, ouverts et rapides. Ils sont, avec leurs réseaux et leur capacité de slashing [114], leur fine compréhension de la situation de l'entreprise comme leur souplesse de fonctionnement, d'excellents accélérateurs de la performance des entreprises.

Un conseil indépendant extérieur agira souvent comme un phare, une balise dans la tempête. Outre les avis et conseils rapprochés, il pourra en quelques jours et pour un montant raisonnable, porter auprès du dirigeant, un œil nouveau, une compréhension rapide de l'entreprise et un ensemble de recommandations issues d'une observation bienveillante mais sans complaisance de la situation.
Sa disponibilité totale comme son expérience et son indépendance lui permettront de procurer les conseils avisés sur son entreprise, sa stratégie ...mais surtout ses difficultés réelles ou cachées, ainsi que les pistes pour s'en sortir.
Il s'agit de l'audit opérationnel[115] ou audit de performance.

L'avantage du conseil indépendant réside dans sa disponibilité immédiate comme future : la mission terminée, il continuera d'adresser au chef d'entreprise ses avis ou réflexions, des notes, des articles ou des dossiers pertinents et s'avèrera un éventuel intermédiaire discret et efficace dans la résolution des difficultés ultérieures de la société.
Il se comportera comme un coach, car il a tout intérêt à rester proche du chef d'entreprise pour qui il a travaillé, et pour qui il retravaillera peut être. Et surtout, il restera proche de ce même entrepreneur qui peut le recommander à tout instant à son propre réseau.

Très souvent intégrés dans des réseaux professionnels souples en soi, ces conseils indépendants sont d'excellents vecteurs pour tout entrepreneur souhaitant étendre son réseau. Ils offrent aux dirigeants un environnement bénéfique car avisé et serein.

---

[114] *le slashing est le fait de passer d'un emploi à un autre, de slasher d'un job à un autre. Il y aurait en France un peu moins de 3 millions de slashers. L'une de leurs activités est souvent non rémunérée.*
[115] *www.ericlg.strikingly.com*

**Le manager de transition**

En cas de coup dur, si l'entreprise a à faire face à une période de surchauffe ou que l'un de ses cadres dirigeants est malade ou déficient, le recours à un manager de transition est également une solution envisageable. Engagé à plein temps pour une période de quelques mois, expérimenté mais extérieur à l'entreprise comme à son contexte interne, il saura déployer l'énergie nécessaire et apporter une expérience avisée pour faire bouger les lignes, et solutionner les problèmes.

Il existe en France plusieurs réseaux de managers de transition, de sociétés qui proposent ces services, ainsi que deux associations[116] recouvrant la profession : l'A2MT (Association des Managers de Transition) et la FNMT (Fédération Nationale du Management de Transition)

Reste un handicap : le passage du manager de transition, pour efficace qu'il soit, restera éphémère puisqu'il repartira après quelques semaines sur d'autres missions qui l'occuperont à 100% chez d'autres clients.

Il demeurera toujours un point « d'entrée réseau ».

---

[116] *www.a2mt.org* et *www.fnmt.fr*

## 6.8 Chef d'entreprise, je recherche des financements

Le « Finance Business » se développe, vit et survit par ses réseaux, la richesse d'excellence et la rigueur. N'oublions pas que le trait majeur de la finance, qui englobe crédit, patrimoine et investissements, se base sur le principe de la confiance et donc les recommandations y jouent un rôle prépondérant.

Mais ici aussi le pire règne avec le meilleur ! La confiance basée sur les recommandations des réseaux est alors essentielle car elle facilite l'échange d'informations et de bonnes pratiques en matière financière.
Elle permet la création de contacts pour bâtir des plans de financement efficaces et sérieux.

**Les réseaux de la finance**
Les réseaux de la finance sont extrêmement étendus, tant en France qu'à l'international. C'est un monde somme toute assez fermé, qui se protège des intrus et des toxiques, mais qui est bien réel.

Très souvent, les réseaux de la finance vous resteront fermés, si vous n'êtes pas membre de la profession. Ces réseaux sont généralement formés d'anciens de grandes banques, de banques d'affaires ou cabinets de M&A (Goldman Sachs, Rothschild, Merril Lynch, Barclays Equity, Bain Capital, Crédit Lyonnais Assets Management, Frost & Sullivan ...).
Nous n'oublierons pas non plus les très discrets « Family Offices » qui s'occupent de placer et gérer les patrimoines des grandes fortunes. Y pénétrer est une gageure, sauf à être déjà un financier ou disposer de réseaux puissants et influents, de contacts bien et hauts placés.

Nous vous recommandons déjà de prendre contact avec le Centre des professions financières[117]. Une visite de son site, très complet, pourrait vous ouvrir certains contacts, qui eux-mêmes pourraient vous introduire dans certains réseaux.

---

[117] *https://www.professionsfinancieres.com/*

**Réseaux, temps et confiance**

Partons du cas d'école ou nous n'en disposons pas, alors que faire ?

Tout d'abord identifier ses cibles, leurs réseaux, et parfaitement définir votre besoin. Puis vous allez entrer en action, au travers de l'éventail complet des possibilités, sans privilégier une piste plutôt qu'une autre :

- favoriser le contact réel : allez à des conférences spécialisées, des tables rondes dans les chambres de commerce, des réunions d'associations ou clubs professionnels, des petits déjeuners organisés par des médias ou des cabinets de consulting ... avec un peu d'assiduité et beaucoup d'entregent, vous finirez par y rencontrer rapidement quelques financiers accueillants

- se lancer dans le contact virtuel personnalisé : votre ciblage étant réalisé, tentez quelques approches directes sur Linkedin. Oubliez Viadeo pour ce type de démarche.
  Votre taux de réussite en contact, à condition que votre projet soit intéressant, devrait être du tiers. Puis montez un peu en cadence pour essayer d'avoir une douzaine de contacts

- faire jouer vos propres réseaux : parlez-en autour de vous, à votre réseau existant. Les cercles de chefs d'entreprise ont cet avantage énorme de regrouper des entrepreneurs qui, un jour ou l'autre, ont été confrontés aux mêmes difficultés que vous.
  Faites passer le message, et vous en récolterez assez rapidement les fruits, l'entraide entre chefs d'entreprise n'étant pas un vain mot.
  Les anciens de votre école, les amis des clubs et associations ...sont autant de relais potentiels de votre recherche. Ne soyez ni timide ni hésitant : osez !

- attirer les réseaux financiers à soi : ouvrez une rubrique sur LinkedIn sur les développements nécessaires de votre entreprise, publiez un post dans lequel vous évoquez ce sujet ...bien plus de personnes vous liront que votre humilité pourrait vous le faire croire et quelques contacts ou sollicitations feront le reste.

Pour clore, et en admettant que vous ayez ainsi, au bout de quelques mois, constitué autour de vous un embryon de réseau de contacts parmi les réseaux financiers, il sera primordial de l'entretenir.
Informations régulières, repas à deux ou à trois, invitations à des manifestations ou évènements ... tout sera bon pour entretenir le contact comme établir une relation privilégiée et durable.

Certains d'entre eux vous observeront quelques temps, faute de vouloir se décider à vous accompagner financièrement dès le premier tour de table. Ce n'est pas un obstacle : peut-être ouvriront ils une ligne de crédit plus tard, ou mieux, ils investiront à vos côtés une prochaine fois.
La règle ici est extrêmement simple : donner du temps aux réseaux de la finance, afin qu'ils se renseignent sur vous, vous évaluent, vous observent, vous jaugent, vous testent ... afin de justifier la confiance que vous méritez qu'ils vous attribuent. Le temps ? ... c'est de l'argent !

## 6.9 Chef d'entreprise, je cherche à briser mon isolement

**Associations et clubs de chefs d'entreprise**

La solitude du chef d'entreprise n'est pas un vain mot. Pour l'avoir vécue, nous savons que le volume de travail quotidien, le poids des différentes responsabilités et charges, l'inquiétude d'une attention personnelle de 359° à son entreprise comme tous les aléas qui font le quotidien de l'entrepreneuriat, reposent et pèsent sur une seule et même personne.

Le premier des résultats, au-delà du stress et de la fatigue, est un sentiment de course permanente et d'isolement, qui empêche souvent de prendre du recul, de réfléchir à sa stratégie, de voir loin ...

Or, au même moment, des dizaines d'autres chefs d'entreprise vivent exactement le même contexte, traversent des situations identiques dans la même ville, dans la même région, au sein de la même branche ou dans un secteur aux activités similaires.

Et là, pour une fois, ni LinkedIn, ni Facebook, ni Viadeo ne sont la solution adéquate optimale.

C'est pour cette raison que sont nés les clubs de chefs d'entreprise, les rassemblements d'entrepreneurs comme le MEDEF (Mouvement des Entreprises de France)[118] et ses différentes branches, le CJD (Centre des Jeunes Dirigeants)[119], la CPME (Confédération des Petites et Moyennes Entreprises – ex CGPME)[120] et les innombrables associations professionnelles et branches patronales ...

Mais malheureusement, force est de constater qu'elles ne suffisent souvent pas, car elles peuvent être soit trop consanguines, soit trop statutaires, notables et trop politisées, soit tout simplement remplies de voisins ou de concurrents et qu'elles ne permettent pas, en définitive, à l'entrepreneur de réfléchir en toute sérénité.

Nous conseillerons alors au chef d'entreprise de s'orienter de préférence vers des organisations de réflexions, de formation

---

118 *www.medef.com*

119 *www.jeunesdirigeants.fr / traité au 7.3*

120 *www.cgpme.fr*

et d'entraide managériales comme l'APM[121] (Association des Professionnels du Management) ou le CPA[122] (Centre de Perfectionnement aux Affaires, devenu l'Executive MBA de HEC, comme de quelques autres grandes écoles de commerce françaises).
Toutes ces structures s'organisent en réseaux collaboratifs d'anciens qui se conseillent et s'entraident. Bien d'autres réseaux existent également.

**L'administrateur indépendant**
Une gouvernance de qualité constitue un outil stratégique pour l'entreprise. Les administrateurs ont un rôle de conseil et de stabilité majeur, surtout dans le cas de sociétés familiales. Pas assez pratiqué dans notre pays, mais beaucoup plus fréquent dans le monde anglo-saxon, le recours à un administrateur indépendant peut fréquemment être « La » solution bénéfique et intelligente pour épauler le chef d'entreprise.
Un administrateur indépendant est avant tout un professionnel confirmé du management, issu d'une sélection rigoureuse puis d'une cooptation collégiale au sein d'une association professionnelle. Il apporte une longue et probante expérience dans la direction et le développement d'entreprises, dans la gestion ou la représentation d'intérêts d'actionnaires et dans la pratique du conseil.

Un administrateur indépendant est garant de la préservation de l'intérêt social de l'entreprise, comme des intérêts des actionnaires. Il a un devoir de vigilance sur l'application de la stratégie. Il s'assure de la sécurité d'exploitation de l'entreprise, en usant à bon escient de son droit à l'information et de son devoir de vigilance sur la gestion, le contrôle interne, les pratiques comptables et fiscales et la rémunération des dirigeants.

En ce sens, véritable homme de réseaux, il épaule le chef d'entreprise de ses avis neutres et orientations pertinentes. Il s'informe et informe, écoute et donne son avis. De même, et dans un souci d'efficacité et de performance de l'entreprise, il propose à celle-ci comme à ses actionnaires la promotion de

---

[121] *www.apm.fr*
[122] *www.hec.fr*

bonnes pratiques et la professionnalisation de son conseil d'administration.
Enfin, et en cas de désaccord grave au sein des actionnaires d'une entreprise, l'administrateur indépendant est capable d'exprimer clairement et en toute indépendance, sa position et d'en accepter la conséquence ultime que serait sa démission.

L'avantage indéniable qu'il procure est la recherche permanente de l'intérêt de l'entreprise et non le pouvoir, le rapprochement des points de vue et non le conflit entre groupes d'acteurs ou entre intérêts divergents : c'est un facilitateur et un médiateur au service de la pérennité de l'entreprise. Il dispose pour ce faire de son expérience certaine comme de formations complémentaires, de ses capacités d'ouverture comme de ses réseaux ...
En France, deux associations, véritables réseaux de compétences, rassemblent des administrateurs indépendants : APIA (Administrateurs Professionnels Indépendants Associés)[123] pour les PME et ETI, et l'IFA (Institut Français des Administrateurs)[124] pour les grandes entreprises et les groupes.

**Et le virtuel ?**
Tous ces réseaux sont des réseaux réels.
Nous noterons le démarrage récent de deux réseaux sociaux d'entreprises français, destinés aux Chefs d'entreprise, mais non exclusivement : Tokster et WikiPME, l'un comme l'autre traités en détail dans ce livre.

WikiPME[125] est plus une place de marché géolocalisée qui permet de développer son business, de trouver des bons plans et des avantages et apporte des solutions pour mieux gérer votre entreprise. On y poste annonces, appels d'offres ... et bien évidement on peut y réseauter auprès d'une communauté de 200 000 entrepreneurs.
Nous signalerons que WikiPME a été initié par l'ancien Ministre Hervé Novelli, fort de son expérience de créateur du statut « d'autoentrepreneur » et disposant d'importants réseaux politiques et entrepreneuriaux.

---

[123] *www.apia.asso.fr*
[124] *www.ifa-asso.com*
[125] *Voir 7.24*

Tokster[126], pour sa part, se profile plus comme un média social que comme un réseau social.
Sa finalité est avant tout de mettre à disposition gratuitement, de l'information professionnelle, par filière (after market, automobile, bâtiment, restauration, fonction territoriale ...) et par thématique (environnement ... ).
Avec 24 chaines d'actualités professionnelles, Tokster est ainsi le premier réseau et média social BtoB ciblé par métiers et par secteurs d'activité.

Enfin, Shapr[127] est un excellent réseau pour très rapidement rencontrer des contacts ciblés, qualifiés, « matcher » avec ceux-ci, et sortir de son isolement.

[126] *Voir 7 .20*

[127] *Voir 7.18*

## 6.10 Salarié, je cherche à changer d'employeur

**Stratégie de recherche**

L'évolution de la vie professionnelle comme le bon déroulement d'une carrière impose de savoir gérer celle-ci dans le temps. Même en CDI, tout salarié doit régulièrement réfléchir à l'évolution et au déploiement de sa carrière, à plus ou moins long terme, que ce soit en termes de conditions générales, de responsabilités et d'intérêt, qu'en matière d'image personnelle, ou même de projet d'évolution professionnelle.

Le réseautage a toujours été une clé essentielle à la recherche d'emploi. Nos aïeux activaient leurs relations comme leurs "carnets d'adresses" et aujourd'hui nous activons nos réseaux réels et virtuels et ceux de notre entourage.

En multipliant les rencontres, le réseautage nous permet d'être visible, d'augmenter la probabilité d'être sollicité pour une opportunité, de construire ou de co-construire un projet professionnel, comme d'être parfaitement informé de l'évolution du marché et de rester connecté avec les entreprises et leurs dirigeants.

Un bon réseautage, au travers des nombreux échanges qu'il génère, permettra en outre de faire évoluer votre projet professionnel.

Il convient donc, afin de se préparer aux opportunités de la vie professionnelle, de construire un réseau social (réel et virtuel) le plus large possible qui vous confère une visibilité pour vos recherches.

**Activer et exploiter ses réseaux**

L'activation d'un réseau doit se faire avec un message clair de vos compétences (ventes, marketing, contrôle de gestion et finance ...) dans quel secteur (parfumerie, automobile, industrie sucrière ...) et dans un contexte détaillé (localisation géographique ou expatriation, groupe multinational ou PME/ETI ...).

Il se complète de ce que vous souhaitez, de ce que vous recherchez (rencontrer des patrons, des DG ou des DRH, le type d'entreprise, sa taille, sa localisation ...).

Plus vous serez précis, plus votre démarche fonctionnera. N'oubliez jamais que ce n'est pas à votre réseau de faire l'effort de comprendre ce que vous recherchez. Vous aurez à diffuser largement votre démarche mais dans le même temps à cibler vos relances sur certaines personnes clés.
A ce niveau de votre recherche, établissez la liste des entreprises dans lesquelles vous aimeriez travailler, identifiez leurs managers et dirigeants et sériez les contacts dont vous disposeriez autour d'eux.

Exploiter son réseau, ses réseaux, se fera sous toutes les formes : il ne faut pas se contenter d'adresser des courriers par centaines ou des mails par milliers, il faut solliciter et favoriser le contact identifié, les échanges en face à face. Vous aurez ainsi à mêler quotidiennement communications, réseautage social, virtuel et rencontres directes.

**Elargir son réseau**
Une recherche d'emploi est très souvent l'occasion d'élargir son réseau. Profitez-en ! Plus votre réseau est élargi, plus il s'étendra, plus vous rencontrerez de (nouveaux) contacts professionnels, dans des secteurs variés et sur des domaines d'activité différents.
Ceci facilitera l'émergence de nouvelles opportunités. Il est relativement facile de demander à chaque contact de vous mettre en relation avec 2 ou 3 des siens. A vous de savoir les joindre par Viadeo ou Linkedin. Et c'est ainsi que plus votre réseau sera étoffé, plus vous serez visible ...

**Introduire une dynamique**
Ce qui va importer plus que tout, c'est la dynamique que vous allez savoir créer autour de votre démarche de recherche, l'intérêt que vous allez susciter autour de votre personnalité, de votre profil professionnel, comme la collaboration de votre réseau que vous allez générer. Plus votre recherche sera dynamique voire empathique, plus votre réseau s'étendra, vos contacts vous trouveront de plus en plus intéressant et auront plus de facilités à vous ouvrir leur propre réseau comme leur carnet d'adresses. Et ainsi de suite.

En parallèle sur les réseaux sociaux, votre visibilité va s'accroitre, votre réseau va réagir à vos posts, à vos partages et va surtout participer activement à diffuser votre image à un réseau élargi. N'oubliez pas non plus les clubs, associations, et divers réseaux que vous connaissez. Ratissez large et en profondeur.

N'oubliez pas non plus de revenir vers d'anciens collègues, confrères ou collaborateurs d'entreprises dans lesquelles vous avez travaillé. Faciles à retrouver sur Viadeo ou Linkedin, il vous sera aisé d'échanger avec eux autour d'un café ou par téléphone. Et eux également participeront à votre dynamique, vous donneront de précieux tuyaux, quelques nouveaux contacts ... et qui sait, pourraient être d'excellents prescripteurs ?

Un bon témoin du dynamisme de votre recherche sera lorsque deux personnes de votre réseau se rencontreront, hors votre présence et parleront de votre recherche. C'est ainsi qu'au travers de tous les échanges, les conseils, les suggestions ... que vous allez recevoir, votre réseau va vous aider à trouver un nouveau job, ou même une voie vers laquelle vous n'osiez pas aller ou à laquelle vous n'auriez pas pensé.
Réseauter peut également aider à vous découvrir des talents cachés !

**Comprendre le marché de l'emploi, connaître son environnement**

Le réseautage est une posture, quasiment un style de vie. Il permet de créer du lien social qui donne énergie et enthousiasme dans une recherche, il permet de récolter des informations sur le marché caché, non diffusé sur les canaux habituels comme les annonces...
A l'heure où 70% des emplois se trouvent grâce aux réseaux, ne laissant qu'un tout petit tiers aux medias traditionnels, aux agences et aux cabinets de recrutement, savoir et pouvoir bien réseauter est une nécessité.

N'oublions jamais qu'avec les réseaux sociaux, les recruteurs sont saturés. Le contact personnel et physique revêt donc une importance majeure pour sortir du lot, pour initier des relations directes avec des professionnels, créer une demande en écoutant attentivement le besoin des entreprises rencontrées et en proposant une offre adaptée (quelle qu'en soit la forme). La probabilité pour que la bonne opportunité arrive par le réseau est importante et impose une activation permanente de celui-ci.

Mais il n'y a pas que les cabinets de recrutement.
Il existe également de très nombreuses plateformes d'offres d'emploi et de recrutement[128] . Nous citerons également une plateforme de recrutement très sophistiquée, basée sur l'intelligence artificielle de sélection de critères, sur un sourcing ciblé sur les réseaux sociaux et complétée par une présélection sur la base des soft skills : Seegle[129]. Lancé très récemment, MyJobGlasses permet une « personnalisation de masse », en explorant différents profils professionnels présents sur My Job Glasses[130] et trouve ceux qui sont susceptibles de vous inspirer le plus ! On n'arrête pas le progrès.
Ces plateformes mènent régulièrement des campagnes de recrutement très ciblées sur les réseaux sociaux, permettant aux employeurs de recevoir des candidatures correspondant exactement à leurs attentes. Nous voyons bien que nous sommes très éloignés de la lettre de motivation classique accompagnant un CV. Le monde change très vite et il faut bien comprendre le marché de l'emploi pour mieux réussir à rebondir.

**Le nouveau rôle des ressources humaines et la cooptation**
La fonction ressources humaines (RH) est en pleine évolution. Le terme à la mode aujourd'hui, la tendance, y est la « quête d'agilité ». Dans cette quête d'agilité, et au travers de la formidable évolution de notre monde, les organisations des entreprises se transforment.

Dans ce cadre, les RH évoluent d'une posture de gestion et administration du personnel, très traditionnelle et hiérarchisée, à une posture de « business partner », proche des opérationnels, animant des équipes projets. Cette nouvelle position permet aux RH d'être beaucoup plus proche des managers et des collaborateurs et donc de l'ensemble des

---

[128] *Voir le chapitre suivant : Chômeur, je recherche un emploi.*
[129] *www.seegle.com/fr*
[130] *https://www.myjobglasses.com/*

besoins, avec plus d'immédiateté. Ayant une proximité plus forte au business, les RH bénéficient d'une meilleure compréhension de la réalité opérationnelle.
Ces mêmes RH vont donc être plus à même de comprendre les métiers qu'elles recrutent et donc être plus à même de constituer un réseau pertinent de pourvoyeurs de cv, interne ou externe à l'entreprise.

La tendance aujourd'hui est notamment à la constitution de réseau de prescripteurs, que les RH savent aujourd'hui collationner. En effet, dans le cadre d'une recherche de postes, une partie de ceux-ci se fera par cooptation. Vous avez ainsi, rapidement et discrètement accès, grâce à votre réseau, à des opportunités d'emploi.

Toujours plus connectés, les collaborateurs sont eux même les premiers à être sollicités par les RH pour les futures embauches. On voit d'ailleurs augmenter le nombre de postes publiés sur LinkedIn par les managers et opérationnels eux-mêmes, y compris par des chefs d'entreprise.
Preuve de la nécessité d'être connecté, comme de conserver de bonnes relations avec ses ex collègues, collaborateurs ... et diverses rencontres professionnelles. La cooptation croissante donne ainsi un nouveau sens au réseautage.

**Savoir se positionner et tester le marché**

Connu et reconnu, ayant peut être déjà identifié une ou plusieurs pistes, il va maintenant falloir vous positionner ... et tester la viabilité des projets que vous envisagez.
La première étape se fera au sein même de votre réseau, pour vous rôder. Au vu des réactions des professionnels comme des relations que vous allez rencontrer en entretiens, en face à face, vous allez pouvoir :

- continuer à « affuter » vos réflexions, tester votre discours et recevoir du feedback... donc avoir un discours plus rôdé en entretien formel
- mieux comprendre le marché, conforter votre positionnement
- identifier des opportunités et essayer de vous y valoriser
- avec un peu de chance, rencontrer des recruteurs potentiels en amont d'un recrutement officiel, donc vous

présenter et les convaincre de penser à vous lorsqu'une opportunité se présentera
- peut-être même devenir « incontournable »
- améliorer vos réflexes, consolider votre image et vous construire un vocabulaire de recherche très professionnel

**Conseils de recherche**

Tout d'abord, il convient de ne jamais envoyer de cv dans la nature, ou de demande de connexion Viadeo ou Linkedin sans démarche fondée : tout doit se passer de façon ciblée et réfléchie, dans le cadre d'une parfaite démarche réseau.
D'abord, appeler soi-même les contacts recommandés, puis, au-delà des rencontres avec votre réseau (cf. supra), prendre contact avec les consultants en recrutement intervenants dans vos domaines de compétences sectorielles ou fonctionnelles.
Enfin, prendre contact, via votre réseau, avec les managers et dirigeants des entreprises que vous aurez ciblées.
Si vous êtes en déplacement, veillez à toujours avoir une liste de personnes à rencontrer dans la ville où vous arrivez.
Sans contact dans une ville donnée, Shapr vous sera bien utile.

Au-delà, il existe de très nombreux sites de recherches et d'offres d'emploi.
Nous citerons ici Indeed, Experteer, Seeqle, Monster... Sur chacun, vous pouvez enregistrer votre profil et positionner des alertes.
N'oubliez pas également Viadeo et Linkedin.

**Savoir approcher les entreprises**

Bien qu'éloigné de notre sujet de base, nous vous recommandons simplement :
- de bien préparer vos entretiens grâce aux informations disponibles sur le web, mais aussi grâce à vos réseaux ou même aux « insiders »
- d'identifier son potentiel marché, comme ses concurrents, ses forces et faiblesses et de tenter d'en réaliser une bonne analyse préalable
- d'avoir accès à des informations permettant une connaissance meilleure des conditions de travail de l'entreprise, son climat, sa politique sociale et de rémunération

- de vous procurer toutes les informations pertinentes sur le management et les collaborateurs, afin de procéder éventuellement à un name droping[131], toujours efficace.

**Conseils en entretien**

Nous ne sommes pas des professionnels du recrutement, néanmoins voici quelques conseils à celles et ceux qui ont eu la chance de trouver aisément un premier emploi et qui finalement n'ont pas été confrontés aux affres et challenges de nombreux entretiens d'embauches.

Tout d'abord, soyez préparé, comme indiqué précédemment, n'hésitez à se lancer : les premiers entretiens sont souvent les plus difficiles.
Ensuite, il vous faudra penser chaque entretien ou contact de recrutement dans une logique gagnant/gagnant : vous contribuez également à l'échange.

Soyez humble, ne dites jamais que vous êtes un « bon gestionnaire » ou un « excellent marketer ». Il existe pour cela des avis d'experts, comme d'ailleurs des opinions sur vos compétences sur les réseaux sociaux. C'est à votre interlocuteur de se faire sa propre idée sur votre niveau de compétences.
Soyez fluide et convivial, factuel et précis. Mettez en avant vos réseaux, votre capacité d'influenceur, quelques noms susceptibles de jouer en votre faveur ... le monde a changé et il change quotidiennement : le temps des entretiens qui impressionnent, qui sont « verticaux » est passé et l'on s'oriente vers des entretiens plus naturels et plus dans « l'échange ».

**Critères de réussite**

La question va enfin se poser concrètement : Ai-je été bon ? Ai-je réussi à réseauter efficacement ?
Le réseautage n'étant pas une fin en soi, c'est dans la situation qui nous intéresse ici tout simplement le moyen le plus efficace pour trouver un emploi. Il est naturellement une réussite

---

[131] *Littéralement « jet de noms ». Il s'agit en fait de citer des connaissances dans une conversation : « Mr.Dupont ? Je le connais bien, nous avons travaillé ensemble sur tel projet il y a 2 ans ».*

lorsqu'il contribue directement à être à l'origine du futur emploi ou au minimum à en faciliter l'obtention.

Mais il l'est déjà quand il permet au chercheur d'emploi de faire des rencontres et d'avoir des échanges qui contribueront à structurer ses démarches de recherche, à alimenter sa réflexion et à construire son projet professionnel.
Dans le cadre d'une reconversion, cela permet de rencontrer des profils qui exercent le métier envisagé et de se conforter sur cette voie ou d'exclure une piste fantasmée.
Au passage, il y a un domaine à ne pas négliger : la confidentialité vis-à-vis de certains, au premier rang desquels figure « l'actuel employeur ».
Il est d'autant nécessaire de le laisser en dehors de votre démarche, qu'il est vain d'espérer qu'il en demeure longtemps ignorant.
Nous n'avons en la matière aucune recommandation spécifique, sauf de rappeler deux principes évidents : la discrétion primera toujours et le monde étant un village, le secret est bien difficile à garder.
N'oubliez jamais que les employeurs d'un même secteur, tant les CEO que les DRH ou les managers, se parlent constamment au sein de leurs propres réseaux.

Et après ? N'oubliez jamais de remercier tous ceux qui vous ont aidé à un moment ou à un autre, et tenez les informés quand vous aurez retrouvé un nouveau poste. Aidez en d'autres maintenant et faites jouer vos réseaux pour eux ... et appliquez en retour le principe du don et du contre-don.

## 6.11 Demandeur d'emploi, je suis en recherche active

Des millions de personne recherchent un emploi et restent trop souvent sur des sentiers battus.
Or se posent à eux deux sujets différents : leur savoir-faire, c'est-à-dire ce qu'ils proposent à une entreprise et le faire-savoir, c'est-à-dire la mise en avant, si possible spécifique, de ce savoir-faire.
Le réseautage est une composante majeure de cette « promotion personnelle ».

**La posture du demandeur d'emploi**
La recherche d'emploi, surtout pour ceux qui n'en ont pas, est très souvent synonyme d'une solitude extrême, d'un isolement néfaste. Le réseau permet de garder un lien, se tenir informé de l'actualité de l'entreprise, de son secteur et donc de ne pas sembler déconnecté des dernières tendances, évolutions ...

Le moment de la recherche d'emploi est en effet une période très difficile d'une vie professionnelle. En période de crise économique ou pas, le chômeur se considère souvent comme étranger à la société, pour le moins différent des autres, alors qu'il est confronté à une rupture de parcours, à un changement de vie, à une réorientation professionnelle.
Certains ne parlent pas de leur statut, se cachent même, voire s'isolent.
Cette période nécessairement transitoire, au-delà de l'appui efficace de tous les dispositifs publics mis en place, doit être vécue comme une « parenthèse active ».

C'est tout d'abord :
- une parenthèse car elle correspond à une période de temps limitée, dont on ne connait malheureusement pas la temporalité ni l'échéance.
Autant utiliser cette pause de la vie professionnelle pour en faire une remise en cause efficace. A la fonction principale de la recherche de travail s'ajoute celle des formations complémentaires comme de l'extension des activités de réseau.

C'est une opportunité assez rare que de disposer de quelques mois dans sa vie professionnelle : profitez-en pour vous former, pour apprendre … cours spécialisés, études ou stages rapides, MOOC[132] … tout est bon pour enrichir vos connaissances.
Mais surtout, enrichir votre réseau !
En effet, la multiplication des contacts ou interfaces, des rencontres ou réunions, sont propices à la croissance de votre réseau. Faites de cette période une opportunité : repensez votre réseau, développez le …

- Une période active ensuite
Quelle fabuleuse opportunité pour réseauter de manière importante et assidue.
Tout commence par le respect d'une discipline et la mise en place d'une organisation millimétrique :

- discipline de se donner des horaires et un emploi du temps précis, comme de s'y tenir. Se donner un objectif hebdomadaire
- organisation d'un cadre de recherche, de documents, de suivi …

Rien que le fait de s'organiser et de baliser ses propres journées évite l'isolement et le repli sur soi-même.
Un exemple ? se fixer d'adresser 20 lettres par semaine, de passer entre 8 et 15 coups de téléphone par jour, de surfer sur les réseaux sociaux au moins deux heures par jour … pour avoir in fine au moins un rendez-vous chaque jour. C'est la méthode à suivre, sans hésitation.

**Les outils[133] du demandeur d'emploi**
De quels « outils réseau » dispose un demandeur d'emploi ?
Tout d'abord, le cercle des amis, de la famille et des proches : beaucoup sont dans la vie active. Ils peuvent vous prodiguer conseils, vous présenter certains de leurs contacts, vous épauler dans votre réseautage.

---

[132] *MOOC : Massive Open OnLine Courses (CLOM en français : cours en ligne ouvert et massif), type ouvert de formation à distance. Nous connaissons un cadre quinqua, qui a profité d'une période entre deux emplois pour en faire plus d'une trentaine en un an. Quelle force de caractère … et quel bonus à la fin !*
[133] *Pour être très complet sur votre démarche, se reporter également au chapitre précédent : « Salarié, je recherche un nouvel employeur »*

Puis vient le monde professionnel : n'hésitez pas à reprendre contact avec d'anciens collègues, à les solliciter pour obtenir un nom, savoir où travaille untel ... ils seront heureux d'échanger avec vous.
Certains pourront même vous épauler très efficacement.

De plus, beaucoup d'organismes d'Etat participent à aider à trouver un emploi. Au premier rang desquels Pôle Emploi, mais aussi des associations parapubliques (APEC, Chambres de Commerce, pôles d'insertion ... )
Tous organisent des sessions pour épauler les chômeurs, accompagnent les demandeurs d'emploi dans leurs recherches, fournissent très souvent des fichiers ... et disposent de sites internet qui leurs sont propres.
N'oublions pas qu'il existe des groupes indépendants et des associations qui regroupent des demandeurs d'emploi. C'est également une opportunité pour y réseauter.

Mais toute personne en recherche d'emploi doit avant tout se prendre en main. Au-delà des démarches officielles, et des sites de recherche d'emploi [134], la démarche individuelle est primordiale.
La proactivité de celle-ci sera d'autant plus aisée qu'elle s'appuiera sur un réseautage efficace.

Nous retiendrons, comme options de réseautage efficace en recherche d'emploi :

– **les contacts réels** : allez à des réunions ou conférences sur le secteur qui vous intéresse et que vous avez ciblé, allez à la rencontre des services spécialisés des Chambres de Commerce ou associations professionnelles, visitez des salons professionnels et collectez contacts et cartes de visite ... et réactivez consciencieusement tous vos anciens réseaux.

  Petits déjeuners, cafés ou déjeuners seront pour vous autant d'occasions de parler en tête à tête avec des personnes qui peuvent vous aider, soit directement au sein

[134] *Les sites de recherche d'emploi ne sont pas en soi des réseaux, nous les traitons dans le chapitre précédent.*

de leur entreprise, soit indirectement en vous proposant un « contact réseau », sésame précieux.
Un contact réseau est un nom assorti de quelques coordonnées et surtout le nom de celui qui vous l'a fourni doit vous permettre un rendez-vous plus aisé que si vous n'étiez pas recommandé.
Et un contact pourra peut-être, s'il ne peut vous aider dans l'immédiat, vous fournir lui-même d'autres noms.
C'est l'effet multiplicateur du réseautage : profitez-en, et ne gâchez aucun contact utile. En effet, ce ne sont pas forcément les plus brillants de ces contacts qui seront les plus efficaces.

Dans ce réseautage réel, ce qui fera la différence entre les uns et les autres seront l'organisation et la régularité, l'assiduité et l'entregent.

– **les contacts virtuels** : ils sont l'un des énormes avantages des réseaux sociaux comme Linkedin ou Viadeo, outils très efficaces dans une recherche d'emploi.
  Nous citerons :
  la mise en avant de votre profil, le ciblage d'entreprises, l'approche des professionnels du recrutement, les offres d'emploi et les requêtes.

- **la mise en avant de votre profil**
  Nous traitons par ailleurs [135] et en particulier pour LinkedIn[136], de la constitution d'un bon profil sur un réseau social. Dans le cas qui nous intéresse ici, un point majeur mérite d'être soulevé : le statut de demandeur /chercheur d'emploi, doit-il figurer ou pas ?
  Quoi faire ? Les avis divergent et plusieurs écoles existent.
  – Soit, vous affichez votre statut et inscrivez sous votre nom la phrase « en recherche » ou « à la recherche d'un emploi ». Cette option a le mérite d'afficher la couleur et de bien présenter votre statut. Cette transparence peut gêner, mais l'honnêteté de la démarche devrait s'avérer payante.

---

[135] *Voir le chapitre 7 – « Quelques réseaux en détail »*
[136] *Voir le paragraphe 5.10*

- D'autres préfèrent ne rien inscrire, afficher un profil neutre ou conserver leur ancien poste. C'est leur choix.
- Une troisième possibilité est d'écrire un titre générique : chef de rayon grande-distribution, analyste-programmeur, employé banque/assurance, directeur marketing, ... qui ne vous relèguera pas aux oubliettes en cas de recherche ou de requête et qui illustrera assez correctement vos capacités, expériences et potentialités d'emploi.

Vérifiez bien vos compétences, vos recommandations, les mots-clefs de votre profil. Vérifiez également la cohérence et l'exactitude des informations que vous communiquez sur vous-même : CV, profils sur les réseaux sociaux professionnels, profils et messages sur les réseaux sociaux privés doivent être alignés et cohérent. C'est important de le rappeler, car beaucoup n'y attachant pas assez d'importance, sont l'objet d'observations ou de questionnements de la part des recruteurs, en tous cas par ceux qui vont au fond des choses.

En entretien d'embauche : il est plus important de se mettre en avant et de se vendre que de se laisser déstabiliser par des questions sur l'incohérence des informations éventuellement contradictoires sur vos propres profils.
Ce point étant réglé, tout comme l'optimisation de votre profil, la mise en avant de celui-ci peut commencer.
Devenez visible par ceux qui pourraient avoir besoin de vos services : le plus simple est de rentrer dans les groupes de réseaux sociaux, d'y communiquer des informations, d'y relayer des articles de presse ... bref toute « prise de parole virtuelle » adéquate et pertinente sera bonne pour promouvoir votre profil et donc votre personnalité.

Elle décrira indirectement vos centres d'intérêts, vos opinions (pas trop prononcées ...) et déclenchera les algorithmes. Ceux-ci feront le reste.

- **le ciblage d'entreprises**

Votre secteur de recherche étant fixé, une rapide recherche sur Google, Yahoo, Qwant ou Bing vous permettra de

trouver les entreprises du secteur. Un complément de recherche sur les réseaux sociaux vous en validera le résultat.
Les réseaux sociaux permettent de trouver des informations sur les entreprises et leurs collaborateurs. Il est relativement aisé, avec un peu d'expérience, de trouver les postes clefs d'une entreprise sur Viadeo ou Linkedin, plus difficile sur Facebook.

Vous pouvez alors, grâce aux réseaux sociaux, adresser un message à la personne concernée (Direction des Ressources Humaines, Chef de Service ...) ou même, éventuellement la demander en contact.
Votre réseau au sein de cette entreprise complètera d'autres contacts avec qui vous pourrez échanger toutes informations nécessaires à votre recherche d'emploi.
Bien trop de personnes en situation de recherche d'emploi n'osent pas utiliser les réseaux sociaux comme ceci. N'hésitez pas, osez et vous ferez la différence.

- **l'approche des professionnels du recrutement**

  De manière assez similaire, l'approche des professionnels du recrutement est aisée sur les réseaux sociaux. Deux filtres sont nécessaires : le métier (recrutement) et la zone géographique.
  Appliquez les mêmes principes qu'au point précédent, étendez votre réseau de contacts au sein des cabinets de recrutement, agences d'intérim, cabinets de conseils en ressources humaines ...
  Ceux-ci sont tous extrêmement sollicités et certains ne vous répondront pas. Ce qui n'est pas très correct compte-tenu de votre situation, mais compréhensible eu égard au volume de demandes qu'ils reçoivent. S'ils sont saturés de demandes, c'est que le canal existe et qu'il est bon, utile et nécessaire.
  L'originalité et la différence de votre requête ou de votre demande de contact feront la différence, si tant est qu'elle soit pertinente.

- **les offres d'emploi et les requêtes**
  Nous avons évoqué plus haut[137] les sites de recherche spécialisés d'emploi, comme Indeed, Experteer, Monster ... nous n'y reviendrons pas.
  En revanche, tant Viadeo[138] que Linkedin diffusent de nombreuses offres d'emploi. L'intérêt est la possibilité de réaliser des tris (secteur, métier, géographie ...) afin d'affiner votre ciblage de recherche.
  Une possibilité complémentaire est de s'inscrire (gratuitement) à des « alertes Job » ou des requêtes[139].
  Vous êtes ainsi directement prévenu lorsqu'une annonce répondant à vos critères de recherche est publiée. L'effet volume génère des centaines de réponses, c'est ce que cherchent les professionnels du recrutement. Ne vous désespérez pas, levez-vous tôt et persévérez. Vous aurez ainsi de nombreuses possibilités de rendez-vous.

- **les autres ...**
  N'oubliez pas vos amis, vos anciens camarades d'école, vos confrères et consœurs de travail, les amis des clubs et associations ...tous peuvent être joints sur les réseaux sociaux, tous peuvent relayer votre profil à l'une de leurs connaissances.
  Faites passer le message et vous en récolterez assez rapidement les fruits, l'entraide entre relations n'étant pas un vain mot.
  Tous sont autant de relais potentiels de votre recherche. Ne soyez ni timide ni hésitant : osez !

- Dernière nouveauté française, BobEmploi [140] est une plateforme de big data destinée aux demandeurs d'emploi. Conçu par Paul Duan, BobEmploi se veut un « service public citoyen ».
  Son fonctionnement repose sur des algorithmes qui regroupent, analysent et traitent les données du marché de l'emploi, l'analyse de parcours professionnels ou du parcours de chômeurs et la situation de chaque demandeur d'emploi.

---

[137] *cf. Chapitre 6, paragraphe « je suis salarié et recherche un nouvel employeur »*
[138] *A la date d'écriture de ce livre, on relève sur Viadeo plus de 50.000 offres d'emploi.*
[139] *En général une dizaine maximum de requêtes différentes.*
[140] *www.Bob-emploi.fr*

Ou quand l'intelligence artificielle vole au secours de Pôle Emploi ! Après de fortes ambitions, le site-réseau s'est récemment recentré sur les conseils et le mentoring, ces activités tutorielles venant en doublon de celles prodiguées par Pôle Emploi.

Un dernier conseil, des réseaux comme Twitter ou Instagram ne sont absolument pas adéquats pour une recherche d'emploi.

**Posture**

Si vous avez opté pour vous présenter en situation de « demandeur d'emploi » (Cf. précédemment), démarrez votre entretien en « dédramatisant » le sujet et en clamant haut et fort que cette situation provisoire, loin de vous déstabiliser, est une opportunité pour vous de « faire le point » sur vos désirs, vos ambitions, d'ouvrir une nouvelle page de votre vie, ... Vous êtes ainsi un professionnel aguerri, en repositionnement, porteur de propositions de services, qui apportez vos compétences et votre savoir-faire à une entreprise. Et ni un looser ni un perdant ...

Pour clore ainsi avec optimisme, nous rappellerons l'un des plus beaux exemples de réseautage réussi, dans un cadre hors norme, pour une personne en recherche d'emploi nous a été donné en 2009 en région nantaise[141].

Bernard Mauriange, la cinquantaine passée, lassé d'adresser lettres de motivations classiques et CV standards à des dizaines d'entreprise, a décidé de se mettre en avant, de créer du buzz[142] autour de sa recherche : port d'un tee-shirt sur sa recherche dans le TGV Nantes-Paris, site internet dédié et surtout affiche 4 x 3 en région nantaise. Il a alors rapidement trouvé un travail et a bénéficier des honneurs de la presse !

Cette démarche extrêmement pragmatique, et réussie, montre que tout est permis à qui ose intelligemment, que le réseautage n'est pas qu'une affaire de déjeuners ou de petites annonces suivies sur smartphone. La différence, l'adéquation, la pertinence ... seront des aspects clefs du réseautage en période de recherche d'emploi. Il convient de se démarquer, donc d'oser et d'affirmer sa personnalité.

---

[141] *www.20minutes.fr/nantes/361473-20091106-chomeur-haut-affiche*

[142] *Littéralement « faire du bruit »*

## 6.12 Retraités et réseaux : associations ou nouvelles activités, amis d'enfance et nouveaux amis ...

**Le cap de la retraite**

La retraite, c'est être en retrait de la vie active donc être "coupé ", séparé des personnes qui ont vécu et travaillé auprès de vous pendant parfois des années. Propos d'un retraité « *La retraite, c'est l'oubli et la solitude !* »
C'est en effet un cap, plus ou moins bien préparé, où l'on peut vite se retrouver seul(e) : il est facile de rester chez soi à la maison, n'ayant plus d'horaires à respecter.
Dès lors, l'ennui peut vite prendre le dessus. Le réseautage permet alors de compenser en partie l'activité professionnelle passée, plus ou moins trépidante, plus ou moins « choisie ».
Propos d'une retraitée : « *Le réseautage est utile quand on est à la retraite tout simplement parce qu'il y a une vie après la carrière, ainsi qu'une liberté d'organisation précieuse parce que presque totale.* »
Il permet ainsi des échanges et des rencontres vitales pour éviter l'isolement affectif, intellectuel, et sociétal.

Il est donc nécessaire pour le jeune retraité de recréer des liens, de garder le contact-ou non- avec les personnes connues et d'en rencontrer d'autres, par le biais d'associations sportives ou culturelles.
On peut ainsi faire de nouvelles connaissances selon son tempérament et sa manière de considérer sa nouvelle vie.
A la retraite, le réseautage peut généralement donner un nouveau sens à sa vie, permettre de se sentir utile aux autres, d'occuper agréablement son temps, d'être entouré de personnes partageant la ou les mêmes passions, de découvrir des domaines et des gens nouveaux, de faire partager ses propres expériences ...

Internet est dans ce domaine un apport décisif, tant par les possibilités qu'il donne de communiquer, d'échanger, d'offrir des opportunités de rencontres physiques, de faciliter des regroupements.

Les réseaux sociaux étant une sorte de « bonus coloré », photos et vidéos à l'appui, pour ceux qui veulent ajouter cette dimension supplémentaire à leur expression personnelle.

**Paroles de retraités**

*« Il est bien certain qu'une fois en retraite, c'est le grand silence !!! Les deux premières semaines, tu te penses en vacances, les deux suivantes, tu te dis c'est génial, les vacances continuent... deux mois plus tard tu cours à ton ancien lieu de travail voir si on a encore besoin de toi, bref... on peut comprendre que des gens qui n'ont rien préparé et n'ont pas un mental adapté puissent mourir d'ennui en 6 mois ».*

*« Et c'est quand tu prends la mesure de cette solitude que tu commences fébrilement à te tourner vers tes réseaux réels, forcément délaissés du temps où tu étais actif et qu'internet, chaque fois qu'il peut présenter une utilité en termes d'échanges et de correspondances se révèle un fantastique moyen de communication ».*

C'est ainsi que la retraite est une formidable opportunité de renouer avec de vieux amis, de prendre le temps de s'amuser, d'échanger, de partager avec eux ...

Après des vies trépidantes, ce moment peut être une occasion d'échanges et de joies.

Apprendre un nouvel instrument de musique, se mettre à la pâtisserie, prendre un abonnement dans un musée, voyager plus souvent ... les prétextes et les occasions pour les retraités de se retrouver ne manquent pas.

Et ils ont bien raison d'en profiter.

Les réseaux associatifs, les communes, sont souvent là pour les accompagner, prendre le relais, organiser les activités, offrir des opportunités de responsabilités ...

Qui n'a jamais entendu un retraité, jeune ou moins jeune, dire qu'il n'a pas le temps ! Formidable !

Pour ceux qui se sentiraient seuls, de nombreux réseaux réels existent, qui sont l'occasion de partager une passion comme de découvrir de nouveaux amis. Bien évidemment, c'est à la mairie de votre domicile que vous trouverez aisément la liste de toutes les associations et vous n'aurez que l'embarras du choix.

En complément, nous citerons deux de ces réseaux : OVS[143] (On va sortir) pour des tas d'activités et les AVF[144] (Accueil des Villes Françaises) pour ceux qui, au moment de leur retraite, décident de s'installer dans une autre ville que celle de leur dernière activité.

**Des papys et mamies branchés**

Il n'y a pas d'âge pour être sur les réseaux sociaux. L'image passée des retraités ne touchant pas à l'informatique est totalement périmée.

Les papys et les mamies d'aujourd'hui communiquent avec leurs petits enfants à l'autre bout de la planète par Facebook ou Skype, partagent leurs photos sur Instagram, leurs vidéos sur YouTube et les messages d'arrivée sur Twitter avec une dextérité que beaucoup pourraient leur envier.

Mais pourquoi donc ? Ils se sont tout simplement adaptés au monde ambiant en quelques années et une fois passées les premières réticences sur l'utilisation des outils du net, les utilisent pleinement.

*« En permettant d'abord un boostage du réseautage réel, par un élargissement des possibilités de recherche, d'échange et de planification d'actions, les réseaux virtuels permettent d'aller encore plus loin dans la démarche. »*

Au-delà des utilisations familiales et amicales, tellement évidents qu'il n'est pas nécessaire de les détailler, le troisième et le quatrième âge utilisent les réseaux sociaux :

- pour accompagner leurs nombreuses activités, associatives, sportives, politiques et autres …
- pour retrouver des camarades ou amis disparus depuis des décennies
- pour créer du lien dans de nouveaux lieux de villégiature (retraités qui s'installent sur la Côte d'Azur ou la Costa Brava … )
- pour communiquer et exprimer leurs idées.

Facebook est largement privilégié, mais les réseaux sociaux professionnels comptent également beaucoup de retraités, tout comme les réseaux généralistes (Twitter, Instagram .. .)

---

143 *www.onvasortir.com*

144 *www.avf.asso.fr*

Nous citerons ici un « site-réseau », moderne et rafraîchissant, qui permet aux jeunes grands-parents d'accompagner les évolutions de leur famille : « grand-mercredi » [145] qui est vraiment un plus pour les seniors.
Foin de conseils sur les maisons de retraite ou les appareils auditifs, rien sur les petites mésaventures d'être sénior, tout y est positif : la cuisine de mamie, les astuces pour être connectés et se comprendre avec ses petits-enfants, des idées de lectures et de sorties, des kits d'activités par sujets ...

Nous y avons également trouvé des « passeuses d'histoires », des idées de vacances et d'hôtel avec ses petits-enfants, la proposition aux membres du site de se rassembler dans leur ville, ainsi que des idées d'hôtel avec sa descendance.
La parole est aussi bien donnée à une grand-mère agricultrice, mais on y trouve aussi des conseils d'utilisation pour Waze ! Le site vous permet un dialogue grâce à sa newsletter et un échange avec les autres « geeks » grâce à son espace sur Facebook[146] et Instagram.

**Du banc public à l'association**
Se limiter au monde virtuel serait faire injure aux centaines de millions de retraités à travers le monde.
Avant même le virtuel, ils vivent au quotidien, sept jours sur sept, le réseautage réel. La plus belle des images, séculaire, est ce banc sur la place du village, où quelques retraités viennent s'asseoir tous les jours pour converser et échanger.
C'est le premier des réseautages et Dieu sait qu'il s'en dit des choses ...

Les cercles de possibilités à la retraite sont beaucoup plus larges et variés. S'il est en bonne santé, un retraité peut consacrer presque tout son temps aux contacts avec les membres de ses réseaux. L'activité journalière des retraités, souvent même leur raison d'être, repose sur des millions d'associations dont ils constituent les piliers.
De la chorale aux chasseurs, des philatélistes aux randonneurs, des cuisiniers spécialistes du canard aux amoureux des cloches

---

[145] *www.grand-mercredi.com*
[146] *https://www.facebook.com/grandmercredi/*

moyenâgeuses ... autant d'associations ou de groupes plus ou moins formels qui regroupent, en particulier, nos seniors. Ce sont en réalité les « As » du réseautage.

En effet, ces groupes, ces associations sont des lieux d'échange et de dialogue formidables ou le réseautage fait son œuvre. L'avis et le conseil également. « *Dis donc, peux-tu me recommander un bon électricien, le mien ne me plait plus* ». « *Au fait, qui peut me trouver un stage d'apprenti boulanger pour mon petit-fils ?* ». « *Qui est déjà allé en Sicile ? Qu'en pensez-vous ?* ». « *J'ai perdu la trace de Mr. Dupont. Sais-tu où il habite maintenant ?* ».

**Réseauteurs efficaces**

Redoutables réseauteurs, les retraités vont vite, se donnent les moyens d'être efficaces et sont souvent mieux et plus vite informés que les classes laborieuses ou les jeunes.
Leur recette ? Ils ont le temps et savent que la relation humaine est au cœur de notre civilisation.
Les responsables d'associations ne s'y trompent pas, qui leur confient les rênes de leurs organisations, tout comme les politiques de tous bords qui viennent les courtiser.
C'est un grand signe de reconnaissance de leurs capacités relationnelles et de leur faculté à réseauter efficacement.

Les média sociaux sont donc en train de devenir leur territoire de chasse préféré, comme leurs meilleurs alliés :

- dialogue avec la famille et les amis sur Facebook, Twitter ou WhatsApp
- vie associative sur Facebook ou WhatsApp
- hobbies et activités variées postées sur Instagram et Facebook
- retrouvailles avec d'anciens camarades ou collègues sur trombi.com ou copains d'avant.

De manière générale, le réseautage d'un(e) retraité(e) peut être considéré comme une réussite quand il débouche sur des contacts réels (et non exclusivement virtuels), quand il stimule l'envie de faire, l'envie de partager, et l'envie d'aider.
La réussite à la retraite, c'est ainsi d'avoir gardé une vie active mais différente, de prendre le temps de vivre, de choisir des

activités que l'on aime, d'être avec des personnes que l'on a plaisir à retrouver car elles ont été choisies.
La santé est un point clé : si l'on est en bonne santé, on peut, en dehors de la famille, consacrer presque tout son temps à ses (nouveaux) amis comme aux contacts avec les membres de ses réseaux.

C'est ainsi qu'à la retraite, un bon réseautage devrait permettre de :

- profiter du temps et en donner à sa famille, ses enfants et petits-enfants, les cousins éloignés ...
- fréquenter régulièrement ses amis, continuer à sortir
- faire du bénévolat, donner du temps à une association caritative
- s'inscrire dans une association qui permettra de se sentir utile
- voyager plus et plus souvent
- poursuivre et ne pas abandonner ses loisirs précédents
- ouvrir des cercles d'activité beaucoup plus larges et variés qu'auparavant.

**Gérer son temps différemment**
Le temps est géré différemment :

- on peut par exemple choisir le club de sport qui convient, au jour et à l'heure souhaité, ce qui n'était guère possible en pleine activité professionnelle.
- on peut faire des randonnées pédestres entre amis au cours desquelles on peut échanger des idées, ou s'inscrire à un club informatique, ou à une chorale, ...

*« L'essentiel pour moi est le dosage du temps consacré à ces pratiques, notamment aux réseaux virtuels qui peuvent, si l'on n'y prend garde, prendre trop de temps. »*
Mais surtout, on a le temps de recevoir sa famille comme ses amis, retraités ou non. Si la santé peut un jour devenir une contrainte, ce n'est pas le cas du temps.

**Bonnes pratiques**
Voici quelques conseils et bonnes pratiques proposées par des retraités réseauteurs et hyperactifs :

- développer les rencontres avec des personnes ou des groupes déjà constitués qui partagent les mêmes passions, inclinaisons ou intérêts

- choisir l'une de ses passions favorites et exploiter un site internet qui permet de vous faire connaître au plan local
- maintenir le lien quand le groupe est formé en organisant ou participant à des sorties ensemble (à la neige, à la campagne, à une exposition ...)
- le temps qui passe étant l'ennemi, ne pas trop espacer les rencontres...
- avoir toujours des projets avec un calendrier à échéance 12-18 mois

Enfin, il convient, au sein des réseaux réels d'être régulier dans la relation et bien sûr de veiller à la réciprocité des échanges, d'éviter les sujets pouvant fâcher et, pour continuer à revoir ses nouvelles relations, d'être force de proposition pour faire vivre et intéresser ses réseaux.

Sur les réseaux sociaux nous recommandons de bien choisir ses "amis", de bien choisir ses photos et ses commentaires, de faire attention à ses "like", de structurer ses "relations" par activités, par centres d'intérêt.

## 6.13 Réseauter et réussir sa vie privée : je recherche l'âme sœur

Dans l'histoire de l'humanité, et traditionnellement, l'âme sœur provenait de la famille, d'un cercle relationnel d'amis ou de voisins somme toute assez restreint, ou de collègues d'études ou de travail, comme d'une région géographique limitée : le village, la ville, la contrée.
Puis vinrent les révolutions industrielles qui ouvrirent le champ des possibles, tout comme la prolongation des études et les voyages au cours des derniers siècles, ceci générant une accélération des mouvements de population, ce que jamais l'humanité n'avait connu. Alors, où rencontrer l'âme sœur ?

**Mariages et marieuses**
En termes de réseaux, nous devons rappeler et surtout ne pas oublier de citer les réseaux de « marieuses », sortes de clubs de grandes tantes qui avaient des idées d'alliance à la place des futurs tourtereaux et même de leur famille.
Les mariages traditionnels d'autrefois, regroupements de deux cercles familiaux souvent très similaires, se sont souvent passés lors de rencontres très éphémères entre les familles et les « fiancés», parfois limitées à quelques heures ou à une journée. La célébration de ces mariages « arrangés » était également l'occasion de favoriser et d'encadrer d'autres unions opportunes pour les « lignées » à venir.
C'était déjà une sorte de réseau de prise de contacts préservant l'homogénéité des milieux sociaux concernés.

En dehors de ces cas un peu particuliers, aujourd'hui, les opportunités de rencontres, basées sur des valeurs ou des goûts partagés, sont de plus en plus nombreuses et arrivent lors de festivals, de rassemblements culturels, associatifs, sportifs ou politiques ... pour ne citer que quelques exemples. La proximité des idées, les valeurs partagées, les centres d'intérêts communs y sont l'un des premiers facteurs de rapprochement des futurs mariés.

**Agences matrimoniales**
La profession d'agence matrimoniale a réellement vu le jour au XIX siècle, pour se professionnaliser au XX°. Mais ses activités

individuelles étaient forts limitées en volumétrie, d'où leur nombre. Fonctionnant selon un mode très classique de prise de renseignements, de dialogues, d'établissements de profils, elles proposent des rencontres à l'ancienne, au sein de leur fichier.
C'est tout un réseau qui est ainsi mobilisé pour essayer de mettre en adéquation deux recherches.

Elles revendiquent le sérieux de leur approche et de leur démarche, leur connaissance individuelle des profils proposés, face à l'anonymat du web ou même à des améliorations ou des falsifications de profils sur les réseaux matrimoniaux virtuels (statut et traits de caractère, goûts et loisirs, photos et illustrations diverses ...).
Afin d'améliorer une image très traditionnelle voire un peu vieillotte, elles ont recours aux moyens modernes, identiques à ceux des réseaux du web : rencontres découvertes, évènements, fêtes ... certains se baptisent même « coachs ».

Aujourd'hui, et même si internet a considérablement changé et facilité la démarche pour de nombreuses personnes, les agences matrimoniales ne sont pas mortes, bien au contraire.
Privilégiant la rencontre humaine dès le début de la démarche, personnalisant à outrance leurs procédés, gage de sérieux, tournées vers des rencontres de qualité pour des personnes exigeantes, les agences matrimoniales se portent bien.
Un regain d'intérêt récent amène de nombreux entrepreneur(e)s à saisir l'opportunité de se lancer dans le secteur de la rencontre et d'ouvrir une agence matrimoniale en franchise en utilisant le savoir-faire d'un réseau d'agences.

Des réseaux d'agences matrimoniales en franchise ont donc émergé ces dernières années : Anne Elena Beaulieu, Datin'go, Fidelio, Harmonie, Luna, Unicentre, Unicis ... Certains d'entre eux comptent déjà plus de 100 franchisés entre métropole et DOM-TOM.

**Le 20° siècle : du Chasseur Français au Minitel et au speed-dating**

Crée à l'aube du XX° siècle, en 1885, un magazine précurseur pour son époque, le Chasseur Français, a longtemps été « le » réseau des petites annonces ... et souvent des mariages.

On a tous en mémoire cette annonce célèbre attribuée à ce magazine : « *Cherche femme ayant tracteur, préciser année tracteur…* » !
Il a brièvement cédé la place, en France, au Minitel. Ce dernier a connu un succès foudroyant dans les années 80, mais aussi éphémère que son vecteur.

Innovation des années 90, le montage d'événements entre célibataires, l'organisation de grandes rencontres de plusieurs dizaines d'adhérents autour d'un thème commun (culture, visites, randonnées … ) marche très bien.
Leur but est simple : permettre l'extension d'un réseau, faciliter de nouvelles rencontres, pas forcément amoureuses, dans un cadre festif et joyeux. Ce type d'évènement porte un nom spécifique : le Speed Dating[147].

Par ailleurs, il est aujourd'hui fréquent de rencontrer des couples issus d'horizons géographiques très différents. Le programme européen ERASMUS, qui, depuis plus de 60 ans propose à des étudiants européens de faire une partie de leurs études dans un autre pays de l'Union en est un exemple flagrant[148].

**Internet et nouveaux réseaux**
De nombreux réseaux sociaux (non matrimoniaux) sont également maintenant des vecteurs de rencontres, non matrimoniales. Nous citerons par exemple Facebook, Flickr, Snapchat, Instagram, MeetUp ou Tinder … mais ils agissent tous sous une forme plus « relationnelle » qu' « amoureuse ».

Leur avantage est certain : permettre de sortir du cadre habituel, passer un excellent moment avec un grand nombre de personnes qui partagent majoritairement certains de vos goûts, faire quelques rencontres …en une soirée, voire pour certains évènements une journée ou un week-end.

---

[147] *Littéralement : rencontre rapide*
[148] *L'exposition photographique « Unions européennes, ambassadeurs de l'Europe de demain » du photographe Frédéric de la Mure, est organisée par le ministère des Affaires étrangères et la RATP. Elle présente dans un couloir de la station de métro Montparnasse à Paris, une fresque de 135 mètres qui réunit 22 portraits de couples originaires de différents pays européens.*

Ils peuvent permettre de nouvelles rencontres :

- en partageant des centres d'intérêts communs : Flickr, Instagram, OVS ...
- en gardant contact avec ses amis et en élargissant son réseau aux leurs : Facebook, Viadeo ...
- en rencontrant de nouvelles personnes : Tinder, Agged, Urbeez, Shapr ...

**Les réseaux virtuels de rencontres**

Le temps libre comme le temps de loisirs est limité par le temps de travail et de déplacements, les contraintes diverses et la fatigue de la vie quotidienne. Les occasions de nouvelles rencontres sont donc rares.

Or la France compte plus de 19 millions de célibataires.

Malheureusement, ce chiffre est en assez forte augmentation à l'instar de la croissance du nombre de divorces et de cellules familiales monoparentales.

De plus, l'espérance de vie augmentant, il suffit de regarder la télévision pour voir des promesses d'idylles nouvelles à 60 ans ou plus ... Les réseaux classiques ne peuvent répondre à toute demande, d'autant que ce n'est pas leur finalité principale.

Avec internet et la digitalisation, les sites de rencontres ont donc trouvé dans le réseau des réseaux tout ce qu'ils pouvaient rechercher : la massification permettant un choix large, la technologie au travers de puissantes bases de données et de segmentations, les algorithmes qui permettent de croiser les profils et de présenter une mise en adéquation tout à la fois exceptionnelle et spontanée, la rapidité et la fluidité, les facilités de paiement électronique ...

Reste surtout la magie humaine, la spontanéité ... qu'ils ont su créer au travers de l'image, des messageries, de la vidéo et des rencontres virtuelles. Leur facilité d'utilisation, la disponibilité des fonctionnalités à toute heure de la journée et la capacité à se « déconnecter » de toute personne ou contact embarrassant ont fait leur succès et maintenant leur réputation.

Aujourd'hui, de très nombreux sites de rencontres existent tels que Adopteunmec, Attractive world, be2.fr, Disons demain, eDarling, Elite rencontres, Happn, Edylic, le parfait gentleman, Meetic, Parship, ...

Chaque site a son propre positionnement, certains dépassant allègrement le million de membres (en moyenne 2 à 3 millions, Meetic revendiquant 6 millions de membres). Ils offrent des gammes variées de services, certains sont gratuits et ils innovent en permanence.
Grands communicants, leurs campagnes de publicité sont de plus en plus primesautières et décalées, participant ainsi à banaliser une démarche, personnelle et intime, qui était plus ou moins bien perçue par le passé et restait somme toute discrète.

On peut même observer la naissance de « ponts » entre le réel et le virtuel : Héloïse Dion, créatrice des « pastas parties » (dîners de pâtes organisées pour des célibataires le dimanche soir) a vu son activité racheté par Meetic. Héloïse pilote maintenant des rencontres « réelles » organisées par le site.
On notera enfin l'émergence naturelle de comparateurs de sites de rencontres[149], neutres et gratuits, qui établissent leurs propres règles de comparaison, leurs appréciations et notations.

Cette démarche est d'autant plus nécessaire qu'il existe aujourd'hui en France plusieurs centaines d'agences matrimoniales, comme plus de 1.600 sites de rencontres. Nous vous recommandons de les consulter.

**Made in India**

Mais on ne saurait aborder le sujet du réseautage et de la vie privée sans évoquer une révolution en cours dans la plus grande démocratie du monde : l'Inde.
En effet, les traditions qui y prévalent laissent l'initiative du choix des fiancés aux familles. Et ce, depuis des siècles. Sauf que cet état de fait se conjugue de plus en plus difficilement avec une société moderne, mieux informée et parfois imprégnée de culture occidentale, dont certains des enfants font parfois leurs études à l'étranger.
L'Inde s'ouvre, c'est une réalité. Or les nombreuses castes demeurent, tout comme plusieurs religions bien différentes ainsi que les multiples origines régionales très clivantes.

---

[149] *https://www.classement-sites-de-rencontre.com/lp/top/*
*http://guide-sites-de-rencontres.fr/top-sites/*
*https://www.10meilleurssitesderencontre.fr/*

C'est ainsi qu'un homme, Murugavel Janakiraman, est devenu le nabab du mariage à l'indienne, en inventant Matrimony.com, start-up qu'il a imaginé en 1997 alors qu'il vivait aux Etats-Unis et créée en 1999 à Chennai, sous le nom de BharatMatrimony.
C'est au pays des unions arrangées qu'il a créé un site, puis un portail de plusieurs dizaines de sites, qui aident des fiancés potentiels à se choisir mutuellement.
Le succès est immense, avec plus de 10 millions d'inscrits en base et un chiffre d'affaires supérieur à 40 millions d'euros chaque année.
La promesse de la société est unique : « *L'avenir d'un pays dépend de ses citoyens. De bons citoyens sont le fruit d'un bon rôle parental. Un bon rôle parental est le fruit d'un mariage heureux. Et nous sommes la passerelle pour des mariages heureux* ».

Matrimony.com décline même maintenant son activité selon les différentes castes, religions et origines régionales du sous-continent indien : on retrouve ainsi sur le portail de matrimony.com [150] plus de 20 « sous-sites » régionaux ou religieux, mais également un site pour divorcés, pour militaires, un site réservé aux élites, un site pour passionnés d'automobile …

Un échec ? Oui, au moins un : celui d'avoir essayé des mariages entre différentes castes, comme d'ailleurs le prévoit la constitution indienne. Chassez le naturel …
Murugavel Janakiraman et son équipe de près d'un millier de collaborateurs revendique ainsi quelques millions de mariages « logiques, naturels et spontanés » au pays du mariage « arrangé ».
Si l'on revient à l'esprit de ce livre, où notre message est le lien fort qui doit exister entre réseautage réel et réseautage virtuel, nous relèverons que dès 2002, il a organisé un premier « Mega Swayamvaram » à Chennai, qui est jusqu'à présent le plus grand rassemblement matrimonial physique jamais organisé dans le monde.

Entrepreneur dans l'âme, Monsieur Janakiraman a depuis lancé sa propre chaine de télévision matrimoniale, qui est rapidement

---

[150] *https://www.matrimony.com/*

devenu un bouquet de quelques dizaines de chaines et initié une « journée nationale du mariage heureux » (le 14 avril). Il a de plus lancé plusieurs sites d'organisation et de prestations de mariage et introduit son groupe en bourse en novembre 2017.
Il a également gagné de nombreux prix y compris une entrée dans le Guinness book des records.
Altruiste, il investit aussi dans le bénévolat et les ONG.

Enfin, il décline son concept dans le monde entier[151], et propose des mariages jusqu'en France [152] , à Monaco ou dans l'Antarctique !
L'Inde étant un pays d'entrepreneurs, d'autres se sont également lancés avec succès sur ses traces et dans ce business, comme Shaadi. [153]

---

[151] *https://profile.bharatmatrimony.com/country-matrimonials*
[152] *https://matrimony.fr/*
[153] *https://www.shaadi.com/*

## 6.14 Réseaux et mobilité : je déménage, je m'expatrie

C'est une étape de la vie de plus en plus fréquente pour beaucoup d'entre nous : changer de ville, changer de région, changer de pays, changer de continent ... Dans la plupart des cas et au-delà des raisons positives qui nous amènent à prendre cette décision et au milieu des difficultés rencontrées, celles de l'isolement et de l'intégration sont souvent parmi les plus aigües.

D'expérience et probablement encore plus aujourd'hui qu'il y a 100 ans, le risque d'isolement n'est que relatif : il y a toujours des possibilités de rencontres et de partage nécessaires à une heureuse intégration locale. Celles-ci sont facilitées par le réseautage.

**Avant de déménager**
Dès avant un départ, les réseaux sociaux peuvent, par une simple géolocalisation de vos contacts actuels, vous permettre de savoir qui réside à Berlin ou qui vit à Singapour.
Ils vont également vous ouvrir l'accès à des contacts inconnus jusqu'ici, mais qui vont s'avérer précieux : ceux des membres de vos différents réseaux qui se trouvent dans la ville ou le pays de destination.
Que ce soit les anciens de votre école, les camarades de promo ou de sports, les amis de telle ou telle région, en croisant l'ensemble de vos réseaux sociaux et la nouvelle localisation, le potentiel de contacts est probablement (déjà) assez impressionnant. Sauf à être membre d'aucun réseau et à aller s'installer sur la lune ...
Voilà traitée la première étape : celle du premier cercle concentrique, celui de vos propres réseaux.

Le second cercle concentrique, souvent très appréciable même s'il donnera des contacts limités en nombre, est celui du réseau de deuxième rang : les amis d'amis, les relations de relations ...
Nous avons tous une relation ou une cousine, un ex-collègue ou une camarade de promo qui connaitra quelqu'un d'appréciable dans notre nouvelle ville de destination. Ami d'ami, le contact

sera aisé dans sa réalisation, facile dans la rencontre et peut être s'avèrera-t-il qualitativement très appréciable[154].

Enfin, et si vous restez en France, la participation rapide à des activités associatives, culturelles ou sportives, ou l'intégration aux AVF ou à OVS devrait très rapidement vous permettre de vous sentir « at home ».

**A l'arrivée à l'étranger**

A l'étranger, le troisième cercle est inconnu à priori, mais localement nombreux et peut être puissant.

N'hésitez pas à aller frapper à la porte des différents clubs, associations ... de français ou expatriés à l'étranger. Consulats et Ambassades ont à jour des listings entiers de clubs et associations. L'Alliance française[155], les écoles françaises également. Il semblerait difficile de ne pas y trouver quelques contacts intéressants. On notera que le réseau des Alliances Françaises est présent dans 132 pays, au travers d'une quarantaine de délégations générales. A travers le monde, ce sont plus de 800 Alliances Françaises avec plus de 500.000 étudiants qui sont regroupés ...

L'Alliance Française a 3 missions :

- proposer des cours de français, en France et dans le monde, à tous les publics,
- mieux faire connaître la culture française et les cultures francophones, dans toutes les dimensions,
- favoriser la diversité culturelle en mettant en valeur toutes les cultures.

C'est un merveilleux portail d'entrée dans la plupart des pays. A consommer sans modération !

S'il s'agit d'une expatriation du mari, les épouses trouveront également de très nombreux contacts au sein des écoles, associations de parents d'élèves, groupes de sports, de sorties ou de découvertes de la région ...

Avec un minimum de sociabilité, il ne parait pas envisageable qu'un petit noyau relationnel ne soit pas ainsi constitué dans les trois premiers mois, ce qui permettra de réussir son intégration.

---

[154] *Les auteurs de cet ouvrage, ayant maintes fois déménagé, peuvent l'attester.*

[155] *https://www.fondation-alliancefr.org/*

Enfin, quatrième cercle, l'inconnu. Osez !
Osez aller rechercher sur internet les clubs de français de telle ou telle région[156], ceux qui sont fanas du même sport que vous et qui sont de multiples nationalités (nous parlons tous l'anglais aujourd'hui ... ) ou ceux qui partagent vos centres d'intérêts et passions : cheval ou yoga, cuisine ou photographie, histoire de l'art ou randonnées ... vos passions se retrouvent à tous les coins de la planète.
Allez les partager avec des inconnus, ceux-ci deviendront vite, pour certains d'entre eux, des relations voire des amis.
Dans la plupart des villes de France et certaines villes d'Europe, le réseau OVS sera un excellent vecteur.

**Et pour quelle réciprocité ?**
Changeons de casquette et imaginons ce que vit une famille suédoise qui s'installe à Toulouse, ou un étudiant argentin qui vient passer deux ans à Paris.
Saurions-nous leur manifester de l'intérêt, leur témoigner un peu de chaleur dans notre accueil, du temps pour échanger, partager une soirée, vivre ensemble une fête entre amis ... et partager quelques-unes de nos relations ? Très probablement oui.
Et nous revenons ainsi à l'un des principes de base du réseautage : don et contre-don.

---

[156] *Nous avons découvert un club des Bretons de Catalogne à Barcelone !*

## 6.15 Réseauter au quotidien : je vis, j'achète ... mieux grâce à mes réseaux

« *Connais-tu un bon dentiste ? Au fait, sais-tu où je pourrais trouver un bon prix pour l'entretien de ma voiture ? Je recherche un bon avocat, peux-tu m'aider ?* »
C'est dans la vie quotidienne de chacun d'entre nous que le réseautage peut apporter ses bénéfices les plus marquants.
Que ceux-ci soient en efficacité et en rapidité à trouver la solution adéquate, en rapport coût-prestation par rapport à un marché multiforme où toutes sortes d'offres existent ... ou tout simplement en confort de vie : j'ai des amis et des relations, je sais que je peux les solliciter pour avoir les « meilleurs tuyaux ».

Se posent par exemple des milliers de question au sujet desquelles votre entourage, proche ou un peu moins proche, pourrait vous épauler dans votre quête d'informations :

- quel est le pâtissier de la ville sachant faire les meilleures bûches de Noël ?
- quel est le meilleur lycée de la ville, quelle crèche choisir pour mon bébé ?
- comment trouver une ou une amie pour une colocation ?
- qui saurait organiser pour moi un anniversaire ou une soirée surprise ?
- qui a les idées les plus sympathiques pour une sortie théâtre ou cinéma ?
- qui peut me recommander une baby-sitter sérieuse ?

**L'orientation du réseau au quotidien est-elle pertinente ?**
Oui, car ces réseaux de notre entourage nous orientent le plus souvent bien, ou pour le moins au mieux, car ils sont désintéressés.
Il n'y a aucun rapport marchand ou monétaire dans la relation ou le conseil, simplement la gratuité du geste, du « don d'une mise en réseau ». La phrase la plus souvent entendue est alors : « *appelle-le de ma part* ».
Et que ce soit un avocat, un boucher ou un brocanteur ... le sésame est là. « *Madame Dupont m'a recommandé de m'adresser à vous, Je viens de la part de Monsieur Antoine ...* »
Et au travers de cet échange, l'effet réseau se constitue et peut même se répercuter, voire se démultiplier.

C'est ce que l'on appelle la rumeur positive, ou encore le Buzz. *« Ma voisine m'a recommandé ce plombier, il est épatant, rapide et pas trop cher. Je te le recommande également … »*

N'oublions pas non plus que votre réseau peut vous apprendre à mieux réseauter ! Que ce soit pour le choix d'un nouveau réseau, ou dans des pratiques, ou encore pour recevoir des petits conseils d'utilisation ou de fonctionnement, il n'y a pas plus désintéressé que votre réseau pour vous conseiller.

**Qui devons-nous solliciter ?**
Ces réseaux du quotidien, ce sont nos familles, nos amis, nos collègues … tout notre entourage proche ou peu éloigné.
Mais également nos connaissances : voisins ou concierges, la boulangère ou le pharmacien, le coiffeur qui connait tout le monde et qui se préoccupe de notre personne pendant 30 minutes, le marchand de journaux … .
Même le dentiste, à qui nous ne pouvons pas répondre, peut nous donner des tuyaux relationnels : il en voit du monde …
Toutes ces professions que nous côtoyons au quotidien et qui sont à notre porte, connaissent notre quartier, notre ville ou notre village. Ils sont le plus souvent de bon conseil.

Parfois, un réseau est utilisé pour approfondir une recherche difficile. Il montrera alors pleinement sa force et sa puissance et à vous l'intérêt et la nécessité d'en être.
La recherche d'emploi, évoquée plus haut, en étant l'un des points essentiels.

Cette démarche suppose bien évidemment que vous aurez à identifier qui fait quoi dans vos amis pour les mobiliser utilement, à identifier les compétences des uns et des autres, à dialoguer avec vos réseaux sur ce sujet, souvent en anticipation. Les plus ordonnés prendront quelques notes dans un carnet ou sur leur smartphone et les mieux organisés ouvriront un tableau Excel dans leur ordinateur.

Ne souriez pas, ce sont eux les plus efficaces et les plus rapides … et ce sont ces amis-là dans vos réseaux que vous irez vite questionner car vous savez qu'ils ont la réponse. Car il existe un revers à cette démarche : le membre de votre réseau qui vous passera un mauvais tuyau se le verra reprocher, à juste titre. Il risque de ne plus être questionné ni par vous, ni par votre réseau.

**Et quand devons-nous les solliciter ?**

A tout instant ! La vie est un réseautage permanent, qui commence par le tutorat que les parents et les familles font avec les enfants puis qui se démultiplie avec la constitution de divers réseaux au travers d'une vie.

N'hésitons donc jamais à solliciter notre famille, nos amis, notre réseau proche, nos réseaux.

N'oublions jamais que ce geste est également gratifiant pour eux car il est une reconnaissance de leur valeur, un attribut de considération que nous leur donnons, peut-être même une fierté pour eux.

## 6.16 Le monde est un village ...

**Le village mondial**

Amis d'enfances ou de vacances, camarades d'école, anciens collègues ... ou même cousins vivent maintenant aux quatre coins de la planète.

A l'heure d'Airbnb et des compagnies aériennes LowCost, de Skype et de WhatsApp, communiquer et échanger, se voir le temps d'un week-end ou se retrouver à quatre à Lisbonne est devenu d'une simplicité extraordinaire. Voire pour certains d'une grande banalité ...

Les réseaux, en particulier les réseaux sociaux comme Facebook ou les médias sociaux comme Skype ou WhatsApp, sont aujourd'hui quasiment incontournables et participent pleinement à cette animation de « votre village mondial ».

Ceux-ci permettent aussi de retrouver des amis perdus aux quatre coins du monde, de renouer avec le cousin d'Amérique, de retrouver un camarade de travail perdu de vu depuis qu'il est parti s'installer au Japon.

Il y a plusieurs moyens de retrouver des personnes « perdues de vue » en ligne.

Voici plusieurs méthodes et supports pour y arriver :

- via les moteurs de recherche : contentez-vous de taper le prénom et le nom de la personne recherchée directement. Si la personne a développé un blog, possède un site, est inscrite dans un réseau social ou a été citée ou répertoriée par l'entreprise qui l'emploie ou une association dont elle fait partie, c'est gagné !
- via les annuaires des sites des réseaux sociaux (type Facebook, Linkedin, Viadeo),
- via des sites Internet des associations d'anciens élèves,
- via des sites spécialisés dans la recherche de personnes (Copains d'avant, Trombi.com, Meetland ...)

**Nouveaux amis**

Qu'il est également facile de se trouver de nouveaux amis aux quatre coins du monde ... qu'il est aisé de dialoguer avec eux, d'échanger, voire de les rencontrer et qu'il est simple et naturel de partager avec eux une même passion, voire d'échanger avec eux un moment de vos vies, de partir ensemble en vacances !

La langue peut être une barrière, c'est en tout cas un challenge. Savoir comprendre et maîtriser les 300 à 500 mots d'anglais de base vous permettra de dialoguer avec quasiment quiconque sur cette planète.

Les réseaux d'aujourd'hui, réels comme digitaux, nous permettent de vivre des aventures humaines extraordinaires. Profitons-en !

# 7. 29 réseaux en détail

Nous vous présentons ci-dessous, car c'est l'esprit de ce livre-guide, une trentaine de réseaux, réels ou virtuels, parmi ceux qui pourraient vous accueillir. Loin d'être exhaustive, cette mise en avant des principaux grands réseaux se veut une aide technique et factuelle.
Pour plus de commodité, ce répertoire vous est présenté par ordre alphabétique.

## 7.1 L'ANDRH (Association Nationale des Directeurs des Ressources Humaines)

**Description**
L'ANDRH[157] est l'acteur de référence pour les entreprises dans le domaine des ressources humaines. La collaboration et la coopération entre les membres, les groupes locaux et les partenaires sont essentielles pour l'ANDRH qui rassemble tous les professionnels des ressources humaines de tous les secteurs d'activité et de toutes les organisations, petites ou grandes, publiques ou privées, nationales, européennes ou internationales.

**Histoire et culture**
Créée en 1947, elle est la communauté la plus représentative des professionnels des ressources humaines en France.
Elle se mobilise également sur de forts enjeux internationaux. Elle est membre fondateur, et donc, membre de l'exécutif permanent de l'EAPM (European Association for People Management), l'association européenne des ressources humaines. Cette association a la volonté, à son échelle, de développer et promouvoir la fonction RH au travers des vingt-sept pays qu'elle représente.

---

[157] *https://www.andrh.fr/*

**Chiffres d'utilisation**

Avec près de 5000 adhérents organisés en 80 groupes locaux, dont 18 en Ile-de-France, elle est la plus grande communauté de professionnels des ressources humaines en France.

**Fonctionnalités**

Elle s'est donné trois missions principales :

– promouvoir la fonction RH

– créer de valeur pour les adhérents

– être force de proposition auprès des pouvoirs publics, des partenaires sociaux, des instances européennes et internationales et le porte-parole des organisations.

Chaque année, l'ANDRH détermine des sujets phares à partir des études et analyses qu'elle peut mener.

Elle réalise notamment une étude avec le Boston Consulting Group sur l'état des ressources humaines en Europe et la prospective à dix ans.

**Spécificités / particularités**

Les adhérents sont :

– les étudiants en RH, qui seront les DRH de demain. Dans le cadre des Trophées Juniors, ont été créés les Espoirs RH pour récompenser le meilleur mémoire en Master RH. L'objectif est de donner aux jeunes potentiels de la fonction RH une capacité à comprendre et anticiper les problématiques RH et les mettre en relation avec des DRH

– les juniors, des professionnels de moins de 35 ans et qui ont pris, après leurs études, une fonction RH mais dans laquelle ils sont encore juniors

– les DRH et responsables RH en poste

– les membres honoraires, qui ont occupé des fonctions RH et sont à la retraite aujourd'hui. Ils ont une valeur ajoutée à apporter en partageant notamment leur expertise

– enfin, les membres associés (chercheurs, universitaires, avocats, cabinets de recrutement… ).

Enfin, l'ANDRH a rassemblé des clubs qui sont plus informels et qui regroupent des DRH autour d'une thématique de façon à pouvoir en échanger les bonnes pratiques, comme le club de l'audiovisuel/presse, ou d'un même métier, comme le club talent management.

Si chaque groupe local se réunit au moins une fois par mois au cours de l'année et organise des évènements, l'équipe nationale propose également de nombreuses rencontres :
– Le Cercle des Paradoxes, créé fin 2003, il a pour objectif de faire découvrir l'ANDRH aux professionnels de la fonction ressources humaines non membres. Il réunit des DRH une fois par mois à la maison des ressources humaines pour débattre d'une question qui interroge les DRH placés au cœur des contradictions de l'entreprise ou de l'administration.
– Le Groupe Miromesnil est composé des DRH des 200 plus grandes entreprises du CAC 40 élargi. Ils se réunissent une fois par mois autour d'une personnalité (politique, spectacle, arts, littérature, monde de l'entreprise). Il s'agit d'un débat ouvert et interactif.
– En septembre 2009, a été créé le « 1er café » en partenariat avec Le Monde économie. Y sont invités un universitaire ou un chercheur pour dégager une vision différente des ressources humaines et permettre les échanges
– Les Matinales en partenariat avec le cabinet d'avocats Capstan (trois rencontres annuelles pour traiter de l'actualité sociale)
– L'Agora juridique en partenariat avec le Cabinet Fidal qui décrypte l'actualité jurisprudentielle
– La Nuit de la formation professionnelle aux côtés du GARF récompense les meilleures initiatives en matière de formation, professionnalisation, insertion
– L'ANDRH est aussi partenaire de nombreux évènements comme le Trophée du Capital Humain avec Michael Page et Le Monde.

**Conseils d'utilisation et de mise en œuvre pour un bon réseautage**

Si vous occupez un poste dans les ressources humaines, il sera indispensable de vous inscrire à l'ANDRH et si vous êtes en recherche d'emploi (à un certain niveau), il sera judicieux de tenter de vous faire inviter à l'une de leurs nombreuses manifestations… Le réseau, toujours le réseau…

## 7.2 BNI (Business Network International)

**Description**

Business Network International[158] (BNI) est un remarquable réseau d'affaires professionnel basé sur la recommandation mutuelle. Il rassemble des dirigeants d'entreprise, des professions libérales, des TPE et PME qui souhaitent développer leurs affaires en respectant impérativement des règles quasi immuables « à l'américaine ».

Avec sa présence mondiale, BNI constitue un réseau professionnel international sans équivalent à ce jour.

**Histoire et culture**

BNI a été fondé en janvier 1985 à Acardia en Californie par Ivan Misner accompagné de Graham Weihmiller et s'appelait originellement : « The Network ».

En 1991, Ivan Misner constate que l'organisation est sur le point de passer à une dimension internationale et pour préparer ce changement, il abandonne le nom « The Network » pour adopter « Business Network International ».

Rapidement l'acronyme BNI s'impose dans une logique de simplicité et de stratégie de marque.

BNI s'implantera en France fin 2005 sous l'impulsion de Marc-William Attié, lors d'une présentation à l'Hôtel Intercontinental à Paris où nous sommes intervenus avec Danièle Rousseau, à l'époque Présidente de « Dirigeantes ».

**Chiffres d'utilisation**

Le nombre de membres au 1er janvier 2018 est d'environ 227 000 dans 75 pays répartis en plus de 8200 groupes (appelés Chapters) pour un volume de recommandations de plus de 10 millions représentant une valeur totale d'environ 14 milliards $ US (12 milliards d'euros)

**Fonctionnalités**

BNI repose sur un ensemble de principes directeurs constituant les fondations sur lesquelles ses membres interagissent, mènent leurs activités et atteignent leurs objectifs professionnels.

---

[158] *https://www.bni.com/fr/*

Le principe est simple : créer des groupes d'entrepreneurs avec une règle simple : un seul acteur par spécialité pour ne pas générer de conflits d'intérêts et les faire se recommander mutuellement chez leurs clients (un graphiste recommandera un comptable qui recommandera un créateur de site internet, etc.)
L'usage veut que, en suivant assidument ces règles, on puisse développer son chiffre d'affaires de 20 à 40 % relativement rapidement.

**Spécificités / particularités**
Une des particularités de ce réseau d'affaires tient au fait que les membres s'engagent à assister physiquement à toutes les réunions hebdomadaires et à se faire remplacer en cas d'empêchement.
Ces derniers se réunissent obligatoirement chaque semaine pour échanger des recommandations professionnelles et développer une relation de confiance avec les autres.
Chaque groupe BNI est constitué localement de 30 à 40 membres et les réunions se déroulent de 7 h 30 à 9 h du matin dans une ambiance conviviale autour d'un petit-déjeuner : elles suivent un ordre du jour précis qui permet la formation et la stimulation des autres membres du groupe.
Chaque recommandation est ensuite consignée sur un bon de recommandation permettant au comité directeur du groupe d'analyser le chiffre d'affaires généré entre ses membres et la bonne santé du groupe.

**Conseils d'utilisation et de mise en œuvre pour un bon réseautage**
BNI propose à ses membres des formations aux méthodes BNI pour créer, gérer et développer leur réseau professionnel.
C'est un bon « booster » de votre activité (surtout si vous venez de la créer), en revanche, vous devrez vous acquitter d'un droit d'entrée non négligeable, prévoir un budget pour les quelques 40 petit-déjeuners annuels et surtout être impérativement, une fois par semaine, présents aux réunions (très) matinales.
Faites au moins un essai dans un groupe en création à proximité de votre lieu d'habitation ou d'activité, ce sera un bon test.

## 7.3 Le CJD (Centre des Jeunes Dirigeants)

**Description**

Le CJD[159], regroupement de « jeunes dirigeants » (PME et TPE principalement), se développe à partir de la conviction que « l'économie est au service de l'Homme ». Il incarne la clef de la compétitivité des entreprises françaises. Le CJD est un mouvement non partisan et se veut une force de propositions concrètes pour relancer l'emploi et pérenniser les entreprises.

**Histoire et culture**

Créé en 1938, le CJD demeure le plus ancien mouvement patronal français. Depuis près de 80 ans, il élabore des outils et méthodes permettant à ses adhérents de progresser et de pérenniser leurs entreprises.

**Chiffres d'utilisation**

L'association compte 4500 adhérents - Entrepreneurs et cadres dirigeants - répartis en France et représentant plus de 500 000 emplois. Elle se répartie en 17 antennes régionales s'appuyant sur 118 sections locales auxquelles s'ajoutent 18 CJD internationaux et une vingtaine de correspondants dans le monde.

Chaque année, plusieurs centaines de chefs d'entreprises rejoignent, comme 75 000 dirigeants avant eux, le CJD.

**Fonctionnalités**

Les valeurs du CJD sont basées sur ses engagements. Ceux de son comité de direction auprès des plus hautes instances nationales, mais aussi les engagements de chaque membre au sein de son entreprise et de son territoire. Un seul objectif déjà évoqué : « mettre l'économie au service de l'Homme ».

La jeunesse du CJD tient d'abord au très fort dynamisme de ses nombreuses implantations sur le territoire.

Ses 117 sections proposent chaque mois une plénière thématique avec des acteurs phares de la société civile mais aussi des commissions de travail pour permettre aux jeunes dirigeants de progresser ensemble et de rendre leurs entreprises plus performantes.

---

[159] *http://cjd.net/*

De très nombreuses publications et rapports sont édités par le CJD. Parmi les sujets récemment abordés : la simplification administrative, l'emploi, la fiscalité, le développement des PME, la jeunesse, la formation, le redéploiement des aides publiques...

**Spécificités/particularités**

Pionniers de la RSE (Responsabilité Sociale de l'Entreprise), les membres du CJD prouvent chaque jour qu'il est possible d'être à la fois libéral et responsable. Pour le CJD, l'entreprise est un moyen de réunir les hommes et les femmes autour d'un projet commun et d'un rêve partagé afin de procurer du bien-être à la société.

Innover, c'est gagner, telle est la conviction que le CJD expérimente en permanence pour et avec ses membres.

Il est partie prenante dans les récentes évolutions du monde de l'entreprise : développement durable, RSE, agilité, alliances, bien-être en entreprise, économie de la fonctionnalité...

Dans ses commissions, certaines des plus grandes innovations de la gouvernance d'entreprises ont été expérimentées en avant-première : les groupements d'employeurs, l'instance unique de représentation du personnel, la formation en alternance, la commande publique responsable ou encore l'annualisation du temps de travail...

**Conseil d'utilisation et de mise en œuvre pour un bon réseautage**

Le CJD souhaite aujourd'hui partager ses savoir-faire avec tous ceux qui peuvent et veulent changer le monde, dans des valeurs communes : les acteurs du changement.

Entrepreneurs, professeurs, co-workers, créateurs d'entreprises, banquiers, tous ont le potentiel de faire bouger les choses. Si vous êtes de ceux-là, vous y trouverez de bonnes réponses pour développer un réseautage local efficace et convivial.

## 7.4 les DCF (Dirigeants Commerciaux de France)

**Description**

Le mouvement des Dirigeants Commerciaux de France[160] est une association professionnelle et amicale de femmes et d'hommes qui constituent le premier réseau d'entrepreneurs et d'experts de la fonction commerciale.

À ce titre, chaque membre contribue, par son action locale, régionale et nationale, à promouvoir et valoriser une fonction commerciale toujours plus professionnelle, reconnue dans sa contribution permanente à une économie efficace au service de l'Homme.

Ses valeurs reposent sur quatre points forts :

- le professionnalisme, seule et unique clef de valorisation de la fonction commerciale
- l'éthique commerciale, faite d'une idée partagée de l'honnêteté professionnelle, associant rigueur, clarté et transparence
- l'entraide professionnelle, qui, dans une économie de turbulences et d'incertitudes, demeure au cœur de la relation entre les individus
- enfin, l'engagement, que chaque DCF incarne concrètement par le don à son association et au mouvement de temps, de compétences, d'expériences et d'énergie.

**Histoire et culture**

La création du mouvement date de 1930 et la mise en place effective de la fédération nationale ne s'est réalisée qu'en 1952. Fort de 85 ans d'histoire, ses membres se mobilisent et organisent de nombreux événements pour répondre à deux objectifs essentiels :

- développer la culture commerciale en France
- promouvoir les fonctions liées à la vente en France.

Ses pratiques s'articulent autour de quatre vecteurs principaux :

- susciter des échanges interprofessionnels de qualité autour de la fonction commerciale

---

[160] *http://www.reseau-dcf.fr/dcf*

- valoriser en permanence le travail en commun au sein de l'association, au travers d'une participation active, innovante et dynamique
- développer et entretenir, dans et hors la Cité, un réseau authentique, source de liens professionnels et amicaux privilégiés entre ses membres
- réfléchir aux évolutions de l'entreprise sous l'angle de la fonction commerciale, pour prendre position et affirmer clairement ses convictions

**Chiffres d'utilisation**

Elle comprend environ 3000 adhérents au travers 82 associations locales.

**Fonctionnalités**

Chaque année, 5 rencontres d'une demi-journée sont organisées autour de groupes à taille humaine de 15 participants, appuyés par un animateur et un expert.
Les comptes rendus seront publiés et intégrés à l'observatoire DCF de la fonction commerciale et donneront lieu à une grande soirée de débat annuelle.
Les DCF souhaitent plus que jamais être une source fiable d'informations sur les métiers de la vente.
L'association a lancé DCF Lab, une structure apte à générer des études, des baromètres sur l'univers commercial. Associés ainsi à OpinionWay et Comdata Group, les DCF ont construit un baromètre de la fonction commerciale dont les résultats seront dévoilés dès Mai 2018 à l'occasion du Congrès National à Nantes.

**Spécificités / particularités**

L'ambition de mettre en avant la fonction commerciale en France est toujours aussi intact au sein des directeurs commerciaux de France (DCF).
En parallèle, devra être dévoilée prochainement la charte du management commercial vu par les Millénials.
Réunis en congrès, en septembre 2017, en Ardèche, 50 jeunes commerciaux ont réfléchi à la façon dont ils souhaitent être managés. L'idée : donner des clés à des managers parfois perdus face à la génération Y.
Dix thèmes ont été identifiés donnant lieu à 35 propositions qui seront là encore dévoilées lors d’un Congrès prévu à Nantes.

Autre volet sur la formation : la refonte du Concours national de la commercialisation (CNC). Désormais celui-ci souhaite offrir une place plus importante aux écoles de commerce pour intégrer ce concours dans le processus de formation scolaire. La nouvelle version de ce concours devrait miser davantage sur le serious game, la vidéo, le travail d'équipe pour travailler des stratégies commerciales sur des cas business.

**Conseils d'utilisation et de mise en œuvre pour un bon réseautage**

Si vous êtes dans la fonction commerciale, intégrer ce réseau, surtout en province, (sans pour autant exclure Paris !) sera d'une aide précieuse pour votre intégration dans les tissus industriels et de services locaux.

## 7.5 Facebook

**Description**

Avec plus de 2,2 milliards d'utilisateurs actifs dans le monde, Facebook[161] est aujourd'hui « LE » réseau social de référence. Adulé ou critiqué, craint ou envié, Facebook est un colosse incontournable du réseautage.
La généralisation du smartphone à travers le monde ces 10 dernières années a complétement boosté son activité.

Facebook est un réseau social généraliste, à usage majoritairement privé. Il s'oriente également progressivement vers le monde de l'entreprise, avec des applications dédiées comme WorkPlace.
Facebook permet de partager informations ou contenus, de communiquer et de garder le contact avec sa famille et ses amis, voire ses collègues, de suivre l'actualité ou d'y réagir, d'organiser sa vie communautaire (soirées, sorties ...), de participer à des activités thématiques (au travers des groupes) et enfin de suivre ses marques préférées. Au travers de Messenger, Facebook est également une messagerie.

**Histoire et culture**

Facebook a été créé en 2004 par Mark Zuckerberg, brillant étudiant en informatique de l'université de Harvard. L'idée était de faire un trombinoscope relationnel (un facebook) entre les étudiants des différentes universités de la côte Est des Etats-Unis. Malgré quelques péripéties initiales, très vite, le projet devient un succès.
Il sera rejoint quelques mois plus tard par une bande de copains. C'est ainsi qu'en 2006, Facebook sort du cadre universitaire et est ouvert à tout un chacun.

Facebook s'installera ensuite en Californie, ce qui va participer à créer autour de l'application et du nom de la société une image très porteuse : équipes relax, campus détendu à Palo Alto dans la banlieue de San Francisco, management jeune et pratiques managériales modernes ...
Tous les ingrédients sont là pour accompagner ce qui va devenir un énorme succès. En mai 2012, Facebook s'introduit en bourse

---

[161] *http://www.facebook.com*

pour plus de 100 milliards de dollars. Cette levée de fonds et la capitalisation boursière qu'elle représente participe à la déstabilisation de certains marchés, en raison du poids beaucoup moins important des capitalisations de « l'économie classique ».
Ayant dépassé les 2 milliards de comptes, Mark Zuckerberg est entre temps devenu une vraie star mondiale, milliardaire cool et détendu à la tête d'une fortune d'environ 70 milliards de dollars.
Facebook va être l'objet de très nombreux débats.

Représentant de facto du phénomène culturel créé par les médias sociaux, Facebook fait l'objet de grands débats sociétaux, comme d'attaques régulières.
On lui reproche le temps passé (et perdu ?) par les ados et par les jeunes et les moins jeunes, dans certains cas l'hystérie provoquée par des harcèlements entre lycéens, la propagation de fausses informations, l'utilisation éventuelle des données personnelles des utilisateurs comme de leur géolocalisation permanente, l'historisation des données publiées y compris les contenus photos et vidéos ... et sa délocalisation fiscale.
Très récemment, Facebook a été successivement confronté au scandale des Cambridge Analytica (utilisation des données de 50 à 85 millions d'américains pour la campagne électorale, via le téléchargement de l'application "This Is Your Digital Life"), à la convocation de Mark Zuckerberg devant le parlement britannique, puis dernièrement à des accusations de censure.
Le retour éventuel de Facebook en Chine (voir infra) suscite également de très nombreuses polémiques, y compris en interne : au nom d'un compromis, Facebook devra-t-il accepter une forme de censure ?
Un temps présenté comme un candidat potentiel à la Maison Blanche, Mark Zuckerberg est ainsi confronté à de très nombreuses tempêtes. Mais le réseau reste sain grâce aux recettes publicitaires générées.

On notera que Facebook est interdit en Chine et en Corée du Nord et que son accès a été régulièrement suspendu ou pour le moins perturbé dans des pays comme l'Iran ou le Vietnam et plus récemment en Turquie.
On comprendra aisément pourquoi.

La liberté d'expression n'étant pas unilatérale, le réseau a également pris des mesures de blocage et de fermetures de compte concernant les activités de terrorisme, de trafics divers, de blanchiment d'argent ...

**Chiffres d'utilisation**

Ils sont colossaux : Facebook annonce en 2018 plus de 2,2 milliards d'utilisateurs actifs dans le monde, dont plus de 35 millions en France. Chiffre d'autant plus remarquable qu'il ne comporte pas les chinois de Chine ...

Le lundi 24 août 2015, un record incroyable a été atteint : pour la première fois, un milliard de membres à travers le monde ont utilisé Facebook ! On croit rêver.

**Fonctionnalités**

Facebook est un réseau extrêmement varié et large, qui offre de très nombreuses fonctionnalités.

Au-delà de la présentation de votre profil, en textes et en contenus multimédia (photos et vidéos), Facebook vous permet de partager et de diffuser votre actualité.

A chaque fois en sélectionnant le niveau de diffusion souhaité (le monde entier, les amis de vos amis, les amis seulement, personne (!).

Cette diffusion d'informations et de contenus est l'essence et la raison même du phénomène Facebook.

Au-delà, vous pouvez communiquer et garder le contact avec votre famille et vos amis, voire vos collègues ... et d'organiser votre vie communautaire (soirées, sorties ...), de participer à des activités thématiques (au travers de communautés d'intérêts, des hobbies, des sports ...) et enfin de suivre vos marques préférées.

Facebook permet également de suivre l'actualité et d'y réagir, mais attention à ne pas y laisser de trop forte empreinte politique.

Les groupes, extrêmement nombreux (ils seraient ... ?) vous permettre de satisfaire des besoins spécifiques : les bretons de Catalogne, les amateurs de pêche à la mouche du Périgord, les amoureux du Gers, les passionnés d'aviation ou de voitures anciennes ... Chacun d'entre nous trouvera chaussure à son pied et pourra ainsi se faire de nouveaux amis.

Début 2018, Mark Zuckerberg a annoncé lors d'une conférence que FB allait se lancer dans la relation intime, en lançant un site

de rencontres. Il a même précisé que ce nouveau service de « dating » serait voué à des « relations durables » plus qu'à celles d'un soir.
Excellente approche quand on sait le développement de l'activité matrimoniale en ligne (voir 6.12) et juteux calcul quand on apprend que près de 200 millions de célibataires sont « déjà » sur Facebook.
Reste à voir les détails exacts de Dating on Facebook, annoncé pour fin 2018, dont on sait déjà que séparation des profils comme protection des données seront des sujets sensibles.

**Spécificités / particularités**
Une application spécifique permet, en cas de crise majeure extrêmement grave (tsunami, attentats ...) aux personnes localisées dans un périmètre défini de signaler qu'elles sont indemnes.
Beau geste de solidarité, malheureusement activé à Paris comme à Nice lors des attentats de 2015 et 2016.

**Conseils d'utilisation et de mise en œuvre pour un bon réseautage**
Nombreux sont ceux qui ont, sur Facebook, une autre identité que la leur (surnoms, abréviations, l'anagramme de leurs noms ou prénoms ... )
Cette pratique présente des avantages certains de protection de votre personnalité, mais en revanche s'avère un obstacle difficilement surmontable dans le cas d'une politique de réseautage.
Or ceci étant le sujet de cet ouvrage ...

Pour les entreprises, comme pour le travail en réseau, nous recommandons WorkPlace.
Il s'agit d'un réseau social interne d'entreprise, vrai portail collaboratif : échanges, partages, transferts, meetings ... y sont aisément organisables.
WorkPlace, que vous personnalisez au nom de votre entreprise ou de votre projet et dont vous limitez bien évidemment l'accès à des personnes autorisées, assure également de par sa nature une « forme de secrétariat » pour un groupe de personnes collaborant ensemble et s'avère particulièrement intéressant pour les équipes qui ne sont pas dans un même lieu géographique.

Ayant une ergonomie très aisée, donc un accès pédagogiquement ouvert au plus grand nombre, WorkPlace, qui s'appelait initialement Facebook at work (2016), est maintenant gratuit depuis 2017 pour ses applications de base.

## 7.6 Gens de confiance (GDC)

**Description**

L'idée fondatrice de Nicolas Davoust, Président fondateur de Gens de confiance[162] et de ses deux comparses Enguerrand Léger et Ulric Le Grand, est de « valider et sécuriser » les transactions d'achats/ ventes ou d'échanges de biens et de services sur internet entre particuliers essentiellement par le parrainage des futurs membres par ceux qui sont déjà inscrits et utilisateurs référencés. Pour intégrer le site, trois parrains sont nécessaires.

**Histoire**

Elle commence en 2014 avec les trois fondateurs et balbutie pendant un an et demi. Puis arrive rapidement à 50 000 membres sans publicité et simplement par le « bouche à oreille », conforté par le principe de la « recommandation ».

Avec pour conséquence positive une homogénéité certaine de la population des internautes corrélée à un principe d'exclusion pour ceux qui ne respectent pas les règles du jeu. Les administrateurs du site se réservent le droit d'exclure (temporairement ou définitivement) « parrains » ou « parrainés » s'il y a le moindre litige sur la conformité entre le bien ou le service proposé et celui constaté. De fait, les litiges sont rares et traités rapidement.

**Culture**

Les valeurs de GDC sont la bienveillance, l'honnêteté et la solidarité. Ils innovent sur le net et ont profondément modifié la manière de consommer les biens et les services. Les échanges entre particuliers (peer-to-peer) prennent une part de plus en plus importante dans l'économie : donner ou vendre des objets non utilisés, louer ou échanger sa maison ou sa voiture entre particuliers deviennent monnaie courante.

Pourtant, ce changement de paradigme ne se fait hélas pas sans heurts et laissés-pour-compte. Certains abusent impunément des moins informés alors que les personnes honnêtes et fiables ne sont pas reconnues à leur juste valeur.

Depuis plus de trois ans GDC s'est donné pour « mission » de corriger cela en développant un réseau de confiance

---

[162] *www.gensdeconfiance.fr*

encourageant la responsabilité personnelle de chaque membre pour que tous puissent échanger sereinement.
Ils y sont globalement bien arrivés.

**Chiffres d'utilisation**

Le réseau de GDC atteint aujourd'hui plus de 300 000 membres, partout en France et à l'étranger (Belgique, Suisse, expatriés…). Ce nombre est une force pour que les annonces trouvent preneurs.
Ainsi, le taux de succès global des annonces est passé de 63% en 2016 à 67% en 2017.
GDC dispose aujourd'hui de trois sources de revenus complémentaires :

- Les dons : ils atteignent 40% du CA ce qui est exceptionnel dans la culture du web où tout devrait être gratuit et montre à quel point les « membres » ont envie d'accompagner la progression de ce site
- Les options payantes pour les annonces (30%)
- Les abonnements pour les annonces de maison de vacances (30%)

Le site propose environ 17 000 maisons de vacances par an en location, recueille un millier d'annonces par jour et le taux de conclusion favorable est de l'ordre de 65 %.
Une hypothèse de 50 millions de chiffre d'affaires généré est avancée par les gestionnaires de GDC.

**Fonctionnalités**

GDC propose une qualité de service exceptionnelle, en validant toutes les annonces manuellement (avec une équipe de modération disséminée aux 4 coins de la France), en corrigeant à l'occasion les fautes d'orthographe ou en recadrant des photos pour mettre mieux en valeur les annonces.
Ces dernières portent sur une grande quantité de biens : meubles, voitures, maisons, bateaux, objets d'art, argenterie, etc… et de services : locations de maisons (vacances, week-end ou locations saisonnières, voire annuelles), baby-sitting, accompagnements de personnes âgées, mais aussi, ce qui est en progression, offre d'emplois, avec toujours cette spécificité de les valoriser par la confiance présupposée entre les « offreurs » et les bénéficiaires potentiels.

**Spécificités/Particularités**

Définitivement, le réseau Gens De Confiance est un cas à part. Sa recette est déjà étudiée dans certaines écoles de commerce. Ce mélange de bon sens, de règles simples et de technologies efficaces, permet de garantir un niveau de sécurité inégalé tout en faisant croître le réseau doucement mais sûrement.

Les annonces sont de plus en plus nombreuses et les recherches aboutissent le plus souvent. Beaucoup prédisaient que ce serait impossible mais les statistiques de succès sont formelles, la mécanique fonctionne.
Le choix a été fait depuis le début de favoriser un développement lent, sans publicité, reposant entièrement sur le bouche-à-oreille, synonyme de qualité sur le long terme. Un anti-modèle pour un site internet !
Enfin, le choix de gérer le « service après-vente », en proposant une médiation et en activant les différents leviers disponibles pour que la personne indélicate (parfois sans le savoir) puisse s'excuser et réparer a été discriminant par rapport aux autres modèles économiques du secteur.
Ainsi, 95% des différends trouvent une issue favorable pour les protagonistes.

**Targets et évolution prévue**

Avec 300 nouveaux inscrits par jour, Gens de Confiance a réussi à séduire le fonds Partech Venture et la BPI, qui ont investi chacun 500.000 euros à l'automne 2017.
Le site a désormais sa version espagnole (Redde-Confianza), anglaise (TrustedPeople) et lorgne désormais vers l'Italie, l'Allemagne et les Pays-Bas voire l'Afrique, avant de conquérir le marché américain.
Néanmoins, les styles et les modes de vie ne sont pas forcément les mêmes pour tout le monde et GDC veut mettre en ligne une recherche améliorée qui affiche en priorité les annonces des membres par réseaux : amis, famille, amis d'amis et groupes GDC identifiés.
L'internaute peut aussi réserver une annonce exclusive à ses amis ou à tel ou tel groupe.
C'est une des voies d'avenir de Gens De Confiance pour concilier la fiabilité et la proximité entre les membres, même à très grande échelle.
Des grandes écoles (X, HEC, ESSEC, EDHEC, Arts & Métiers...) ont déjà leur groupe d'Alumni de confiance sur GDC.

Les trois fondateurs voient loin et projettent de faire de Gens de Confiance une sorte de Facebook de l'économie collaborative : à terme, on pourra se connecter avec son compte GDC sur Airbnb ou BlaBlaCar.
GDC est un outil remarquable pour "restaurer la confiance grâce à leur carnet d'adresses" pour des milliers d'internautes devenus frileux de « la toile »...

**Conseils d'utilisation et de mise en œuvre pour un bon réseautage**

Il n'y a pas de bouche à oreille qui réussisse sans un bon produit ni un bon service. La seule consigne à observer rigoureusement est de s'appliquer à soi-même le protocole proposé (et exigé) par Gens De Confiance : rigueur sur les annonces que vous proposerez au réseau, rigueur avec laquelle vous vous intéresserez et traiterez la réponse à une annonce mise sur le site et enfin – et peut-être surtout – rigueur sur les gens que vous parrainerez ou par qui vous serez parrainés.
Moyennant quoi, l'esprit de ce site et ses spécificités perdureront pour le plus grand bien des utilisateurs et... des concepteurs.
Si vous avez des difficultés à mobiliser trois parrains, le site peut vous aider... comme la lecture de ce livre !

## 7.7 Google+

Lancé en 2011, c'est-à-dire quelques années après LinkedIn et Facebook, souvent décrié et peu connu en France, Google+[163] était le réseau social de la société éponyme, destiné à concurrencer Facebook.
L'objectif de Google était visiblement de se positionner différemment des deux autres grands réseaux, mais surtout et l'idée en était excellente, de se positionner au milieu de la galaxie des prestations et services de Google (n'oublions pas que YouTube appartient à Google). En fait, tout utilisateur de GMail avait un compte G+ automatiquement ouvert, mais peu d'entre nous le savaient et l'utilisaient.

Existe-t-il dans nos espaces et styles de vie une place pour G+ aux côtés de Facebook ? Nul ne le sait vraiment. Google+, qui revendiquait 360 millions de comptes, n'avait probablement que 5 à 10% d'utilisateurs réels. Un manque de participation certain et un réel faible enthousiasme mondial, ce qui est un lourd handicap pour un réseau social, ont entrainé l'annonce de sa fermeture en octobre 2018.

---

[163] *https://plus.google.com/*

## 7.8 IESF / Ingénieurs et scientifiques de France

**Description**

Ingénieurs et Scientifiques de France (IESF[164]) est aujourd'hui l'unique représentant du corps social des ingénieurs et des scientifiques reconnus par leurs diplômes ou leurs fonctions en France. Indépendant et apolitique, il perpétue la promotion du métier d'ingénieur dans les entreprises, les écoles et universités, l'administration et les pouvoirs publics ….
IESF se veut également être un acteur majeur des débats scientifiques, technologiques et économique et se donne pour ambition d'apporter son point de vue sur tous les enjeux scientifiques et technologiques. En effet, véritable Think-tank scientifique au-delà de son statut d'association fédérative, IESF est très connu pour les petits-déjeuners-débats du Club Lamennais, ses livres Blancs, cahiers Thématiques et diverses publications, ou même le service dit de ses « Plis cachetés ».
De très nombreuses publications et dossiers sont en accès libre sur son site Internet.

**Histoire et culture**

IESF est une association qui a 170 ans … Au moment où la révolution gronde dans Paris, des ingénieurs français décident de se regrouper en créant le 4 mars 1848, la Société Centrale des Ingénieurs Civils présidé par Eugène Flachat, créateur des premières lignes françaises de chemin de fer.
Devenue Société des Ingénieurs Civils de France (ICF), l'Association est reconnue d'utilité publique le 22 décembre 1860. Ayant porté à sa présidence des hommes prestigieux comme Gustave Eiffel en 1889, elle joue plus tard un rôle essentiel dans la création d'organismes fédérateurs :

- Fédération des Associations et Sociétés Françaises d'Ingénieurs Diplômés (FASFID) en 1929
- Union des Associations et Sociétés Industrielles Françaises (UASIF) en 1948
- Conseil National des Ingénieurs Français (CNIF) en 1957, fusion des ICF avec l'UASIF pour constituer en 1978

164 *https://www.iesf.fr/*

la Société des Ingénieurs et Scientifiques de France (ISF).

– Société des Ingénieurs et Scientifiques de France (ISF) en 1978 (fusion de l'ICF avec l'UASIF)

En 1990, les trois grandes organisations françaises CNIF, FASFID, et ISF décident de se regrouper. Ainsi, le 19 mars 1992, un décret officialise cette fusion : le Conseil National des Ingénieurs et Scientifiques de France (CNISF) est né.
Méconnue et très discrète, l'IESF est intégré à le Fédération européenne des associations d'ingénieurs (FEANI), comme à la Fédération mondiale des organisations d'ingénieurs (WFEO), hébergée par l'UNESCO. On notera l'excellente image dans le monde entier de « l'ingénieur français ».
IESF ne publie pas d'annuaire, mais on peut retrouver tout ingénieur (parmi plus d'un million ... ) sur le répertoire du site. A regarder attentivement cette Association, on y observe une prééminence de deux grandes écoles : l'X et Centrale Paris.

**Quelques chiffres**

IESF représente en France plus d'un million d'Ingénieurs soit 4% de la population active, plus de 200.000 chercheurs, et rassemble les 175 plus grandes Associations d'alumni ingénieurs et scientifiques.
IESF c'est aussi un réseau de 1500 bénévoles actifs et 25 IESF régionales réparties sur toute la France.

**Missions**

Les missions de l'IESF sont de :

- Rassembler les ingénieurs et scientifiques de France et leurs associations, soutenir les associations membres dans le développement des produits et services à leurs adhérents
- Valoriser et structurer la profession d'ingénieur et de scientifique en assurant sa promotion,
- Participer aux commissions des titres des écoles d'ingénieurs,
- Représenter la profession auprès des pouvoirs publics, des entreprises et du grand public, et parler au nom des ingénieurs et scientifiques
- Promouvoir en France et à l'étranger la filière française de formation aux études scientifiques, en particulier celle des ingénieurs,

Pour ce faire, IESF déploie de très nombreuses actions : une enquête Nationale sur les ingénieurs et scientifiques en France, les Journées Nationales de l'Ingénieur (JNI) et la Promotion des

Métiers de l'Ingénieur et du Scientifique (PMIS), un partenariat avec la Semaine de l'industrie, et des Prix Marius Lavet et Norbet Segard.

**Spécificités / particularités**

**Les « Plis cachetés »**

Véritable originalité de l'IESF, ce service très original et spécifique vieux de 100 ans, est toujours en vigueur à ce jour. Pour se prémunir contre les aléas de la création tels que vol, fuite ou copie, tout inventeur ou auteur a intérêt à réserver l'authenticité de sa découverte par tous les moyens de preuve. C'est pourquoi IESF accepte depuis le 27 septembre 1890, le dépôt des plis cachetés dans ses archives, dans le but de dater de façon certaine les découvertes contenus sans pour autant avoir recours à leur publication....

Déposer son travail à IESF, c'est acquérir une date d'antériorité certaine afin de faire valoir ses droits en cas de besoin. L'inventeur peut ainsi bénéficier de la protection du droit d'auteur et justifier d'une possession personnelle antérieure.

**L'enquête nationale**

IESF est également un observatoire témoin unique du rôle de l'ingénieur dans le développement industriel de la France. L'enquête nationale annuelle fait un vaste tour d'horizon de la situation des ingénieurs en activité et offre l'information de référence en France sur ce sujet. Ses rubriques et ses thèmes en sont sans cesse renouvelés.

55 000 répondants en assurent une représentativité sans égal. De plus, un nombre de plus en plus importants d'écoles d'ingénieurs remettent systématiquement cette enquête à leurs futurs diplômés comme un état des lieux de la profession qu'ils rejoignent. Elle est téléchargeable pour 10€.

**Groupes de travail et Comités sectoriels**

IESF anime en permanence de nombreux groupes de travail thématiques ou sectoriels qui rassemblent un très fort nombre d'ingénieurs des Associations membres. Des groupes de travail élaborent des propositions et d'actions sur les thématiques choisies. Certaines de ces propositions ont fait récemment l'objet d'un Livre Blanc.

Par ailleurs, des comités sectoriels rassemblent des connaisseurs de différents domaines d'activité désireux d'apporter une contribution des ingénieurs et des scientifiques aux grands débats nationaux :

- thématiques générales : économie, environnement, innovation et recherche, intelligence économique et stratégique, maîtrise des risques opérationnels ;
- technologies ou secteurs d'activité : aéronautique et spatial, énergie, génie civil et bâtiment, mécanique, transports, et, en partenariat étroit avec d'autres institutions : agroalimentaire, chimie, défense, eau, nanotechnologies, numérique.
- Les assises de la mobilité.

Leurs réflexions font l'objet de conférences et de publications, les fameux cahiers, téléchargeables gratuitement sur le site.
Parmi les très nombreux thèmes travaillés par l'IESF, nous noterons l'industrie (4.0) du futur, la transformation numérique et l'intelligence artificielle, la mobilité sans carbone, l'avenir de la défense militaire ...

**Targets et évolutions prévues**
IESF a un potentiel inexploité de ressources et de connaissances, et travaille à le développer.
Plus de transversalité, une plus grande ouverture sur l'extérieur et sur le monde l'aideront très vite à lui donner l'audience et la reconnaissance qu'elle mérite. D'où sa place dans ce guide.

## 7.9 Instagram

**Description**

Avec plus de 800 millions d'utilisateurs dans le monde, dont 15 Millions en France, Instagram[165] est un très gros réseau de diffusion de contenus.

Vidéos, photos et messages, uniquement sur smartphone, permettent à chacun de partager sa vie auprès de ses abonnés, sur une sorte d'album de sa propre vie, accessible à tout moment par un réseau choisi.

Au-delà du partage proprement dit, Instagram permet de fournir une appréciation et de laisser des commentaires sur les contenus déposés, augmentant leur visibilité.

La messagerie Instagram est un « plus » très prisé des utilisateurs, qui peuvent ainsi s'affranchir des messageries d'autres réseaux sociaux.

**Histoire et culture**

Créée en 2010, Instagram s'est très vite imposé comme un réseau très populaire, en particulier auprès des moins de 30 ans.

On notera que son succès ne s'est pas « fait » qu'aux Etats-Unis, mais également à travers l'Europe et l'Asie.

Début 2012, avec déjà plus de 100 millions d'utilisateurs, Instagram était le second réseau social dans le monde. C'est alors, en avril 2012, que Facebook en fit l'acquisition pour un milliard de dollars.

**Chiffres d'utilisation**

En rappel : 800 millions à travers le monde, dont 15 millions en France.

**Fonctionnalités**

L'une des grandes particularités d'Instagram est la possibilité de publier des vidéos (une minute maximum) et de retoucher des photos.

Instagram permet également la réalisation d'albums. La fonction d'instantanéité, qui a expliqué l'excitation des débuts a été supprimée en 2015.

---

165 *http://www.instagram.com*

Cependant, Instagram ne propose pas de fonctionnalité de partage, ni de liens cliquables et se limite à l'appréciation positive (les like).
Des évolutions seraient prévues pour les prochains mois : vers le commerce (entre autres les réservations de restaurants) et l'appréciation des produits, des « chat vidéo », la sonorisation de vidéos ...

**Spécificités / particularités**
Instagram propose bien évidemment des fonctionnalités professionnelles qui, compte tenu de la simplicité de fonctionnement de l'application (simples Like sur un smartphone) ont un retentissement assez fort sur le marketing des marques.
On notera que ce dispositif rend donc Instagram aussi populaire auprès des « instagramers » que des marques-annonceurs et des publicitaires eux-mêmes.

## 7.10 Jollyclick

### Description

jollyclick[166] est un nouveau réseau social pour entrepreneurs et « Start-Upers », freelances et projets innovants. Tous les talents et les projets sont référencés et connectés partout dans le monde, instantanément.

Aujourd'hui, LinkedIn est le seul réseau social professionnel sur le marché avec ses 116 millions d'utilisateurs. Mais c'est une communauté trop « corporate » (CV, employeur, etc.) pour animer le nouveau monde du travail. Jollyclick propose de moderniser le CV en passant au profil talent (soft skills, personnalité, liste des besoins, portfolio projets, etc.) et surtout de transformer les offres d'emploi en projets.

Avec son nouveau réseau social dédié aux projets, jollyclick aspire à donner du sens au travail et à s'adapter aux travailleurs de demain (freelances, entrepreneurs, bénévoles, intrapreneurs, indépendants, etc.). La plateforme est entièrement gratuite et compte préserver cette accessibilité B2C en développant en business model B2B (advertising, SaaS solutions, etc.).

### Vision et culture

Le monde du travail connait des changements sans précédent. La robotisation de l'économie mondiale détruit le travail à recevoir mais libère le travail à créer. Aujourd'hui, les employés deviennent des freelances, des entrepreneurs, des intrapreneurs, des bénévoles et des travailleurs libres. Les gens ne cherchent plus de job, ils veulent créer leurs projets. Pourtant, la société n'a pas été faite pour ces nouvelles populations de travailleurs. Linkedin est le seul réseau social professionnel sur le marché et on y parle encore de CV, de lettre de motivation, de qualifications et d'heures supplémentaires. Freelances et projets sont encore négligés par LinkedIn, alors que déjà 77 millions de freelances à travers le monde ont généré 1.500 milliards d'euros de chiffre d'affaires en 2017.

---

166 *www.jollyclick.com*

C'est ainsi que jollyclick, s'appuyant sur de nombreuses études sur le futur du travail, propose de passer à une nouvelle culture du travail où chacun fait ce qu'il aime. En effet, et selon McKinsey, 800 millions d'emplois seront automatisés et seuls 25% de ces nouveaux chômeurs pourront espérer profiter des nouveaux emplois. C'est l'émergence de l'économie P2P (project to project), qui est déjà bien tangible.

## Histoire

jollyclick a été fondée en Décembre 2016 à Mende (Lozère). Son effectif est de 10 personnes et elle est pilotée par son fondateur, Christopher des Fontaines. Aujourd'hui, ce sont 50 partenaires institutionnels, tant en France qu'à l'étranger, qui soutiennent la startup, qui après avoir levé 1,1 million d'euros, a déjà en vue un chiffre d'affaires de 250.000 euros pour 2019. Avec ses 27 000 utilisateurs en croissance, des évènements organisés dans plusieurs villes (Paris, Londres, New York, Cape Town, Stockholm, etc.), un advisory board important à annoncer prochainement et un changement de nom pour bientôt, l'année 2019 s'avère cruciale pour jollyclick dont l'ambition est de « plateformiser » un nouveau mode de travail et un nouveau monde du travail.

## Chiffres d'utilisation

Avec 27 .000 utilisateurs (depuis Mai 2017), les performances de jollyclick sont encore modestes au regard des autres réseaux évoqués dans ce livre. Néanmoins, Christopher des Fontaines vise 100.000 utilisateurs pour 2020.
Le but est de parvenir à un minimum de 10 millions d'utilisateurs en 2022.

## Fonctionnalités

### CV

Chaque membre se construit un profil simple qui valorise non seulement le parcours scolaire et professionnel, mais aussi la personnalité (par le test Tipi), les soft skills, les besoins, les objectifs, les projets et bientôt les avis des ex-collaborateurs. En ce sens, jollyclick se distingue fondamentalement des autres réseaux sociaux actuels.

**Culture projet**

jollyclick est le seul réseau social au monde qui propose de créer et de rejoindre des projets de tout type. Startup, idée, prototype, association, action citoyenne, projet de recherche, mission en entreprise, album de musique, tous les projets sont les bienvenus sur la plateforme et sont ainsi référencés sur jollyclick mais aussi sur Google.

**Intelligence artificielle**

Jollyclick développe progressivement un algorithme de matching capable de suggérer aux projets et aux talents des profils adéquats grâce à du reinforcement learning. Les suggestions se feront dans un premier temps sur la base de compétences et de paramètres simples (géolocalisation, besoins, etc.) avant d'intégrer la personnalité dans l'objectif de faire se rencontrer les bonnes personnes entre elles.

**Smart assistance**

jollyclick développe aussi un chatbot qui aura plusieurs rôles sur la plateforme (messagerie instantanée, suggestions de profil, publicité, etc.) dont celui d'apprendre à connaître les utilisateurs pour améliorer l'algorithme de matching.

## Spécificités / particularités

Hormis celles évoquées, je dirais que jollyclick est un réseau social qui veut que la technologie ait du sens. Demain, il sera possible pour les utilisateurs de publier des « problèmes » pour inspirer aux autres de nouvelles idées / solutions ou bien de recevoir des points pour chaque projet solidaire auquel on participe en tant que bénévole. A la base, jollyclick est un réseau social qui veut apporter du sens aux gens et on pense que le monde de demain sera construit sur cette base. Aussi, on va sortir en 2019 une application mobile qui fera de nous le Tinder des projets. En effet, il sera possible d'avoir un usage plus efficace et nomade de jollyclick en découvrant tous les projets à proximité de soi et de proposer de prendre un café ou un déjeuner avec les gens qui nous intéressent.

## Targets

Dans un premier temps, JollyClick vise les entrepreneurs, les freelances et étudiants à Paris, Londres, Stockholm, New-York et San Francisco. Puis le monde va s'élargir ...

## 7.11 LinkedIn

**Description**
LinkedIn[167] est le plus grand réseau professionnel mondial avec près de 550 millions d'utilisateurs dans plus de 200 pays.
A partir de 2008, LinkedIn a progressivement lancé des versions dans toutes les langues (espagnol, français, allemand ... et chinois) permettant ainsi une implantation planétaire.
Au-delà d'être un réseau social, LinkedIn mène une activité diversifiée et génère ses revenus à partir des souscriptions d'utilisateurs, des ventes publicitaires et des solutions de recrutement.

Les concurrents de LinkedIn que sont Viadeo, XING (Allemagne) ou Jobssip (Espagne) ... ont d'énormes difficultés à trouver leur place face à ce colosse planétaire.
Seuls les géants chinois (Baidu Tieba, WeChat, Sina Weibo, Tencent Weibo, Youku Tudou, QzonePengyou, Kaixin ...) ou japonais (Line, Mixi ...) semblent pouvoir résister.

**Histoire et culture**
LinkedIn a débuté dans le salon du co-fondateur Reid Hoffman dès 2002 à Mountain View à côté de San Francisco. LinkedIn a été officiellement lancé le 5 mai 2003 par Reid Hoffman et Allen Blue, anciens membres des équipes de PayPal et trois autres co-entrepreneurs. Jeff Weiner en est aujourd'hui le PDG.

Premier mouvement capitalistique, LinkedIn acquiert SLIDESHARE (spécialisée dans le partage de contenus) en 2012.
Cette première acquisition d'une société technologique du web marque une étape, bientôt suivie par d'autres.
En 2015, LinkedIn fait l'acquisition de REFRESH (rendez-vous business) et de LYNDA.COM (ressources pédagogiques en ligne) suivies de POINTDRIVE (partage de contenu avec des partenaires de business).
Puis, en décembre 2016, c'est Microsoft qui a procédé à l'acquisition de LinkedIn pour 24 milliards d'euros, permettant ainsi la fusion entre un géant de l'informatique et du cloud et le plus grand réseau professionnel au monde.

---

167 *http://www.linkedin.com*

Au-delà de sa mission de mettre en relation des professionnels du monde entier pour les rendre plus performants et productifs, la vision de LinkedIn est de créer des opportunités économiques pour tous les professionnels à travers Economic Graph, le premier graphique économique mondial.

Pour l'anecdote, on rappellera que le candidat Barack Obama, lors de l'une de ses campagnes électorales, avait largement utilisé une fonctionnalité aujourd'hui supprimée (Linkedin Answers) pour se rapprocher et sonder l'opinion d'entrepreneurs américains.
Aujourd'hui, de nombreux hommes et femmes politiques français, comme de tous pays, sont sur LinkedIn et tentent avec plus ou moins de talent, de communiquer avec leurs audiences.
En effet, comme nous recommandons de rester dans une évidente posture de business « neutre », leur présence sur un réseau qui se veut 100% professionnel peut sembler anachronique.
Un statut particulier leur est néanmoins le plus souvent attribué, celui d'influenceur, qu'ils partagent avec les grands patrons, les grands banquiers ou grands économistes de la planète.

**Chiffres d'utilisation**
En 2018, LinkedIn annonce 546 millions de profils à travers le monde, alors que le cap des 300 millions était passé en avril 2014.
Environ 14 millions de français sont sur LinkedIn. On relèvera qu'environ 25% des inscrits se connectent chaque mois, ce qui relativise quelque peu le dimensionnement du réseau.

**Fonctionnalités**
Linkedin est aujourd'hui bien plus qu'un réseau social.
Voici quelques-unes de ses fonctionnalités :

**Les groupes**
Déjà en soi, les groupes (que l'on a également sur Viadeo, Google+ ou Xing pour ne citer qu'eux) sont des espaces de communication, des cercles de réflexion et d'échanges regroupant des professionnels partageant un même centre d'intérêt (automobile, business en Afrique, Family Office ... ) ou

une même communauté (Alumni de l'EDHEC, BZH Network, Qatar Business Network, Colombia Professionals ... ).
Ils y postent des informations, articles ou offres d'emplois, partagent expertise, réflexions et expériences et surtout, par ce lien aisé et facilité, entrent en contact rapidement.

**Information et savoir**

Tout d'abord, LinkedIn est un formidable réseau d'information.
La variété comme l'immense quantité d'informations publiées par le réseau est, pour qui sait un peu la maîtriser, une source remarquable de connaissances.
Que ce soit par les individus, les entreprises ou les groupes, nos fils d'actualité regorgent quotidiennement de pépites.
Bien sûr, l'« infobésité » nous guette, comme la perte de temps, mais pour qui sait s'organiser, le savoir est à portée de PC ou de smartphone, au travers du fil d'actualité de vos contacts, de leurs « prises de parole » ou partages d'informations, de leurs publications ou blogs.
Par ailleurs, SlideShare qui est aisément accessible par votre espace LinkedIn, s'avère très souvent d'un grand soutien dans la recherche d'informations ciblées.

**Ressources humaines et emploi**

Un réseau social professionnel est une porte d'entrée directe et très aisée au marché de l'emploi.
LinkedIn y participe brillamment en permettant :

- aux entreprises comme aux recruteurs de publier des annonces (au fil desquelles vous vous inscrivez gratuitement au travers de requêtes reposant sur des mots clefs)
- aux individus de se mettre en avant comme de contacter les DRH, cabinets de recrutement ou chasseurs de tête (avec un profil qui est par nature toujours mis à jour)
- et enfin la circulation planétaire et instantanée du meilleur des CV, le vôtre, sur lequel les mots clefs, les compétences, le profilage ... permettent aux algorithmes de vous « pousser » vers telle offre ou vers tel annonceur.

Des centaines de milliers de personnes, peut-être même plus, on ainsi trouvé un emploi grâce à LinkedIn.

Tout corps professionnel concerné (entreprise ou société de recrutement) a ainsi intérêt aujourd'hui à publier ses offres sur ce réseau.

L'objet de cet ouvrage étant de réussir à réseauter, afin de réseauter pour réussir, nous recommandons à tous ceux qui sont en recherche d'un nouvel emploi d'utiliser l'ensemble de ces fonctionnalités.

Pour être complet, nous signalerons que des fonctionnalités spécifiques payantes sont mises à disposition des professionnels du recrutement afin de les aider dans leurs démarches.

**Education**

Linkedin est également très proche du monde éducatif.

Tant pour l'apprentissage que pour la mise en avant d'universités, grandes écoles ...

Nous signalerons ici aux étudiants qu'ils ont ainsi accès à des informations, statistiques, profilages ... nombreux et très précis.

Ceux-ci peuvent grandement les aider dans leurs recherches de parcours professionnels, de filières qu'ils connaissent peu ... l'avantage immédiat étant de relier aux résultats des profils existants, aisément « contactables » pour qui veut un peu « booster » ses chances de succès.

Des contenus spécialisés et spécifiques permettent également une mise à jour régulière et continue de vos connaissances.

**Business**

Enfin et pour être complet, même si le sujet est en dehors des objectifs de ce livre, des solutions marketing et ventes sont proposées par LinkedIn.

Elles permettent d'optimiser l'approche de marchés, de cibles, d'entreprises ou d'individus.

**Conseils d'utilisation et de mise en œuvre pour un bon réseautage**

Nous avons détaillé très précisément au paragraphe 5.10 nos conseils pour une utilisation optimale de LinkedIn, comme pour un réseautage parfait grâce à ce réseau.

## 7.12 Les Lion's Club

**Description**

Le Lions Club[168] est un « Club Service » créé en 1917. L'esprit de ce club est d'être loyal envers son pays, ses amis et envers soi-même et d'être ainsi intègre de cœur et d'esprit. Les valeurs de sincérité, la tolérance, la générosité spirituelle et matérielle envers son prochain y sont de mise.

L'appartenance au Lions implique une manière d'être et de se comporter généreusement, une ouverture d'esprit au bénéfice de l'homme quelle que soit sa nationalité, sa religion ou sa philosophie.

En 1920, l'acronyme « LIONS » est défini par : « Liberty, Intelligence, Our Nations' Safety (liberté et compréhension sont la sauvegarde de nos nations) » et la devise « We Serve » (« nous servons») est adoptée en 1953.

**Histoire et culture**

Le Lions Club est né le 7 juin 1917 à Fort Thomas dans l'Arizona aux États-Unis et son créateur, Melvin Jones, devenu propriétaire d'une compagnie d'assurance adhère initialement au Business Circle de Chicago dont il devient le secrétaire. Cette association permet à 200 dirigeants de sociétés industrielles et commerciales de se rencontrer et de servir leurs intérêts.

Mais ce dessein ne satisfait pas Melvin Jones, promoteur d'un sentiment plus caritatif et généreux dont il persuade les membres du Business Circle de Chicago ainsi que d'autres cercles de s'inspirer. C'est ainsi qu'apparaît la notion de « Club-Service ». Le 7 juin 1917, les représentants de ces cercles se réunissent à Chicago sur l'initiative de Melvin Jones et donnent naissance au mouvement LIONS dont la première convention a lieu du 8 au 10 octobre 1917 à Dallas (Texas).

**Chiffres d'utilisation**

Aujourd'hui, le Lions International est la plus grande association internationale de Clubs-Services du monde avec
1 400 000 membres dans 45 000 clubs répartis dans 206 pays, chaque pays disposant d'ailleurs d'une large autonomie qui lui permet de manifester son identité culturelle dans l'Association.

---

[168] *http://www.lionsclubs.org/FR/*

On compte en France environ 28 000 membres et plus de 1 200 clubs réunis en 15 districts.
Les « Lions » revendiquent aujourd'hui recueillir 20 millions d'euros de dons et 1,4 million d'heures de bénévolat par an.

**Fonctionnalités**

Les actions des membres de Lions Clubs consistent à organiser des activités de levées de fonds et à encourager le volontariat pour des actions sociales. Parmi les actions soutenues par les Lions Clubs, on peut relever : Le support à la recherche médicale, l'aide aux malades, aux familles et aux handicapés.
Dans les pays en voie de développement, la création de bibliothèques sonores, l'aide médicale et ophtalmologique, la construction d'écoles, de dispensaires et de points d'eau sont des réalisations concrètes et efficaces.
Bref, les Clubs Lions réalisent une foule d'actions de soutien aux plus défavorisés sur le plan social ou de la santé de par le monde.
Chaque club peut avoir des actions préférées et il y a une autonomie certaine dans leur organisation. L'ambiance d'un club dépend aussi de ses membres. Le parrain s'engage à assurer la bonne intégration de son filleul pour lui permettre de prendre pleinement part aux actions du club tout en préservant la motivation de tous.

**Spécificités / particularités**

En 1930, le Lions Club International participe à la diffusion de la canne blanche pour aider les personnes non voyantes et malvoyantes à se déplacer et pour sensibiliser l'opinion à ce handicap. C'est en 1956 que tous les États américains adoptent la loi de sécurité de la Canne Blanche, rendant prioritaires les aveugles dans leurs déplacements.
Le Lions s'implante en Europe au lendemain de la Seconde Guerre mondiale, en Suède d'abord, puis en Suisse et en France où se crée, en 1948 à Paris, le premier Lions Club français.
Progressivement, il essaime sur tout le territoire.
En France, le Lions Club est organisé en "District Multiple". Chaque District, découpé en zones qui comprennent les clubs, dispose d'un Gouverneur entouré de son cabinet.
Cette équipe assure la gestion du District, la diffusion de l'information auprès des clubs et les fédère sur des actions de plus grande ampleur.

Chaque Lions Club est une association loi 1901 avec un Président, Trésorier, Secrétaire. L'une des particularités du Lions est que les dirigeants sont choisis pour une année seulement.
Il existe des Lions Club dont tous les membres sont masculins, d'autres où tous les membres sont féminins, et d'autres qui sont mixtes.

**Conseils d'utilisation et de mise en œuvre pour un bon réseautage**
Là encore, l'accès à ce club est relativement facile, mais, y « faire ouvertement des affaires » n'est pas trop recommandé puisque l'idéal est de « servir » des causes bénévolement et caritativement.
C'est néanmoins un beau réseau dans lequel on s'épanouit en toute convivialité et partage et il est très bien développé sur l'ensemble du territoire.

## Un satellite des Lions : les Leo Clubs

**Description**
Les Léo Clubs sont une organisation de jeunesse du Lions Club International. L'acronyme "Leo" signifie Leadership, Expérience et Opportunité. Le premier Leo Club a été fondé en 1957.

**Chiffres d'utilisation**
Les Léos sont présents dans 140 pays et réunissent plus de 160 000 membres.

**Fonctionnalités**
Leur objectif pour les jeunes : développer leurs qualités de leadership en les faisant participer à des activités de service social.
Les Leo Clubs sont parrainés par les Lions Clubs et comprennent un programme officiel du Lions Club International. Il y a deux pistes du programme Leo Club.

**Spécificités / particularités**
Les Léo Clubs Alpha sont ceux qui sont composés de membres âgés de 12 à 18 ans. Les Leo Clubs Omega sont composés de membres âgés de 18 à 30 ans. L'âge maximum d'adhésion au programme des Léo Clubs est de 30 ans, bien que ce soit à la discrétion du district du Lions de faire respecter les limites

d'âge supérieures pour les clubs Omega. Il n'y a pas de différences majeures dans les opérations ou la logistique des Leo Clubs Alpha et Omega.

Avant de se joindre à un club, les jeunes doivent remplir le formulaire de demande d'adhésion au Léo Club et examiner les nouveaux éléments à fournir par le Lions Club parrain.
Les clubs se rencontrent régulièrement et doivent maintenir des contacts fréquents avec leur Lions Club parrain.

**Conseils d'utilisation et de mise en œuvre pour un bon réseautage**
Si vous avez des enfants dont les âges sont compatibles avec les critères des clubs Leo, n'hésitez pas à les contacter, les clubs Leo n'étant évoqués que par leurs corrélations avec les Lions Clubs.

## 7.13 Meetic

### Description

Meetic[169] est le leader européen de la rencontre personnelle, présent dans 15 pays. Très clairement positionné comme réseau, sa finalité unique comme sa promesse sont fortes : chacun a le droit à construire sa propre histoire. Meetic veut donc y participer en proposant aux célibataires qui s'inscrivent sur son réseau les plus belles rencontres, ciblées et adéquates.

### Histoire et culture

Dans une autobiographie récemment publiée, Marc Simoncini évoque les origines de Meetic : un dîner entre amis où 3 d'entre eux, divorcés et trentenaires, recherchaient avec quelques difficultés leurs nouvelles âmes sœurs. C'est ainsi qu'il créa Meetic en 2002.

Dès son départ, le site connait un grand succès, porté par son originalité, la nouveauté et le buzz généré. Initialement gratuit pour les femmes, Meetic devint payant pour elles dès 2007.
Aujourd'hui revendu pour plusieurs dizaines de millions, Meetic fait partie du groupe Match / IAC leader mondial de la rencontre sur les réseaux virtuels, parmi un portefeuille de plus de 40 marques solides de réseautage de rencontres à travers le monde, parmi lesquelles OKCupid, Amoureux.com, Tinder, Lexa, ParPerfeito, DatingDirect, Pastas Party, SprayDate, Cleargay ...

### Chiffres d'utilisation

Meetic est un réseau où l'on entre et d'où l'on sort. En ce sens, c'est plus un « réseau ponctuel d'opportunités » et la masse globale des inscrits n'est pas significative.
En revanche, deux indicateurs le sont : 1 personne sur 3 aurait un jour ou l'autre utilisé Meetic et à fin 2014, Meetic se revendiquait être (déjà) à l'origine de plus de 6 millions de couples à travers l'Europe.

### Fonctionnalités

---

[169] *http://www.meetic.fr*

On relèvera quelques singularités de l'offre Meetic : le rapprochement par affinités (Meetic Affinity) et les évènements de "Dating". Meetic organise ainsi près de 200 évènements (Happy Hours, sorties ou dîners, PopUp Parties, ateliers ...) chaque mois, dans environ 150 villes d'Europe.
Certains rassemblent plusieurs centaines de personnes.

**Spécificités / particularités**
Meetic est bien évidemment disponible sur mobile, mais également sur tablette et Smartwatch (Android, IOS et Windows phone)

**Conseils d'utilisation et de mise en œuvre pour un bon réseautage**
Parmi les bonnes pratiques recommandées directement par Meetic, nous relèverons de particulièrement bien soigner son profil, de montrer toutes ses facettes et de ... faire le premier pas. Passion et humour feront le reste !

## 7.14 MeetUp

**Description**

Meetup[170] est une plateforme de réseautage social qui permet aux membres inscrits de rencontrer des groupes unis par un même intérêt commun, tels que le sport, la culture, la géopolitique, la cuisine, certaines technologies, les loisirs et les sorties ...

Meetup est ainsi le plus large réseau de communautés organisant des rencontres dans la vraie vie autour de leurs passions et centres d'intérêt, au sein d'une communauté de circonstance.

Les groupes sont constitués autour d'un lieu géographique (Paris, région toulousaine...). MeetUp est un excellent moyen de relier des communautés d'intérêt et de les faire passer du virtuel au réel.

C'est d'ailleurs ce que tout le monde recherche : pouvoir échanger sur un sujet ou un domaine précis, s'informer et partager, plutôt que de rester seul dans son coin.

Meetup se rémunère via une cotisation mensuelle demandée aux organisateurs de groupes, peu élevée (moins d'une dizaine d'euros), alors que les événements sont eux gratuits ou payants (petite participation aux frais), en fonction du souhait des organisateurs.

**Histoire et culture**

Le créateur de MeetUp, Scott Heiferman, très frappé par le grand élan de solidarité vécu lors des attentats de septembre 2001, dit avoir été inspiré par un livre évoquant la solitude et la perte de lien social au sein de la société américaine.

En créant MeetUp dès 2002, il a ainsi eu l'idée de relier les gens entre eux, en réel, grâce au virtuel.

WeWork, entreprise de co-working new-yorkaise disposant de près de 300 espaces de travail répartis dans une cinquantaine de villes à travers le monde a racheté MeetUp.

Ou quand travail collaboratif et réseautage se rejoignent ...

**Chiffres d'utilisation**

---

[170] *www.meetup.com*

Enorme succès mondial (170 pays), il y aurait à ce jour plusieurs centaines de milliers de groupes à travers le monde, assurant plus d'un demi-million de rencontres chaque mois !
Rien qu'en région parisienne, on dénombre près de 3.000 groupes, qui vont d'une dizaine de personnes à plus de 5.000.
Rien qu'à Paris, nous avons relevé selon les jours de 20 à plus de 100 MeetUp quotidiens !
MeetUp ne communique pas sur son nombre d'adhérents qui serait entre 50 et 100 millions.

**Fonctionnalités**

Les groupes ont tous un thème spécifique, assez bien cadré. Les organisateurs des groupes proposent des événements variés mais ciblés, durant lesquels se déroulent des échanges entre membres. L'inscription sur le site, comme les applications mobiles sont gratuites et sans publicité.
Quasiment gratuit (à l'exception des frais de bouche), convivial et très simple, MeetUp permet en trois clics de découvrir les villes où vous résidez (visiter un musée, participer à un club de lecture, faire une tournée des bières artisanales, tester un nouveau restaurant, partir en randonnée, découvrir une brasserie et aller à la rencontre de nouvelles personnes ... ) etc.
En ce qui concerne votre vie professionnelle, MeetUp peut vous permettre de développer votre carrière (suivre un cours, participer à des FabLabs ou faire de la programmation, développer votre réseau, rencontrer d'autres StartUpers, apprendre une langue, tester un prototype, présenter un projet à des investisseurs ... ) et de libérer votre créativité (enregistrer un podcast, faire un bœuf, écrire une pièce de théâtre, débattre sur l'art, dessiner une fresque, créer et tester ... ).
Pour les spécialistes, nous recommandons les MeetUp Tech.

**Conseils d'utilisation et de mise en œuvre pour un bon réseautage**

Testez d'abord plusieurs groupes dans votre ville ou dans votre région et vous serez rarement déçu.
Avec quelques participations et expériences, vous pourrez éventuellement créer votre propre groupe, qui vous permettra très certainement des opportunités uniques de rencontres.

## 7.15 OVS (On va Sortir)

**Description**

Ce site communautaire de rencontres amicales a pour devise «Reviens à la vie réelle ! »

On va sortir[171] ! est donc un site de rencontres amicales effectuées au travers de sorties organisées par les membres eux-mêmes. Le réseau OnVaSortir couvre la France métropolitaine, le Luxembourg, la Belgique et la Suisse francophone. Les utilisateurs du site s'appellent eux-mêmes les « ovésiens ».

L'interface utilisateur est disponible en six langues : français, anglais, allemand, espagnol, portugais et italien.

**Histoire et culture**

En avril 2005, Jérémy Routier crée le site web SortirSurParis.net (dit « SSP »), sur lequel chacun peut proposer des sorties en groupe et s'y inscrire pour des activités de loisirs : culturelles (cinéma, concert, théâtre, restaurant, etc.), sportives, ludiques, d'entraide, d'organisation de séjours.

En juillet 2007, est déposé (entre autres) le nom de domaine onvasortir.com et s'étend sur toutes les grandes villes de France, puis à quelques grandes agglomérations internationales.

**Chiffres d'utilisation**

Proche de 1 000 000 de membres actifs en France.

**Fonctionnalités**

Les membres créent une sortie dans une fiche décrivant l'activité et ses détails (date et heure, description, nombres de places possibles jusqu'à 20 personnes).

Ils peuvent ajouter des commentaires à une sortie. Les membres payants peuvent avoir un auditoire d'environ 30 personnes.

Un historique des sorties est conservé pendant un an. Il est possible d'ajouter des photos prises lors de la sortie qui seront effacées au bout de quelques jours.

Jusqu'en 2009, la modération était assurée par les membres du site eux-mêmes.

---

[171] *www.onvasortir.com*

Un système de signalement et de modération collaborative a été mis en place par la suite pour permettre aux membres les plus actifs de déclarer des problèmes et à la communauté de les résoudre.
L'inscription et l'utilisation du site sont gratuites pour les non professionnels.
La restriction de certaines fonctionnalités, gratuites depuis l'origine, telles que la possibilité d'envoyer des messages internes entre membres, tend peu à peu vers une facturation, ne laissant que des possibilités de base à l'utilisateur gratuit (créer une sortie, s'y inscrire, ajouter des amis).

**Spécificités / particularités**

Ce site fonctionne en parfaite autonomie : Le fondateur et Webmestre n'y occupant que des fonctions administratives (il n'existe pas de structures de communication ni de structures dédiées à l'évolution technique du site).

Répondant à un besoin réel, ce site ne connaît pas de véritable concurrence, tant en termes de fonctionnalités que de membres et de nombre de sorties organisées.

**Conseils d'utilisation et de mise en œuvre pour un bon réseautage**

L'inscription en tant que membre est gratuite et réservée aux personnes majeures. L'identification des membres se fait par un pseudonyme, chacun pouvant ajouter ou non des informations personnelles (prénom, date de naissance, une seule photo, centres d'intérêt, localisation géographique).
Ce n'est pas forcément avec OVS que vous trouverez votre prochain job (encore que) mais, en tous cas, vous pourrez y découvrir les merveilles de votre région et, à tout le moins, vous faire des amis.

## 7.16 Pinterest

### Description

Pinterest [172] est un réseau social d'origine américaine permettant essentiellement le partage de photographies, comme la constitution d'albums virtuels partagés.
Il permet d'échanger sur ses propres centres d'intérêt et passions, ses produits et marques préférées, au travers d'albums de photographies de courtes vidéos, ou même d'articles publiés sur le web.
Une fois apprécié, toute photo ou vidéo, tout article, tout lieu, produit, voyage, marque ... peut être « épinglé » (d'où le nom clair du site).

### Histoire et culture

Créé par Paul Sciarra et Ben Silbermann en 2010, Pinterest a très vite été très apprécié des jeunes pour sa convivialité et sa rapidité. Sa dimension mondiale comme sa fréquentation démontrent qu'il existe des alternatives au « tout Facebook ».
Très vite, Pinterest a développé des fonctionnalités professionnelles permettant aux marques de mettre en avant leurs produits et services, comme aux abonnés de les apprécier.
Les revenus de Pinterest proviennent de ces activités publi-promotionnelles.
Non côté en bourse, le site est valorisé à un peu moins de 15 milliards de dollars.
Enfin, en avril 2018, la plateforme de gestion de médias sociaux Hootsuite, annonce l'intégration native de Pinterest.

### Chiffres d'utilisation

Pinterest revendique 200 millions d'utilisateurs à travers le monde dont près de 4 millions rien qu'en France, et plus de la moitié des membres en dehors des États-Unis.
Pinterest aujourd'hui, ce sont « 100 milliards d'épingles » ...

### Fonctionnalités

Pinterest propose à ses utilisateurs de créer des collections d'images propres ou téléchargées sur internet.

---

[172] *https://www.pinterest.fr/*

Une image sélectionnée est catégorisée, puis légendée. Enfin, pour montrer son intérêt, elle est « épinglée ». Depuis 2012, Pinterest permet également le chargement de vidéos.

Les utilisateurs venant sur Pinterest afin de trouver des idées, les enregistrer puis les réaliser, c'est grâce aux épingles que la communauté Pinterest comprend l'univers d'une marque et se l'approprie au quotidien.
Les épingles de produit facilitent l'expérience d'achat, elles indiquent le prix de l'article en temps réel, mais aussi sa disponibilité et où le trouver.
Les épingles d'articles incluent le titre de l'article, le nom de l'auteur et une description. Les membres Pinterest peuvent ainsi enregistrer facilement les articles qui les intéressent.
Les épingles de recette raviront les cuisiniers amateurs, elles incluent la liste des ingrédients, les temps de préparation et les portions ...

**Spécificités / particularités**
Plus « neutre » que Facebook, Pinterest génère de très gros buzz à travers la planète, au-delà des cercles d'intérêts.
A titre d'exemple, et sans entrer dans le marketing des marques, nous signalerons quelques buzz majeurs et non commerciaux de ces dernières semaines : la coiffure du nouveau fiancé d'une starlette colombienne, la reprise dans le monde entier d'une recette traditionnelle japonaise (l'onigirazu ...) ou une portée (adorable) de 7 chatons au Danemark ...

## 7.17 Réseau Daubigny

### Description

Le Réseau Daubigny[173], avec pour objectif d'accompagner des dirigeants et des décideurs dans des périodes de transition professionnelle ou de de création d'activité, s'appuie sur les partages d'expériences de ses membres.

### Histoire et culture

Créé fin 2002 et, à l'époque domiciliée rue Daubigny (Paris 17ème), d'où son nom, cette association naît de la conviction que la pratique du réseau est le meilleur moyen d'accélérer sa reconversion professionnelle.

Ceci alors que les intéressés y sont en réalité très peu préparés.

Dans cette optique, le Réseau Daubigny déploie une culture d'entraide très affirmée et concrète au bénéfice de ses membres. Promoteur du SpeedNetworking, ce réseau en fête en 2018 la cinquantième soirée.

### Chiffres d'utilisation

Le réseau compte un peu plus de 700 membres, la moyenne d'âge étant comprise entre 40 et 55 ans.

### Fonctionnalités

Les « outils » du Réseau Daubigny permettent de pourvoir à un maximum de services à destinations de leurs membres :

- Les DaubiNettings : avec pour objectif de rencontrer et d'exposer son parcours et son projet professionnel à une quinzaine de personnes en 2 minutes, ils amènent tous les participants à se connaître, à échanger cartes de visite, noms, adresses, recommandations... à déclencher tout simplement le processus de "réseautage".

- Les ateliers miroirs : par groupe de 5 membres et en 3 minutes : ils permettent de se présenter, dans le contexte de son choix. Le cas le plus fréquent consiste à évoquer son parcours et son projet professionnel «face à un recruteur». L'objectif : améliorer en deux ou trois mois son pitch grâce aux réactions de Daubigniens n'appartenant pas nécessairement à son secteur, mais ayant généralement déjà recruté et bénéficier ainsi d'un effet miroir.

---

[173] *http://www.reseau-daubigny.com/*

- Les Speed Networkings : 12 chasseurs de têtes rencontrent 12 Daubigniens pour des entretiens individuels tournants de 7 minutes chacun. Chaque Daubignien présente ce qu'il peut apporter à une entreprise, sa valeur ajoutée spécifique, échange avec les consultants et convient, le cas échéant, d'une rencontre ultérieure plus approfondie. L'objectif pour les chasseurs: rencontrer 12 cadres de haut niveau en 2 heures seulement et développer un potentiel de rencontres avec plusieurs dizaines d'autres candidats membres du Réseau Daubigny

- Les sessions à thème : un membre du Réseau Daubigny présente son expertise métier ou marché. Il peut également faire intervenir un spécialiste sur un sujet donné avec pour objectif de partager son expérience avec d'autres professionnels du Réseau Daubigny ou enrichir la connaissance générale des autres membres.

- Les groupes de travail : par métier, par fonction, par secteur d'activité, il s'agit de travailler dans la durée avec un petit nombre de Daubigniens partageant les mêmes intérêts professionnels.

- Les ateliers : rencontres sur des thématiques variées management de transition, international, outils de communication, de réseautage, etc…

Enfin, l'utilisation de Workplace complète l'ensemble du dispositif.

**Spécificités / particularités**

Comme d'autres, mais avec ses spécificités d'objectifs et de méthodes structurées, le Réseau Daubigny est reconnu pour la confiance et l'esprit d'entraide qu'il génère.

**Conseils d'utilisation et de mise en œuvre pour un bon réseautage**

Les Daubigniens sont strictement bénévoles, leurs actions sont impliquantes et efficaces.

Les résultats dépassent souvent les objectifs attendus en termes d'accompagnement au changement professionnel (et personnel).

C'est un réseau qui illustre parfaitement une de nos principales recommandations : pour recevoir, donnez d'abord…

## 7.18 Le Rotary

**Description**

C'est, en 1905, le premier « club service » créé au monde. À l'origine, l'idée de Paul Harris était de promouvoir la solidarité entre hommes d'affaires, mais, très vite, la notion d'une action humanitaire vint se greffer à cet objectif. Les réunions étaient tenues à tour de rôle sur le lieu de travail de chacun des membres, d'où le nom de Rotary[174].

Par ses statuts, le Rotary se définit lui-même comme une organisation non-partisane et non-sectaire.

Sa philosophie est principalement de mettre à profit les relations et contacts pour servir l'intérêt général.

De sa création jusqu'aux années 1980, les femmes ne pouvaient pas devenir membres des Rotary clubs, bien que les épouses de Rotariens, soient souvent membres du club jumeau Inner Wheel (Cf. plus loin) Jean Harris, l'épouse de Paul Harris, était elle-même devenue en 1946 membre d'honneur du club Inner Wheel d'Edimbourg (Écosse), ville dont elle était originaire.

**Histoire et culture**

Le Rotary a donc été créé à Chicago, Illinois, aux États-Unis le 23 février 1905. C'est à cette date que son fondateur, Paul P. Harris, avocat, tint la première réunion, en compagnie de trois amis, Silvester Schiele, négociant en charbon, Gustavus H. Loehr, ingénieur des mines et Hiram E. Shorey, tailleur.

Les premiers membres étaient d'origine allemande, suédoise, irlandaise, américaine et appartenaient aux confessions protestantes, catholiques et israélites.

Les représentations locales du Rotary sont désignées du nom de Rotary Club ou Club Rotary.

**Chiffres d'utilisation**

Le nombre de rotariens dans le monde est d'environ 1 223 000 répartis comme suit : États-Unis et Canada : 395 000, Asie : 330 000, Europe : 325 000, Amérique latine : 97 000, Océanie-Pacifique 43 000, Afrique : 33 000. La France compte 34 000 Rotariens, la Belgique et le Grand-Duché de Luxembourg un peu plus de 10 000 et la Suisse plus de 12 000.

---

[174] *www.rotary.org*

Le nombre de Rotary Clubs dans le monde est de 35 000, dont plus de 1 000 en France.
Les Rotariennes représentent aujourd'hui plus de 20 % des effectifs dans l'ensemble du Rotary.

**Fonctionnalités**
Le Rotary a donc été historiquement le premier « club service » créé. L'association, dont le siège se trouve toujours à Evanston dans l'Illinois, se présente comme une organisation apolitique et ouverte qui encourage une haute éthique civique et professionnelle et œuvre pour faire progresser l'entente et la paix dans le monde.
Sa devise officielle est « Servir d'abord » (Service above Self) et il existe une devise secondaire qui est « Qui sert le mieux profite le plus » (One profits most who serves best).
Le Rotary International est financé par la cotisation annuelle de ses membres et par des dons à la Fondation Rotary.
L'emblème du Rotary est une roue d'engrenage de 24 dents, symbole de la transmission de l'énergie.

**Spécificités / particularités**
Certains liens ont parfois été établis entre le Rotary et la franc-maçonnerie, même si les deux organisations n'ont en fait pas de lien autre que le fait que certains rotariens sont maçons et quelques similitudes dans l'organisation : le Rotary partage avec la maçonnerie une certaine discrétion et la désignation des nouveaux membres qui se fit longtemps par cooptation.
Aujourd'hui la gestion des recrutements se fait toujours par cooptation, mais on peut être candidat à devenir rotarien sans être à priori parrainé, le parrainage qui est une forme de tutorat, sera organisée dès l'acceptation du nouveau membre.
Contrairement à la franc-maçonnerie, l'intronisation au Rotary n'a aucun caractère initiatique ou religieux, c'est une cérémonie protocolaire comme dans toute association importante.
Aucune condition de croyance n'est nécessaire, le Rotary est une association laïque et non politique.

**Conseils d'utilisation et de mise en œuvre pour un bon réseautage**
Ce club, remarquable réseau, est bien implanté en France, peut-être plus en région qu'à Paris (en proportion du nombre d'habitants), il est relativement facile d'accès et sa plus grande

propension affirmée à « faciliter les affaires » entre ses membres, le rend, sur ce point particulier un peu plus attractif que son « rival » historique le Lions Club.

## Les satellites du Rotary
## l'Inner Wheel

### Description

L'Inner Wheel (club de la roue intérieure par référence à la roue extérieure, symbole du Rotary club) est une organisation internationale étroitement liée au Rotary. Son but était de rassembler les épouses et les filles des Rotariens.

### Histoire et culture

Il a été fondé en 1924 par Margarette Golding, infirmière et femme d'affaires à la fois et qui était l'épouse d'un Rotarien de Manchester.
En 1950 En France, le premier club apparaît à Valenciennes et, depuis, le mouvement ne cesse de se développer.
En 1967, le mouvement devient international sous le nom d'INTERNATIONAL INNER WHEEL.
En 1988, l'International Inner Wheel est reconnu par l'ONU en qualité d'ONG. (6 représentantes à New York, Genève et Vienne).

### Chiffres d'utilisation

L'International Inner Wheel est implanté en Europe, en Afrique, en Inde, aux Philippines, en Australie, en Nouvelle Zélande, au Canada... soit environ 100 000 membres répartis dans 100 pays.
Aujourd'hui en France, Andorre, Maroc, Algérie, Tunisie, près de 4000 membres sont répartis en 10 régions (District) dans 154 clubs.

### Fonctionnalités

L'International Inner Wheel est organisé en clubs rattachés à des Districts, chaque District est dirigé par un Gouverneur et un comité élus et chaque club élit annuellement une présidente et un comité.
Les clubs s'engagent à respecter des statuts internationaux (réunions, élections, recrutement...) mais restent libre de définir leurs actions et organiser leurs activités.

Une convention internationale a lieu tous les 3 ans réunissant les clubs du monde entier.

**Spécificités / particularités**
Les objectifs de l'International Inner Wheel sont de promouvoir une véritable amitié, d'encourager les idéaux du service personnel et de favoriser la compréhension internationale.

**Conseils d'utilisation et de mise en œuvre pour un bon réseautage**
C'est un très bon réseau féminin, là encore accessible sur certains critères mais votre « homme » n'est pas obligé d'être Rotarien…

## Interact Club

**Description**
L'Interact est un club international de service destiné aux 12-18 ans.

**Histoire et culture**
Le premier fut fondé en 1962 par le Club Rotary.

**Chiffres d'utilisation**
C'est une organisation qui comporte actuellement 250 000 jeunes qui se nomment « interactiens ».
Ils sont rassemblés dans 11 000 clubs regroupés dans 120 pays et réalisent des actions en suivant le principe du Rotary "Servir d'abord".

**Fonctionnalités**
Le Rotary International a officialisé l'Interact en tant que club service pour les jeunes le 28 octobre 1962, avec l'objectif de les épauler mais aussi de leur donner l'objectif de servir autrui.

**Spécificités / particularités**
Avant l'officialisation de l'Interact existèrent les clubs Ro, un club service de lycéens avec les mêmes objectifs que les clubs Interact aujourd'hui et les clubs Yrator (Rotary en « verlan » !).
À la suite des Interact clubs viennent les clubs Rotaract (Cf. ci-dessous) qui accueillent les jeunes de 18 à 30 ans.

**Conseils d'utilisation et de mise en œuvre pour un bon réseautage**
Ces clubs sont tout à fait adaptés à sécuriser le parcours de vos enfants.

## Le Rotaract

**Description**
Le Rotaract est aussi un club service qui regroupe des jeunes de 18 à 30 ans et s'établit dans la continuité des Interact.
Son nom vient de la contraction des termes ROTARy et ACTion.

**Histoire et culture**
Il a été créé en 1968 aux États-Unis par le Rotary International.
L'instance qui coordonne les clubs entre eux en France est le Groupement Multidistrict d'Information (G.M.I.) "Rotaract France".
Il est présidé par un coordinateur national et son bureau (secrétaire + trésorier) est élu chaque année.
Les différents clubs et districts du Rotaract mettent en œuvre diverses actions solidaires et caritatives tant au niveau international, que national et local.

**Chiffres d'utilisation**
Il existe aujourd'hui plus de 7 500 clubs Rotaract, dans 156 pays, avec plus de 173 000 membres.
En France on dénombre 1 200 Rotaractiens répartis dans 99 clubs différents, eux-mêmes répartis dans les 18 districts.

**Fonctionnalités**
Les quatre domaines d'action du Rotaract sont : l'action intérieure, l'action professionnelle, l'action sociale, et l'action internationale.
La devise est : l'amitié par le service.
Le Rotaract France regroupe les districts rotary de la zone France, d'Andorre et de Monaco.
L'instance qui coordonne les clubs entre eux en France est le Groupement Multidistrict d'Information (G.M.I.) "Rotaract France".
Il est présidé par un coordinateur national et son bureau (secrétaire + trésorier) est élu chaque année.

**Spécificités / particularités**

Les différents clubs et districts du Rotaract mettent en œuvre divers actions solidaires et caritatives tant au niveau international, que national et local.

Chaque club Rotaract doit être parrainé par un club Rotary.

Ceux-ci tiennent des réunions régulières, habituellement toutes les deux semaines et durant ces réunions sont préparées des actions de service à autrui, des conférences, des visites à d'autres clubs...

**Conseils d'utilisation et de mise en œuvre pour un bon réseautage**

Quand vos enfants grandiront, c'est donc tout naturellement qu'ils pourront (s'ils le veulent toujours !) intégrer le Rotaract de votre district !

## 7.19 Shapr

**Description**

« Vous allez bien vous entendre ! » telle est, interprétée et résumée, la promesse de Shapr[175].

Il s'agit d'une application mobile proposant uniquement des rencontres, inspirée des codes de Tinder, mais dans un monde spécifiquement professionnel.

Le but de Shapr est d'être un « passeur » de la vie, qui joue successivement sur les algorithmes puis sur l'intelligence émotionnelle, pour proposer à ses abonnés la certitude de faire des rencontres efficaces qui ont du sens.

Shapr permet ainsi de rencontrer de nouvelles personnes dans sa ville, mais aussi de trouver un nouveau job, ou de faire des affaires.

**Histoire et culture**

La démarche initiée par Ludovic Huraux, Vincent Bobin et quelques-uns de leurs anciens camarades d'Attractive World rencontre un réel succès.

Lancée en 2016 et initialement prévue pour le marché nord-américain, l'application Shapr est disponible en France depuis maintenant un an, après avoir été, entre temps, lancée à Londres.

L'ambition est affichée : être un acteur mondial.

Anticipant les tendances, Shapr correspond à un besoin croissant de création de rencontres efficaces, car volontaires des 2 côtés.

Appli du 21° siècle par excellence, Shapr permet, à partir d'un contact accepté sur une appli mobile, de rencontrer très vite une autre personne, de comprendre son métier, de s'en inspirer … de collaborer.

N'oublions pas que le travail dans le futur sera à l'évidence plus multiple (le slashing), plus indépendant (croissance du pourcentage de freelance dans le travail) et plus ouvert géographiquement.

En mettant rapidement en relation des professionnels indépendants et des entrepreneurs qui recherchent contacts et services, Shapr correspond parfaitement à ces évolutions et y répond.

---

[175] *www.shapr.com*

Enfin, Shapr s'appuie beaucoup sur les nouvelles tendances de nos sociétés que sont l'ouverture et la bienveillance, le besoin de nouvelles rencontres dans un univers souvent cloisonné, tout en reposant sur l'un des fondements du réseautage qu'est le « give and take[176] »

**Chiffres d'utilisation**

Shapr regroupe aujourd'hui plus d'un million de personnes, majoritairement aux Etats-Unis et au Canada (60%), au Royaume-Uni (12%) et en France (20%).

En fort développement, Shapr a généré 7.5 millions de matches sur 2017, ce qui est énorme.

**Fonctionnalités**

Tous les jours, y compris le dimanche, une sélection d'une quinzaine de personnes vous est suggérée en fonction de différents critères : localisation, profil et expérience, attentes et centres d'intérêts.

Quand un contact vous intéresse, il suffit de « swiper » (c'est-à-dire glisser sur une icône verte) et le « match » est proposé à l'autre interlocuteur.

S'il y a un intérêt mutuel, le match est validé et vous aurez alors la possibilité d'échanger un message, puis de vous rencontrer.

La qualité des matchs ainsi réalisée est très rassurante, l'application non intrusive.

Tout est fait pour faciliter la mise en relation, et la préparer de façon optimale (profil simple, attentes résumées à 10, lien avec Linkedin ... ).

Votre profil est aisé à construire sur votre smartphone, le plus souvent à partir de votre profil Linkedin, qui y sera lié.

Il est important de bien renseigner vos 10 critères d'attentes, comme de les affiner progressivement. L'utilisation quotidienne de Shapr, qui vous permet d'accepter ou de refuser des contacts, va ainsi améliorer la pertinence de votre profilage comme des suggestions que vous allez recevoir, ceci au travers des algorithmes.

**Spécificités / particularités**

Un pack premium permet d'avoir quotidiennement accès à 50 profils (contre une quinzaine pour la version standard) et au

---

[176] *le don et le contre-don*

travers d'une fonction Boost, d'accélérer des matchs communautaires.
Par ailleurs, et dans une pure logique de téléportation, Shapr vous permet de rencontrer de nouveaux contacts dans une ville où vous n'êtes de passage que pour quelques jours.
Parfait pour les grands voyageurs et les expatriés.
Enfin, Shapr est à ce jour l'unique opérateur de ce type. Mais son succès en attire d'autres (Bumble-Biz, Rippl ...) qui pourraient compléter ce marché.

**Targets et évolutions prévues**
Shapr réfléchit à la création de communautés, qui pourraient permettre des rassemblements physiques, du style MeetUp. Une fonctionnalité d'évaluation qualitative du contact proposé pourrait également se présenter.

**Conseils d'utilisation et de mise en œuvre pour un bon réseautage**
Pour une optimisation de votre utilisation de Shapr, et au-delà d'un profilage simple mais affuté, nous vous recommandons la régularité (action quotidienne qui vous prend de 5 à 10 mn) et la sélectivité.
Plus vous serez « exigeants » avec l'application, plus elle vous le rendra par une finesse accrue de ses ciblages.

## 7.20 Snapchat

**Description**

Snapchat[177] est une application gratuite de partage de photos et de vidéos.

La promesse de Snapchat (« The fastest way to share a moment ! ») a été traduite en français par « Votre caméra mains-libres », ce qui traduit bien le côté instantané et concentré de ce réseau.

Snapchat revendique la « réinvention de la façon de prendre des photos et des vidéos », mais aussi de les partager.

Snapchat offre à chacun la possibilité de communiquer plus facilement, de vivre l'instant présent et de découvrir le monde tout en s'amusant.

**Histoire et culture**

Snapchat a été lancé en 2010, par plusieurs étudiants américains, dont certains revendiquent plus la paternité de l'application . Nous les citerons donc tous : Reggie Brown Bobby Murphy et Evan Spiegel.

Le succès est très rapidement arrivé, l'application dépassant le cap des 50 millions moins d'un an après son lancement. Le succès a été tel que Facebook et Google, entre autres, ont proposé plusieurs fois l'acquisition de l'entreprise. Sans succès ...

Evoluant également vers des modèles de business, Snapchat a successivement introduit un service de paiement et d'expédition d'argent (SnapCash, en 2014) et un service de diffusion pour les média (Discover, en 2015), permettant d'accéder aux marchés publicitaires.

La valorisation de Snapchat est aux alentours de 25 milliards de dollars, le chinois Tencent étant maintenant actionnaire à hauteur de 12%.

**Chiffres d'utilisation**

Snapchat revendique environ 250 millions d'utilisateurs mensuels à travers le monde, dont près de 12 millions en France.

Singularité dans le monde des média sociaux, on relèvera que 85 % des utilisateurs de notre planète ont moins de 35 ans.

On évalue à 350 millions le nombre de « snaps » échangés chaque jour à travers le monde !

---

[177] *https://www.snapchat.com/l/fr-fr/*

**Fonctionnalités**

Plus instantané et agile que Facebook, plus vivant et attrayant que Twitter ... people, footballeurs, DJ, YouTubeurs, mannequins, acteurs et actrices célèbres, stars et starlettes de téléréalité, hommes et femmes politiques ... tous s'expriment et présentent maintenant leur vie sur Snapchat.

Y compris toutes les grandes marques ... et même la Maison blanche (et oui ! ... ).

A vous de juger et de les suivre ou pas ...

**Spécificités / particularités**

Ce qui en a fait un succès auprès des jeunes (l'excitation d'être branché car les contenus disparaissaient après quelques secondes, ou plus ... au choix) a été récemment changé pour un partage de temps modulable des contenus.

De plus, de très nombreuses nouvelles applications (messagerie, jeux, localisation, retouche de photos, ...) accentuent le caractère sympathique et ludique de ce média, de plus en plus considéré comme un vrai réseau social. Snapchat permet également de créer des « Stories », qui sont en fait des juxtapositions de photos et de vidéos.

## 7.21 Tokster

**Description**

Tokster[178] se définit plus comme un média social que comme un réseau social.
Sa finalité est avant tout de mettre à disposition gratuitement, de l'information professionnelle, par filière (After Market Automobile, bâtiment, restauration, fonction territoriale ...) et par thématique (environnement, ...).
Avec 24 chaines d'actualités professionnelles, Tokster est ainsi le premier réseau et média social BtoB ciblé par métiers et par secteurs d'activité.

Plateforme de contenus avant tout, elle évolue progressivement, mais sans délaisser ou renier ses origines, vers la création spécifique de son propre réseau social.
Tokster ne couvre pour l'instant que la langue française et regroupe très majoritairement des français.

**Histoire et culture**

Tokster a été créé en France en 2014 par Philippe PAULIC, du groupe Gratuit Pros et Zepros.
Le mot « Tokster », inventé, provient d'une contraction des mots anglais « Talk » (parler, communiquer) et « cluster » (se réunir).
Zepros est sur 14 marchés, avec plus de 500.000 magazines gratuits distribués mensuellement.
Le groupe de presse éditeur de magazines professionnels a eu cette intelligence de ne pas (que) passer ses différents magazines au web et de n'en être qu'une représentation digitale, mais plus subtilement, de monter un modèle différent, mélange de contenus originaux, d'ouverture vers tous contributeurs, de création de « chaines de contenus » et de communautés : un vrai réseau.

**Chiffres d'utilisation**

Avec près de 7 millions de pages vues en 2017, Tokster annonce début 2018 plus de 120.000 utilisateurs, dont les 2/3 ont une régularité au minimum hebdomadaire et 95% une régularité mensuelle.

---

[178] www.tokster.com

Déjà 30% des internautes toksteriens sont des femmes, et 43% proviennent d'Ile de France.
Les toksteriens sont des artisans à 50%.
Tokster propose l'actualité de plus de 700 entreprises.

**Fonctionnalités**

Tokster vous permet de segmenter, selon vos nécessités d'information et de réseautage, l'intégralité des contenus de Zepros et ainsi de vous créer vos propres « chaines d'actualité » par secteur ou domaine, de manière totalement spécifique et individualisée.
Par ailleurs, chaque utilisateur de Tokster peut lui-même produire des contenus, augmentant ainsi sa visibilité et donc ses capacités de réseautage.

**Spécificités / particularités**

Un contenu Tokster peut à tout moment être partagé en un clic sur d'autres réseaux sociaux (Linkedin, Facebook, Viadéo, twitter, ... )

**Targets et évolutions prévues**

Bien qu'extensible à d'autres langues, Tokster ne prévoit pour l'instant aucune évolution internationale.
En revanche, d'autres segments, tels la boulangerie ou la haute cuisine par exemple, pourraient très vite se greffer aux thématiques actuelles de Tokster.
Une fonction blog pourrait également être envisagée.

**Conseils d'utilisation et de mise en œuvre pour un bon réseautage**

Pour mieux réseauter et être visible sur Tokster, il est recommandé de :

- publier et partager en interne sur les chaines ou les clubs de discussion
- inviter son propre réseau (Gmail) et les profils qui lui sont proposés dans son fil d'actualités à se connecter
- viraliser sa propre information, afin d'augmenter son audience, et devenir ainsi progressivement un ambassadeur ou un influenceur
- bien organiser ses chaines afin de ne pas être submergé : un vrai toksterien doit être informé et proactif, tout en évitant d'être noyé par trop d'informations inutiles.

## 7.22 Twitter

**Description**

Se présentant comme un réseau social de microblogage, Twitter[179] est en effet plus un réseau de communication qu'un réseau social, en soi.

Très vivant et réactif, instantané et créateur de viralité, on y poste des messages brefs, limités en taille.

Il permet à un utilisateur d'envoyer gratuitement de brefs messages, appelés tweets, sur internet, par messagerie instantanée ou par SMS.

Ces messages sont limités à 140 caractères, dont votre signature. Prisé des politiques et des people, il permet de réagir à l'actualité, de faire passer ses impressions et émotions.

Twitter est l'une des vitrines de ce qu'il se passe dans le monde (voir leur site, qui rend compte quotidiennement, des actualités majeures vues sur le réseau) et des sujets de conversation du moment.

On ne peut ignorer le phénomène sociétal et politique généré par les tweets nocturnes ou matinaux de Donald Trump.

Twitter est de plus en plus utilisé par les marques pour accroitre notoriété, promotion, passages en magasins ...

**Histoire et culture**

Twitter a été créé en 2006 par Noah Glass, Evan Williams, Jack Dorsey et Biz Stone et Noah Glass.

L'idée de départ de Jack Dorsey était de faciliter un partage par les utilisateurs de leurs « petits moments de vie » avec leur entourage.

L'envol a été très rapide puisque 6 ans plus tard, Twitter revendiquait 500 millions d'utilisateurs dans le monde. Maintenant, le nombre d'utilisateurs a baissé à 340 millions d'utilisateurs actifs mensuels, pour environ 500 millions de tweets quotidiens.

En 2013, Twitter rentre en bourse. Preuve que tout n'est pas si vert dans la Silicon Valley, on notera qu'à fin 2017, Twitter a enfin dégagé des bénéfices : quelques dizaines de millions de dollars, consécutifs près de 12 années de pertes.

Il était temps : on a longtemps évoqué un rachat possible par Google, Microsoft, Verizon, SalesForces ... et même Disney !

---

[179] *https://twitter.com/TwitterFrance*

Ces bénéfices font suite à des restructurations successives ces dernières années (suppression de quelques centaines d'emplois), ainsi qu'à la fermeture du réseau Vine.

La culture Twitter est très forte. Dans l'expression de ses valeurs, Twitter annonce : « *Nous croyons en la liberté d'expression et nous pensons que chacun peut avoir un impact sur le monde.* » On ne peut pas attendre message plus clair.

**Chiffres d'utilisation**

Twitter est le 12ème réseau social au monde, avec 340 millions d'utilisateurs actifs par mois (Avril 2018)

On notera que les 10 comptes mondiaux les plus suivis en mars 2018 sont ceux de Katty Perry (avec 109 millions de suiveurs), Justin Bieber (106 M.), Barack Obama (101 M.), Rihanna (87 M.), Taylor Swift (86 M.), Lady Gaga (78 M.), The Ellen Show (77 M.), Cristiano Ronaldo (73 M.), YouTube (72 M.) et Justin Timberlake (65 M.).

Evolution politico-sociétale majeure, on ne peut parler de Twitter sans évoquer le phénomène sociétal et politique mondial généré par les tweets nocturnes ou matinaux de Donald Trump, suivis par 52 millions de personnes dans le monde.

« *Sans les Tweet, je ne serais pas là où je suis* », a en effet déclaré sans fausse pudeur le président des Etats-Unis. Réciproquement, le journal Le Monde évoquait la possibilité que sans le compte @realdonaldtrump, Twitter « *pourrait perdre un cinquième de sa valeur boursière* ».

Le président américain a même décidé de bloquer ses opposants … ce qui est contraire à la constitution américaine (1er amendement). A la justice de trancher.

Avec 3 millions d'abonnés, le président Macron a du mal à soutenir la comparaison (quantitative bien évidemment), même s'il twitte plusieurs fois par jour.

**Fonctionnalités**

Il vous suffit d'ouvrir un compte, sur lequel nous vous recommandons de mettre votre photo et de commencer par décider qui vous allez suivre (vos suivis ou abonnés).

Vous accédez ainsi à vos premiers Tweet, et pouvez écrire les vôtres. La TimeLine (un fil d'actualité ...) est l'espace sur lequel vous avez le fil des tweets des comptes que vous suivez.
Vous pouvez poster des vidéos et des photos, en faisant bien attention d'en limiter la volumétrie.
On notera que Twitter est un réseau asymétrique, c'est-à-dire n'engageant pas de réciprocité : vous pouvez être suivi par quelqu'un que vous ne suivez pas.

L'interface de Twitter, son format, ses règles précises de volumétrie sont très différents des univers des autres réseaux sociaux (Viadéo, Linkedin, Facebook ... ).

Twitter est souvent contesté pour le trop fort reflet de la vie privée qu'il procure, comme pour l'immédiateté et l'instantanéité futile des messages retransmis. Et c'est très souvent vrai.
En revanche, Twitter peut s'avérer très utile en intelligence économique, car il vous permet de suivre, e temps réel, l'actualité comme les déplacements de vos cibles ou concurrents. Non négligeable de savoir que votre principal concurrent est en ce moment à Séoul à un salon professionnel, ... où vous n'êtes pas ; Ou que l'un de vos principaux partenaires a rencontré hier samedi lors d'un BBQ votre ennemi juré ...
De plus, Twitter est extrêmement efficace pur relayer l'information publiée : outil puissant de re-communication, il vous permet de faire savoir que vous avez publié hier un article dans Challenge ou fait un formidable post sur LinkedIn ...

**Spécificités / particularités**
Il existe un accès privé à la diffusion de vos messages : il vous est possible de restreindre la lecture de vos tweets à un nombre choisi et limité de personnes, en gardant privé l'accès à votre compte, sans le rendre public.
Vos suiveurs devront alors vous demander un accès spécifique, dit « privé ». Les messages seront alors visibles par vos abonnés, mais uniquement après validation d'une requête d'ajout à sa liste d'abonnement par l'utilisateur qui a appliqué un accès privé.
Peu connu, ce dispositif qui n'est pas vraiment dans l'esprit des réseaux sociaux est peu utilisé.

Autant envoyer des SMS !

A l'heure des hackings et des problèmes de sécurité des données de Facebook et de WhatsApp, Twitter prépare un cryptage prochain de certains de vos messages.
Cette fonctionnalité, qui serait optionnelle et limitée, ne sera pas lancée avant la fin de l'année.
Enfin, sans annoncer de date, Twitter envisage la vérification et la certification de tous les comptes, procédure actuellement réservée aux personnalités.

**Conseils d'utilisation et de mise en œuvre pour un bon réseautage**

Twitter est l'un des rares réseaux ayant fixé un nombre important de limites.
La première et la plus connue est celle du nombre de caractères (140). Une autre est celle du nombre de personnes suivies (5000). Au-delà, un ratio abonnés/suivis sera appliqué, qui ne devra pas dépasser 1.
Cela signifie la parité entre le nombre de personnes que vous suivez et le nombre de ceux qui vous suivent. Ce dispositif est naturellement imaginé pour éviter les spammers.
Autre limite, vous ne pourrez expédier que 1000 tweets par jour, dont 250 directs.

## 7.23 Viadeo

**Description**

Viadeo[180] est un réseau social privé et professionnel, d'origine française, qui a été à un moment très fort en Chine. Les fonctions en sont privées comme professionnelles, la recherche d'emploi y étant mise en avant.
Viadeo présente une très large diversité de profils. Les fonctions communautaires et groupes y sont nombreuses.

Au-delà d'être un simple réseau social, Viadeo se définit également comme un réseau de dialogue entre professionnels, un outil de gestion de réputation en ligne et de marketing personnel.
L'une des caractéristiques de Viadeo est de réunir des professionnels issus du monde des PME.

**Histoire et culture**

En 2003, Thierry Lunati et Dan Serfaty créent un réseau d'entrepreneurs et de chefs d'entreprise, presque un club, appelé Agregator.
Une plateforme internet va très vite accompagner ce réseau naissant, elle portera dès l'année suivante le nom de « Viaduc ».
Très vite, l'entreprise se développe et se renomme Viadeo.
En 2013, Viadeo sera disponible en 8 langues, dont l'arabe, faisant de ce réseau social le premier dans cette langue.

Viadeo est alors l'un des réseaux majeurs dans le monde, présent des Etats-Unis à la Chine (23 millions de membres chinois en 2014). Pour assurer son développement, l'entreprise se lance en bourse dès 2014, pour une capitalisation de l'ordre des 150 millions.
D'importantes pertes financières lui font quitter le marché chinois l'année suivante, marquant ainsi le « début d'un déclin », alors qu'au même moment, Linkedin et Facebook sont en forte croissance et qu'émergent réellement les premiers réseaux chinois (Baidu, Tencent ... )

---

[180] *http://www.viadeo.fr*

Les pertes s'accroissent, et l'entreprise, qui a finalement été placée en redressement judiciaire, sera rachetée fin 2016 par le groupe Le Figaro pour un montant de 1.5 millions d'euros.
Quasiment au même moment, Microsoft rachetait le concurrent LinkedIn pour 26 milliards de dollars ...
Figaro Classifieds est le partenaire français de The Network, réseau international de recrutement présent dans 140 pays.
Les observateurs voient derrière le rachat par le groupe de presse français l'opportunité d'une très forte synergie avec sa branche annonces et offres d'emploi, qui pourrait en faire un acteur incontournable de ce secteur.
Viadeo est en effet maintenant l'une des marques de la branche Classifieds du Figaro, aux côtés de Cadremploi, CVaden, Keljob et ChooseYourBoss, mais également de solutions RH (comme Adensourcing, CVmail, CVskills, TalentPlug .... ) A suivre ...

**Chiffres d'utilisation**
Viadeo, qui a compté jusqu'à 45 millions d'utilisateurs dans le monde, dont 11 millions de membres en France, s'est malheureusement effrité.
Mais les chiffres restent consistants : aujourd'hui, Viadeo ce sont 7,5 millions de membres en France, 5 millions d'avis sur les entreprises et c'est en moyenne 45.000 offres d'emploi à disposition.
Chaque mois, c'est plus d'un million de demandes de mise en relations et 4 millions de visiteurs uniques.
Viadeo annonce 60% de son trafic via le mobile.

**Fonctionnalités**
Les évolutions récentes concernent des profils enrichis avec une possibilité d'inclure une vidéo (et bientôt plusieurs ?), ainsi que des liens de plus en plus aisés avec les fonctions de recherche d'emploi.

**Spécificités / particularités**
Viadeo, qui se veut très Freemium, pousse (trop ostensiblement) à une utilisation payante, alors que sa cible première est plutôt (en CSP) inférieure à celle de LinkedIn. Par ailleurs, l'accès à de nouveaux contacts au travers du moteur interne est limité à 3.

Ces deux limitations expliquent peut-être une partie des difficultés récentes de ce réseau, ou pour le moins représentent un frein majeur à sa croissance.

**Conseils d'utilisation et de mise en œuvre pour un bon réseautage**

Nous vous conseillons, malgré certaines difficultés actuelles bien réelles, de ne pas quitter Viadeo.

D'une part nul ne sait dans quelle direction Microsoft poussera les évolutions de LinkedIn à terme, et, d'autre part, Viadeo demeure un réseau français majeur, essentiel pour toute recherche d'emploi.

## 7.24 Vine

Lancée en 2011, et rachetée par Twitter quasiment dès son lancement en 2012, Vine était une application mobile de Twitter hébergeant des vidéos extrêmement courtes vidéos (6 secondes maximum), partagées avec des abonnés.

Vine a été arrêté début 2017.

L'un de ses ex-fondateurs, Dom Hofmann, travaille sur un Vine V2, pour lancement en 2019. A suivre ...

## 7.25 Whaller

### Description

Plus qu'un réseau social, Whaller est une plateforme numérique de réseaux, ce que l'on appelle un « méta réseau social ». C'est une solution collaborative simple et complète, sur laquelle l'utilisateur va reproduire ses sphères sociales réelles. Cette plateforme permet à ses utilisateurs (entreprises, institutions, administrations, établissements éducatifs, associations, particuliers) de matérialiser leurs structures de réseau (appelées des « sphères » ) en créant leurs propres réseaux sociaux sécurisés. Ceux-ci sont totalement étanches les uns des autres.

Le concept en est simple et intuitif : il suffit à l'utilisateur de créer ou de rejoindre sur invitation une sphère pour commencer à échanger avec les autres membres de cette même sphère, en toute sécurité et confidentialité.

Whaller est ainsi le premier et unique acteur à proposer un nouveau modèle de réseau social, et le seul répondant au besoin primaire de communiquer en toute confiance, et ce dans tous les domaines de la vie réelle. A l'heure où le monde s'interroge sur le niveau de protection et de sécurité de nos données et échanges personnels sur les réseaux sociaux, et où par exemple Eric Léandri, le patron de Qwant pose la question de la survie d'un modèle européen face aux colosses américains et chinois, Whaller est une réponse 100% française, adaptée et souple, éthique et humaine.

### Vision et culture

L'histoire de Whaller est courte, sa culture est à la fois très forte et très affirmée. Constatant à la fois les avancées et les limites des réseaux sociaux, Thomas Fauré a inventé et conceptualisé un modèle dans lequel :

- l'utilisateur serait protégé et vraiment maître de ses échanges,
- l'utilisation d'Internet serait possible dans tous les espaces sociaux de notre vie (famille, proches, amis, collègues, partenaires ... )

- la simplicité primerait : une seule identité sur un seul compte, et la capacité à intégrer autant de sphères que l'on souhaite, privées, associatives, professionnelles ...

La seconde grande originalité et différence est que Thomas Fauré a conçu un modèle qui se veut vertueux. Grand utopiste, qui ne croit pas aux idées « libristes », il propose avec Whaller une posture différenciant clairement cette plateforme des autres réseaux. Le clivage est limpide : alors que la plupart des réseaux sociaux ont pour objectif de faire du business, le concept est ici de faire de la relation humaine. Thomas Fauré va même plus loin encore, qui publie sur la page d'accueil de son site un manifeste, ode à la liberté et à l'humanité.

Avec Whaller, vos données et informations personnelles ne seront pas commercialisées, vos échanges personnels « segmentés ». Mieux, toutes ces informations ne seront partagées qu'avec ceux avec qui vous souhaitez les partager, à la grande différence des autres réseaux sociaux qui procèdent à une massification.
L'objectif de Whaller est de recréer de la liberté, de la créativité ... alors que la grande majorité des réseaux sociaux imposent leur usage, et très souvent agrègent et mélangent les sphères personnelles et professionnelles.
Une phrase éclairante du fondateur illustre sa démarche et sa conception des réseaux de demain : « personnellement, j'aurais besoin de 100 Facebook, afin de ne pas mélanger mes amis »

C'est ainsi que Whaller assoit son modèle sur les principes suivants, et se permet ainsi d'affirmer qu'elle assure protection, maîtrise et sérénité.

- protection : les données ne seront jamais ni exploitées, ni partagées ni commercialisées.
- reprise de contrôle : Whaller répond au besoin de communiquer avec ses vrais réseaux sociaux humains sans les mélanger pour autant. Chaque utilisateur peut définir le niveau de participation et d'engagement de chacun.
  Tous les messages s'inscrivent dans le contexte d'une sphère. Vous savez toujours qui pourra lire vos messages.

Vous pouvez tout supprimer définitivement à chaque instant.

– sérénité : une plateforme doit servir et pas asservir. Whaller n'envoie restreint les pushs, et n'envoie aucune sollicitation parasite ou massification, contrairement à bien d'autres acteurs du secteur. Comme vos messages sont limités aux sphères, leur volumétrie est inférieure. De plus, l'utilisation est très aisée, les interfaces intuitives et claires.

## Histoire

Thomas Fauré a commencé sa première ligne de code en 2011. Deux ans plus tard, il convainc Vincent Bolloré de faire partie des investisseurs. Il monte alors la Société en 2013, avec Vincent Bolloré contrôlant alors 75% de l'entreprise. Whaller est officiellement lancé sur le marché en 2014. Pendant près de 5 ans, l'entrepreneur breton (au modèle familial de vision à 30 ans, et pas court terme comme la plupart des investisseurs ...) a laissé faire. En juin 2018, Il reprend les parts de Bolloré et prend le contrôle à 100% de l'entreprise. Whaller a l'ambition d'être l'une des plateformes majeures des réseaux sociaux professionnels. Pour ce faire, elle veut conserver un modèle libre et indépendant.

Nous écrivons ces lignes alors que Google+ annonce sa fermeture. Revanche française sur les GAFA's ou tout simplement intelligence conceptuelle ? les cercles de Google+ n'étaient que de simples filtres pour les utilisateurs alors que les sphères de Whaller sont de véritables réseaux sociaux en tant que tel, étanches les uns par rapport aux autres. Ce qu'une personne vous écrira dans une sphère Whaller sera indépendant de ce qu'elle vous écrira dans une autre sphère.

## Chiffres d'utilisation

800 utilisateurs en 2012, 250.000 aujourd'hui. Et très probablement 350.000 à la fin 2018.
Le rythme actuel de recrutement de Whaller est de 500 nouveaux profils par jour.

## Fonctionnalités

Les fonctionnalités sont très riches, en faisant un outil de travail complet et à la carte.

Les sphères permettent à leurs utilisateurs de créer des espaces de conversation répartis selon leurs besoins et envies : famille, amis, professionnel, … Véritables espaces de discussion sécurisés, on peut y inviter des personnes pour échanger et partager tous types de messages (texte formaté, messages, documents, agenda ou événements liens, vidéos, documents, sondages, tâches, cadeaux...).
Totalement étanches les unes par rapport aux autres, les sphères sont des espaces sécurisés. Whaller permet enfin de définir la visibilité des messages dans vos sphères, comme de classer et typer les messages.

## Spécificités / particularités

Whaller est gratuit pour ses fonctionnalités de base (création de plusieurs sphères de communication), payant pour des services plus structurés (agendas, gestion des tâches, synchronisation de répertoires internes, évènements, sondages, transferts de documents, … ). Ceux-ci sont vendus sous formes de packages.

La plupart des sites ne souhaite et propose qu'un seul profil. Sur Whaller, il est possible de définir un profil différent par sphère : vous ne vous présentez pas à vos amis et à vos collègues de la même façon !

Whaller, qui était initialement disponible sur PC et tablette, est depuis septembre 2018 également disponible en application mobile. Enfin, on notera que Whaller intègre un outil de Visio-conférence dans chaque sphère qui dispose ainsi d'une salle de visio-conférence virtuelle dédiée, sans serveur intermédiaire.

## Targets

Entreprises et organisations : solution collaborative simple et complète, qui assure protection et maîtrise totales, Whaller permet de supprimer les boucles d'e-mails et de centraliser ses données. On peut y créer des sphères par équipe, par projet, par entité ou direction, géographiques, … Whaller

s'avère être un réel outil au service de l'efficacité d'une entreprise.
De grands comptes ont déjà rejoint le méta-réseau : McDonalds, AXA, FranceTV, Accenture , Dunod, ...

Autre cible, le monde associatif, souvent mal organisé, et dont le maillage est profond et étendu. Whaller permettra une communication fluide et aisée entre et avec des individus qui peuvent avoir d'autres priorités (communication, gestion des compétences et répartition des tâches, agendas partagés, visio-conférences, collecte de fonds, boutique en ligne, ... )

Éducation : un travail très important est notamment engagé en matière d'éducation et de social learning. Plus collaborative que les MOOC, Whaller permettra prochainement au monde éducatif de constituer ses propres réseaux éducatifs et d'alumni, de créer et d'organiser des campus numériques et des incubateurs, de fédérer et teamer les travaux d'une équipe de recherche ... Déjà, l'EDHEC, Audencia, Centrale, SciencesPo ont fait l'acquisition de divers modules Whaller.

Enfin l'emploi. En redessinant l'ensemble de l'écosystème de l'emploi, Whaller participe avec Pôle Emploi à la construction du réseau social de l'avenir, qui relie agences, employeurs, recruteurs et demandeurs d'emploi. La souplesse de l'outil, sa simplicité comme sa sécurité en font un vecteur idéal de la performance future de cette organisation, du niveau local au niveau national.

## 7.26 Wiki PME

**Description**

WikiPME [181] est un réseau social français pour chefs d'entreprises, a pour objectif de devenir la première communauté digitale pour et par les entrepreneurs en répondant à toutes leurs questions au quotidien et en leur faisant gagner beaucoup de temps.

Plateforme communautaire dédiée aux TPE et PME, WikiPME est la première communauté numérique d'entrepreneurs de France.

Elle permet d'accéder à des milliers de partenaires business, en partenariat avec de nombreuses entreprises françaises et institutions.

Wiki PME développe des services pour tout entrepreneur afin d'apporter des réponses à ses questions, des solutions à certains de ses problèmes et lui permettre de développer du business au niveau local et national.

WikiPME est également une plateforme de contenus, textes et vidéos.

**Histoire et culture**

Cofondée en 2015 par Hervé NOVELLI[182], Thibault LECLERC et Eric DADIAN, Wiki PME est parti de l'impact des politiques sur la vie des PME/ETI et d'une volonté forte de faire bouger les choses et de soutenir les entrepreneurs.

Portée par des valeurs d'engagement, de dynamisme et d'énergie, le but en est clair : briser l'isolement de l'entrepreneur, lui fournir des solutions, comme lui proposer de nouveaux clients comme des fournisseurs, et contribuer à une nouvelle ère de l'entrepreneuriat en France.

La vision de WikiPME est de permettre l'émergence du « Chef d'entreprise augmenté ».

**Chiffres d'utilisation**

Wiki PME revendique 200.000 comptes, dont 185.000 TPE/PME dans toute la France et 80% hors Ile de France.

Après trois ans, ce sont maintenant 60.000 interactions par mois et 40% de récurrence mensuelle.

---

[181] *https://www.wikipme.fr/*

[182] *Ancien Ministre des PME, qui a notamment inventé et porté le statut d'autoentrepreneur*

Les entreprises présentent sur WikiPME sont à 75% dotées de moins de 10 salariés et à 20% entre 10 et 50.

**Fonctionnalités**

WiKIPME, c'est tout d'abord une place de marché géolocalisée, qui permet de trouver clients ou fournisseurs en 3 clics et de rentrer en contact avec sa communauté d'entrepreneurs.

En ce sens, Wiki PME n'est pas orientée « people » comme un Linkedin ou un Shapr.

Wiki PME permet d'accéder à des offres personnelles promotionnées et référencées, représentant des avantages exclusifs.

C'est enfin un pack de solutions concrètes :

- de l'information pointue, réglementaire, relative à diverses expertises : santé, prévoyance, retraite, action sociale, international ou encore épargne salariale
- du service sur-mesure, avec de l'actualité pertinente pour gérer au mieux son entreprise
- une veille stratégique des appels d'offres (en service complémentaire).

**Spécificités / particularités**

On relèvera la dimension Forum, à la fois experte et collaborative, véritable socle et amorçage de la dimension communautaire.

Celui-ci permet de créer un espace de confiance où les entrepreneurs viendront chercher sur la plateforme fournisseurs comme clients.

On notera également un moteur de recherche sophistiqué, qui permet de répondre à la fois à des questions, d'apporter des solutions à des thématiques spécifiques (remboursement d'un dégât par son assurance, contrôle URSSAF, imprimante pas cher, trouver un expert-comptable qualifié au sud de Lyon ...)

**Targets et évolutions prévues**

Parmi les nombreux projets en développement chez Wiki PME, on notera :

- la notation, qui permettra vite de mettre en avant les meilleures offres comme les meilleurs partenaires;
- de nouveaux packages de services, comme des packs internet ou web services

- la « comportementalisation », grâce à l'intelligence artificielle
- l'intégration de Wiki PME avec d'autres réseaux et la création d'un nouvel écosystème de réseaux.

**Conseils d'utilisation et de mise en œuvre pour un bon réseautage**

Pour mieux réseauter et être visible sur Wiki PME, il est recommandé de :

- se mettre en avant avec une bonne photo, quelques visuels, afin de scénariser votre personne plus que la société
- de bien qualifier votre profil
- de veiller à répondre à toute sollicitation, faute de quoi vous vous exposez à une décote.

## 7.27 World is a village

**Description**

« WorldisaVillage[183] » est le réseau pour faire voyager et séjourner vos enfants à l'étranger en toute sécurité.

C'est le premier réseau collaboratif mettant en relation les familles du monde entier au travers des communautés de confiance de leurs parents.

Ces communautés réciproques ont pour origine l'appartenance à une entreprise internationale, une association, un réseau d'alumnis ...

**Histoire**

Crée par Camille Huyghues Despointes en 2017, ce réseau à pour promesse d'offrir le monde et une nouvelle expérience de voyage et d'apprentissage des langues aux pré-ados et ados.

L'idée est née du constat d'une femme entrepreneuse, dont les enfants ont grandi, puis ont eu envie de voyager et qui se trouvait dans un relatif manque de confiance en regard de l'offre existante.

En effet, celle-ci se trouve principalement au travers d'offres packagées (séjours linguistiques) ou via des relations personnelles.

Elle s'est alors demandé si ce marché ne pourrait pas lui aussi profiter de l'utilisation des réseaux pour faciliter la mise en confiance et faire voyager les enfants autrement. World is a Village est ainsi créé.

**Culture**

La confiance se justifie grâce au fait qu'on ne puisse pas s'inscrire sur la plateforme si on n'appartient pas à un groupe ou si l'on n'est pas référencé par une personne de confiance.

**Fonctionnement**

World is a Village propose à des communautés d'adhérer au réseau via une plateforme.

Grâce à cette adhésion les familles de ces communautés peuvent s'inscrire sur le site, rencontrer d'autres familles désireuses de faire découvrir le monde à leurs enfants, soit en voyageant, soit en les accueillant, soit les deux.

---

183 *www.worldisavillage.com*

Le fonctionnement est collaboratif, il n'y a pas de notion d'argent entre les familles.
World is a Village propose un système de points pour réguler les échanges. Les familles gagnent des points quand elles accueillent et les utilisent pour faire voyager leurs enfants.

En fonction des affinités des enfants, des destinations souhaitées et des langues, le choix est fait directement par les familles qui se sont rencontrées sur le site.
Ce dispositif est particulièrement innovant sur le marché des séjours pour adolescents à l'étranger.
World is a Village propose un service d'assurance aux enfants qui voyagent ainsi qu'aux familles qui les accueillent. Un programme mondial d'assistance exclusif assure la prise en charge et le rapatriement des enfants partout dans le monde en cas de besoin.

**Chiffres d'utilisation**

Ouvert depuis 2017, World is a Village est déjà présent dans plus de 8 pays dont le France, les Etats-Unis, la Grande-Bretagne, le Japon, la Suède ...
De grands groupes, plusieurs entreprises du SBF 120, ainsi que les réseaux d'anciens de certaines grandes écoles se sont déjà inscrits dans la démarche.

**Spécificités / particularités**

- Les familles se choisissent, prennent contact et se parlent directement
- Le réseau de confiance se construit au travers de l'appartenance à des communautés reconnues
- L'échange n'est pas que linguistique, mais il est aussi culturel.

**Conseils**

Bien remplir son profil et une fois la conversation initiée avec la famille d'accueil, prendre le temps de se poser les bonnes questions et ne pas hésiter à aller dans le détail.
Par le biais de cette plateforme, et grâce aux échanges internationaux entre jeunes, se créé un réseau mondial d'affinités et d'échanges.
Y participent autant des familles que des entreprises (au travers de leur DRH) ou des organisations.

## 7.28 YouTube

**Description**

Avec plus d'un milliard 800 millions d'utilisateurs dans le monde, dont près de 30 Millions en France, YouTube[184] est une très impressionnante plateforme qui permet de regarder des vidéos sur tous les sujets imaginables.

YouTube propose aussi bien des contenus ludiques que culturels, éducatifs ou divertissants, récents ou passés, de toutes origines et en toutes langues ...YouTube permet également de suivre certaines chaines spécifiques et dédiées à une activité.

YouTube est extrêmement populaire, tant en raison de sa gratuité totale que de la facilité (au travers d'un moteur de recherche) d'accéder à ce que l'on recherche.

Certains particuliers (les YouTuber) ont leur propre chaine sur YouTube et peuvent être pour les plus talentueux suivis par des millions de personnes à travers le monde. Leur financement sera alors assuré par la publicité qu'ils génèrent.

**Histoire et culture**

Basée à côté de San Francisco, YouTube a été créé en février 2005 par Steve Chen, Chad Hurley et Jawed Karim. Google l'a racheté dès l'année suivante, en octobre 2006, pour 1,65 milliard de dollars.

La mission que YouTube s'est fixée est que « chacun puisse faire entendre sa voix et découvrir le monde ».

Le but de la plateforme de partage de contenus (essentiellement des vidéos) est ainsi de proposer de diffuser ses contenus, afin que les autres puissent « vous écouter » et partager vos expériences.

YouTube veut ainsi, autour d'histoires et de partages généreux, développer des communautés.

Les valeurs de YouTube sont très fortes, et portent encore la société plus de 10 ans après sa création. Ce sont la liberté d'expression, qui peut permettre de faire émerger des points de vue et des formats innovants, la liberté d'information, la liberté d'opportunité (chacun d'entre nous a le pouvoir de créer et de s'exprimer, voire de devenir un créateur populaire) et

---

[184] *https://www.youtube.com/*

enfin la liberté d'appartenance (communautés d'entraide, faire tomber les barrières et les frontières, convergence autour de passions et de centres d'intérêt communs).

**Chiffres d'utilisation**

Ils sont tout simplement colossaux ! Qu'on en juge : plus d'un milliards de vues chaque jour, 95% de la population internet mondiale regarde YouTube au moins une fois par semaine, dans 76 langues, 17.000 vidéos postées par des créateurs, 300 heures de vidéo supplémentaires chargées chaque minute,

Singularité, YouTube revendique le pourcentage le plus élevé des 18-50 ans de toutes les chaines de télévision ou de vidéo à travers le monde.

Justin Bieber, que nous avons déjà cité dans la fiche Twitter, cumule quant à lui 18 milliards de vues sur ses différentes chaines YouTube.

Au total, YouTube c'est plus d'un 1 milliard d'utilisateurs dans le monde, dont près de 30 Millions en France.

**Fonctionnalités**

A part celles dont le contenu est réglementé, toute vidéo ou chaîne de YouTube peut être regardée par tout un chacun, gratuitement.

Que ce soit d'anciens films ou des cours universitaires, des manuels d'explication technique pour du bricolage ou des émissions de télévision, des publicités ou des créations individuelles, un très vaste contenu s'offre à chacun.

En revanche, seules les personnes qui ont un compte à leur nom peuvent « poster » des vidéos de façon illimitée.

Des algorithmes puissants et des tags vous suggèrent des vidéos et des contenus en rapport avec ce que vous venez de regarder, sur un bandeau qui défile à droite de votre écran.

Vous venez de regarder un meeting aérien vieux d'il y a 15 ans ? 50 autres vous sont proposés, ainsi que des thèmes associés. Vous regardez une chanson de Fleetwood Mac ou d'Abba ? 100 autres émergent.

Enfin, les spécialistes, qu'ils soient professionnels ou indépendants, peuvent créer leur propre chaine et y diffuser leurs contenus. Certains YouTuber, avec les revenus publicitaires associés provenant de fréquentations très fortes de leur propre chaine, en vivent très très bien ... Nous citerons

Squeezie, Cyprien, Norman, Natoo, Golden moustache, Seb la frite, Maître Gims, Rémi Gaillard ... presque tous ont entre 2 et 5 millions d'abonnés, et des centaines de millions de vues.
Quand on sait que ce sont quelques euros de revenu par milliers de vues, certain(e)s peuvent gagner plusieurs dizaines de milliers d'euros par mois pour les meilleurs d'entre eux.

**Spécificités / particularités**

Nous savons tous que les navigateurs Qwant ou Google Chrome proposent une navigation privée.
YouTube souhaite aller dans cette direction, et il devrait être possible de regarder YouTube « incognito » d'ici quelques mois, avec bien évidemment les sécurités qui s'imposent.

**Conseils d'utilisation et de mise en œuvre pour un bon réseautage**

Entreprise ou particulier, n'hésitez surtout pas à créer des contenus vidéo, et à les publier sur YouTube, voire de créer votre propre chaine si nécessaire.
De manière réciproque, et en n'oubliant pas que les algorithmes des réseaux sociaux sont « friands » de « contenus média riches » (photos et vidéos), la reprise sur LinkedIn ou Viadeo d'une excellent « e-vidéo » de vous, diffusée sur YouTube, sera du meilleur effet.
Faites jouer les synergies.

## 7.29 400-Partners

**Description**

400 Partners[185] est un réseau de Managers de transition nouvelle génération, pour les Dirigeant(e)s et Managers indépendants qui ont fait le choix de travailler en mode mission, et de faire valoir l'excellence opérationnelle de leur prestation comme accélérateur de réussite dans la conduite de projets de transformation en entreprise.

Le réseau se distingue des autres acteurs du marché – associations ou entreprises de management de transition - par une offre de services inédits :

- une meilleure visibilité des profils auprès des donneurs d'ordre : tous les Membres sont accessibles en direct via une plateforme digitale sans inscription ni intermédiaire ;
- une porte unique vers le marché caché (non intermédié) qui représente environ 60% des missions signées ;
- des formations et des rencontres ciblées pour développer ses compétences et son réseau ;
- la participation aux orientations stratégiques des Comités de direction – ce que le réseau appelle l' « audit flash ».

La promesse de 400 est simple : nous aidons nos Membres à valoriser leur prestation et à réduire leur temps d'intermission.

**Histoire et culture**

400 est né d'échanges avec des Managers en intermission, de leur témoignage du manque de considération de certains intermédiaires du marché : comment peut-on être consulté(e) pour le compte d'un client et ne recevoir ensuite aucune nouvelle ? Ne sommes-nous que des produits sur étagère ? Une liste de noms dans une CVthèque ?

En 2016, les premières réflexions d'un Cercle de Managers au sein d'immédia! , entreprise de management de transition, conduisent son Dirigeant fondateur, Bruno Calbry, à entrevoir l'idée d'un réseau remettant le Manager au centre.

La vision de 400 Partners : « Servir 400 Partners, 400 singularités, 400 Clients, et donner avant de recevoir ». Le réseau est officiellement lancé au mois d'octobre 2018.

---

185 *www.400.partners*

Depuis cette date, les « 400 » se rassemblent autour de trois axes principaux :

- Des valeurs : partage, entraide et bienveillance,
- Des compétences : toutes de niveau Comité de direction / Comité exécutif,
- Un besoin : trouver rapidement sa prochaine mission.

400 Partners, ce sont 400 Membres qui se sont reconnu(e)s par ce qui les anime profondément. Autant parrains, marraines, que filleul(e)s, ils se transmettent le relais par cooptation, sur la base d'une confiance mutuelle et de valeurs fortes : s'engager, donner du sens, s'entraider, promouvoir, partager.

Le réseau est totalement ouvert et visible, contrairement à la plupart des réseaux. Les Membres sont ainsi directement joignables par les entreprises.
C'est un écosystème qui permet de s'appuyer sur ses pairs dans toutes les fonctions de l'entreprise, et potentiellement de détenir une part du capital de la société, constituée en SAS à capital variable, ou d'être membre élu(e) au Comité de surveillance.

**Chiffres**

Le réseau se distingue par son numérus clausus : 400 Membres (d'où le nom « 400 » !), ce qui en fera un réseau à taille humaine, où les Membres pourront rapidement se connaitre.
Côté business, chaque Membre a l'obligation de générer au moins une mission par an pour ses pairs ; la moyenne du nombre de missions partagées est plus proche de 3.

Les informations sur les pistes de mission fusent autant dans les échanges directs par la messagerie que dans l'onglet « Affaires » de l'application mobile réservée aux Membres. Difficile d'évaluer le volume global des échanges !
L'intégration au réseau se fait par parrainage puis par cooptation. La communauté tend à accélérer sa croissance si bien que le chiffre de 100 Membres est envisagé pour mi-2019 et 200 pour la fin d'année.

**Fonctionnement du réseau**

Le staff de permanents accompagne les Managers intéressés tout au long du parcours d'intégration.

La première étape consiste à se trouver un parrain ou une marraine. On est ensuite convié (e) à rencontrer un autre Membre du réseau au cours d'un entretien de cooptation.
Cet entretien est principalement destiné à évaluer l'adéquation entre le projet professionnel du Manager, son savoir-être, et les valeurs du réseau.
Si l'entretien est concluant, le Manager est invité au « check-in », le processus d'embarquement au sein du réseau qui lui permet de peaufiner son offre de services et de mieux se vendre sous la marque « 400 ».

L'objectif est de « chasser » pour son propre compte avec l'aide du réseau, et de profiter de toutes les opportunités découvertes, en partageant avec ses pairs celles que l'on n'exploitera pas soi-même.

**Spécificités / particularités**
400 Partners, c'est aussi un lieu d'échanges à Paris, la « Maison des Managers » dans le 8ème arrondissement (avec l'ambition d'ouvrir prochainement un bureau en Province, a priori ce sera Lyon d'abord), un lieu de coopération et d'entraide professionnelle autour de réunions, de formations, et une équipe de professionnels, notamment un Community Manager et un Deal Maker, accessibles 5/7j.

400 Partners c'est également une application web et mobile permettant de se voir, de communiquer, de se rencontrer, d'organiser ou de participer à des ateliers et événements, générateurs de l'engagement, de la confiance et de la reconnaissance, permettant aussi et surtout de partager et bénéficier d'opportunités de missions « exécutives » à fort enjeu.

**Targets et évolutions prévues**
Atteindre les 400 Membres d'ici la fin 2020 et un CA de 10M€ en 2021.

**Conseils d'utilisation et de mise en œuvre pour un bon réseautage**
Il est conseillé de contacter un Membre via le site vitrine www.400.partners (direct et sans inscription) en présentant brièvement son profil et son projet. Si vous êtes Dirigeant(e) ou

Manager indépendant, et avez élu de travailler en mode mission, vous aurez certainement l'occasion d'obtenir un entretien téléphonique et de rencontrer un Membre 400. Bon réseautage pour de belles missions !

# Conclusion

**Une attitude incontournable**

Réseauter n'est pas une fin en soi, mais doit faire partie de votre stratégie personnelle et professionnelle.

C'est un réflexe « vieux comme le monde » devenu un incontournable au 21° siècle.

Il devient majeur, si ce n'est essentiel pour chacun et chacune d'entre nous, d'être acteur de la vie de ses communautés.

L'influence professionnelle et donc sociale devient primordiale, nous ne devons pas l'ignorer.

Etre un influenceur n'est pas une finalité mais le cours de la vie, privée comme professionnelle, ne saurait nous en éloigner bien longtemps.

Rappelons que cette démarche n'est ni insurmontable, ni impossible.

**Etre un pro du réseautage maintenant ou jamais**

La question se pose fréquemment de savoir s'il est temps ou pas de se professionnaliser en matière de réseautage. Notre réponse est directe et franche : oui, et ne tombons pas dans la facilité du procrastinage. Le monde est devenu un immense réseau, qui avance et nous observe. Nous en faisons partie, ou nous en sommes absents.

Rester aujourd'hui un amateur est source de perte de temps et d'argent, mieux vaut rester chez soi.

Il convient donc de jouer l'optimisation et l'efficacité dans son réseautage.

Souvent, la vie rattrape notre attentisme (chômage, déménagement, nouvelle vie ... ). Une fois au pied du mur, cela prendrait du temps de se constituer un réseau, il serait alors trop tard pour le réaliser et l'utiliser.

**Le futur est dual et collaboratif**

L'homme, depuis ses origines, a besoin de vivre et d'être en société. Que nous le voulions ou pas, la dualité de notre monde en évolution combine maintenant le réel et le virtuel, dans un monde relié et digitalisé.

D'ailleurs, phénomène que n'ont pas connus nos aïeux, les activités personnelles comme professionnelles ont de moins en moins de frontières entre elles ...
De plus, le travail du futur sera différent, il nous fera œuvrer dans un monde collaboratif et relié, qui alliera travail déporté et travail à la maison au travail en entreprise, qui mélangera le CDI au CDD et au portage salarial, ou tout autre forme à naitre dès demain matin ... comme celui du travail partagé entre plusieurs employeurs.
Notre avenir sera très prochainement constitué d'un travail collaboratif, au travers de réseaux multiples et croisés, comme de réseaux de compétences et d'expériences ...
Il convient donc naturellement de s'y préparer.
Dans la vie professionnelle de demain, sans réseau, on est exclu.
Les circonstances de la vie dans lesquelles nous nous trouverons (rebond, business, conseils ...) ne nous laisserons guère le choix. Ceci dans un monde de plus en plus individualiste.
Qu'on le veuille ou non, l'évolution de la communication des marques, du mass-marketing au marketing segmenté, va amener les marques à souhaiter parler à l'oreille d'une population hyper-ciblée dans des réseaux.
La fondamentale nécessité d'y être raccroché y justifie votre présence.
A preuve, le fait que beaucoup parmi vos interlocuteurs ou prestataires de services vous demandent déjà aujourd'hui de vous enregistrer sur leur propre site au travers de vos profils Facebook, Linkedin, Viadeo ...

**L'ascenseur social passe par les réseaux**

Enfin, osons dire ici - et l'on nous pardonnera cet aphorisme sentencieux - que la (bonne) pratique des réseaux sociaux, tant virtuels que réels, est peut-être le dernier moyen de briser le « plafond de verre » qui sépare horizontalement et artificiellement nos origines sociales et géographiques.
Caricature ? Réalité augmentée, peut-être mais pas que...
L'utilisation, à bon escient des réseaux ne légitime pas les « Rastignac » potentiels mais elle pourra, sans nul doute, favoriser, si vous la pratiquez avec discernement et subtilité, rétablir une fonction d'ascenseur social qui, malheureusement, est devenue de moins en moins efficiente.

Le savoir vivre et le savoir être compléteront efficacement votre dispositif et vous permettront de vous élever le mieux possible dans « ce monde brutes » comme disait naguère une publicité chocolatière…

C'est tout le vœu que nous formons à votre attention.

# Remerciements

# Annexe

**Remerciements d'Hervé**

A toutes celles et ceux qui ont partagé mes émotions de « réseauteur » impénitent depuis ces vingt dernières années et m'ont nourri de la richesse infinie de leurs expériences, de leurs savoirs et de leurs histoires de vie.

A Michelle Jean-Baptiste avec qui - merveilleuse expérience initiale de co-écriture - nous avons produit notre premier ouvrage sur les réseaux en 2011 chez Larousse : Réussir grâce aux réseaux sociaux

A Joël de Rosnay qui a accepté de préfacer cet ouvrage, nous apportant ainsi sa hauteur de vue et son intelligence prospectiviste inégalée, ce qu'il avait déjà fait pour mon premier opus.

A François Michalon, notre éditeur bien aimé, qui nous a accompagné dans les choix les plus adaptés et les plus modernes à la conception, la réalisation et la distribution de ce livre.

A Eric Le Gendre enfin, qui est venu spontanément me proposer de partager l'écriture du livre qu'il portait en lui et dont le parcours diversifié a heureusement enrichi et complété ma propre expérience.
Je ne doute pas que l'amitié qui en est née se poursuive longtemps encore dans un prosélytisme affirmé au service des réseaux sociaux.

Hervé Lassalas / www.pluriclub.paris

**Remerciements d'Eric**
A Hervé, qui après une discussion un soir d'été sous les étoiles du Gers, a accepté ce challenge de l'écriture d'un livre à deux et avec qui j'ai eu la joie de partager ces moments si intenses et si enrichissants. Sans lui et la confiance qu'il m'a accordée, jamais l'écriture de ce premier livre n'aurait été possible.

A François Michalon qui a su faire confiance à notre équipe gagnante et à Joël de Rosnay dont la préface éclaire ce livre et lui procure une formidable ouverture.

A tous ceux qui, tout au long de ces presque deux ans de gestation, ont partagé avec nous leur savoir et leurs histoires de réseautage, leurs expériences comme leurs opinions, leurs pratiques et leurs conseils.

Ce livre est quelque part également le leur, car beaucoup se retrouveront au travers de ces pages, riches de leurs expériences qu'ils ont bien voulu partager avec nous.

A nos lecteurs, qu'ils soient assidus ou zappeurs, qui vont très certainement, par leurs retours et leurs commentaires, nous permettre d'enrichir ce livre au fil des mois afin d'en faire, dans ses prochaines rééditions, un ouvrage de référence sur les meilleurs pratiques de réseautage. Et le début d'une collection internationale ...

Eric Le Gendre / www.ericlg.com

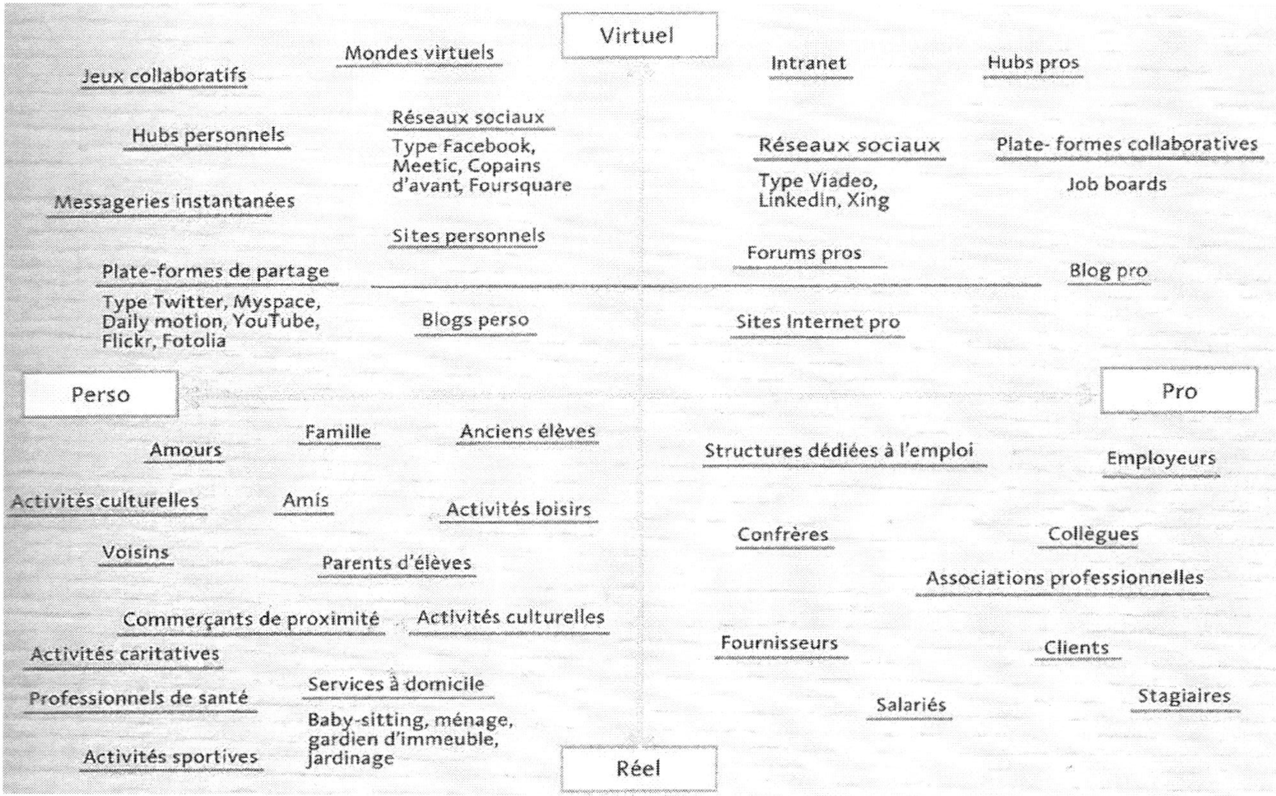
Virtuel
Mondes virtuels
Jeux collaboratifs
Intranet
Hubs pros
Réseaux sociaux
Type Facebook, Meetic, Copains d'avant, Foursquare
Hubs personnels
Réseaux sociaux
Plate- formes collaboratives
Type Viadeo, Linkedin, Xing
Job boards
Messageries instantanées
Sites personnels
Forums pros
Plate-formes de partage
Blog pro
Type Twitter, Myspace, Daily motion, YouTube, Flickr, Fotolia
Blogs perso
Sites Internet pro
Perso
Pro
Famille
Anciens élèves
Amours
Structures dédiées à l'emploi
Employeurs
Activités culturelles
Amis
Activités loisirs
Confrères
Collègues
Voisins
Parents d'élèves
Associations professionnelles
Commerçants de proximité
Activités culturelles
Fournisseurs
Clients
Activités caritatives
Services à domicile
Professionnels de santé
Salariés
Stagiaires
Baby-sitting, ménage, gardien d'immeuble, jardinage
Activités sportives
Réel

# Auto-évaluation : éfficience de mon réseautage et de mes réseaux

## Auto-évaluation globale

| | | | | | | | | | | |
|---|---|---|---|---|---|---|---|---|---|---|
| Intérêt et valeur ajoutée | 10 | 20 | 30 | 40 | 50 | 60 | 70 | 80 | 90 | 100 |
| Equation coûts(s) / temps | 10 | 20 | 30 | 40 | 50 | 60 | 70 | 80 | 90 | 100 |
| Moyens | 10 | 20 | 30 | 40 | 50 | 60 | 70 | 80 | 90 | 100 |
| Budgets | 10 | 20 | 30 | 40 | 50 | 60 | 70 | 80 | 90 | 100 |
| Résolution de mes Manques | 10 | 20 | 30 | 40 | 50 | 60 | 70 | 80 | 90 | 100 |
| Satisfaction de mes besoins | 10 | 20 | 30 | 40 | 50 | 60 | 70 | 80 | 90 | 100 |
| Satisfaction de ma Stratégie | 10 | 20 | 30 | 40 | 50 | 60 | 70 | 80 | 90 | 100 |
| Réalisation de mes objectifs | 10 | 20 | 30 | 40 | 50 | 60 | 70 | 80 | 90 | 100 |

Mes commentaires

## Evaluation de la mesure et des indicateurs de performance

Balance activité Réseaux Réels / Réseaux virtuels — Réels 10 20 30 40 50 60 70 80 90 100 Virtuels

Moyens — Réseaux réels : ____ Heures / mois — Réseaux virtuels : ____ Heures / mois

Budgets ____________________ Euros / mois ____________________ Euros / an

Rythme d'activité — O > 2 fois/jour O journalier O 2/semaine O hebdo O 2/mois O mensuel O moins

Suivi et mesure — O > 2 fois/jour O journalier O 2/semaine O hebdo O 2/mois O mensuel O moins

| | | | | | | | | | | |
|---|---|---|---|---|---|---|---|---|---|---|
| Quantité | 10 | 20 | 30 | 40 | 50 | 60 | 70 | 80 | 90 | 100 |
| Qualité | 10 | 20 | 30 | 40 | 50 | 60 | 70 | 80 | 90 | 100 |
| Puissance | 10 | 20 | 30 | 40 | 50 | 60 | 70 | 80 | 90 | 100 |
| Efficacité | 10 | 20 | 30 | 40 | 50 | 60 | 70 | 80 | 90 | 100 |

Mes commentaires

| Nom : | Date : | 1 | 2 | 3 | 4 | 5 |
|---|---|---|---|---|---|---|
| PHOTO | Avez-vous une photo professionnelle ?<br>… avec le logo ou le nom de votre organisation visible? | Je n'ai pas de photo | J'ai une photo de loisirs | J'ai une photo pro, mais ne regarde pas l'interlocuteur | J'ai une photo très pro, où je sourie et regarde l'interlocuteur | Oui : photo très pro, avec le nom de mon organisation en arrière-plan |
| HEADER TITRE ENTETE | Votre nom est il « simplement » et « clairement » lisible ? | Je ne sais pas | Non, pas assez | - | Oui, un peu mais je dois changer qqs éléments. | Oui, tout à fait |
| | Est-ce que votre entête (titre professionnel) est suffisamment accrocheuse ? | Je ne sais pas | Non, pas du tout | Non, pas assez | Oui, un peu | Oui, tout à fait |
| | Est-ce que votre entête (titre professionnel) est suffisamment détaillée?<br>Utilise-t-elle le maximum de caractères possibles? | Je ne sais pas | Non, pas du tout | Non, pas assez | Oui, un peu | Oui, tout à fait |
| RESUME SUMMARY | La section «résumé» est-elle présente à votre profil Linkedin ? Offre-t-elle des détails suffisants et inclut-elle des mots-clés? | Je ne sais pas | Non, pas du tout | Non, pas assez | Oui, un peu | Oui, tout à fait |
| | La section « Résumé » est elle intéressante et riche pour les autres ? | Cela ne m'intéresse pas du tout. | Non, mais je vais m'en préoccuper. | Oui, mais pas trop. | Oui, et je sais qu'elle est bonne. | Oui, on me dit qu'elle est excellente. |
| CONTACT INFO | Est-ce que les informations pour vous contacter sont disponibles? | Je ne sais pas | Non, pas du tout | - | - | Oui, tout à fait |
| | L'URL de votre profil public inclut-il votre nom? | Je ne sais pas | Non, pas du tout | Non, pas assez | Oui, un peu | Oui, tout à fait |
| | Les champs permettant de relier votre profil à d'autres sites Web (site de l'entreprise, blog, autres médias sociaux, portfolio) sont-ils complétés? | Je ne sais pas | Non, pas du tout | Non, pas encore, mais je vais le faire. | Oui, un peu (1 ou 2) | Oui, tout à fait (les 3) |
| JOBS, SKILLS & RECOS | Avez-vous des informations sur vos 3 dernières emplois ou expériences de travail pertinentes? | Je ne sais pas | Non, pas encore. | Non, seulement titres et fonctions. | Oui, un peu | Oui, tout à fait |
| | Les informations sur vos emplois précédents sont-elles suffisamment détaillées ? | Je ne sais pas | Non, pas du tout | Non, pas assez | Oui, un peu | Oui, très détaillées. |
| | Avez-vous intégré quelques-unes de vos compétences clés dans la section à cet effet, tout en prenant soin de sélectionner des mots-clés pertinents? | Je ne sais pas | Non. | Oui, mais pas assez | Oui, un peu.<br>Moins de 20. | Oui, tout à fait.<br>Plus de 20. |
| | Avez-vous reçu et/ou demandé des recommandations? | Non, jamais | Oui, mais sans effet | Oui, mais pas assez | Oui, un peu.<br>Moins de 10. | Oui, tout à fait.<br>Plus de 10. |
| | Avez-vous offert des recommandations? | Non, jamais | Oui, mais sans effet | Oui, mais pas assez | Oui, un peu.<br>Moins de 10. | Oui, tout à fait.<br>Plus de 10. |
| CONTACTS, GROUPES & COMPANIES | Mon nombre de contacts sur Linkedin | Je ne suis pas sur Linkedin | Inférieur à 99 | Entre 100 et 499 | Je « suis 500+ » :<br>Entre 500 et 2.000 | Supérieur à 2.000 |
| | Faites-vous progresser en continu votre réseau, en ajoutant régulièrement des relations ? | Non, jamais | Non, mais je vais le faire | Seulement occasionnellement … | Oui, mais pas assez bien | Oui, très régulièrement |
| | Participez-vous régulièrement à certains groupes de discussion ? | Je ne sais pas ce que c'est | Non, j'ai omis de le faire | Non, mais je vais le faire | Oui, mais pas assez bien | Oui, tout à fait |

| | | | | | | |
|---|---|---|---|---|---|---|
| | Suivez-vous des pages entreprises de compagnies avec lesquelles vous aimeriez collaborer ou travailler ? | Je ne sais pas ce que cela signifie | Non, j'ai omis de le faire | Non, mais je vais le faire | Oui, mais pas assez bien | Oui, très régulièrement |
| MULTIMEDIA RICH MEDIA & SHARING | Avez-vous ajouté un document PDF, une photo, une vidéo, un lien Web ou une présentation PowerPoint à votre Profil ? | Je ne sais pas le faire | Non, j'ai omis de le faire | Non, mais je vais le faire | Oui, mais pas assez. | Oui, beaucoup ( > 10 ) |
| | « Aimez-vous » certains articles et contenus chaque semaine ? | Je ne sais pas le faire | Non, j'ai omis de le faire | Non, mais je vais le faire | Oui, mais pas assez souvent | Oui, plusieurs fois par semaine |
| | Partagez-vous certains articles et contenus chaque semaine ? | Je ne sais pas le faire | Non, j'ai omis de le faire | Non, mais je vais le faire | Oui, mais pas assez souvent | Oui, plusieurs fois par semaine |
| | Avez-vous une idée de la qualité perçue des informations que vous partagez ? | Cela ne m'intéresse pas du tout. | Non, mais je vais m'en préoccuper. | Oui, mais pas trop dans le détail. | Oui, et je sais qu'elle est bonne. | Oui, elle est excellente et je la suis sur tableau. |
| EDUCATION & DIVERS | Avez-vous inséré vos formations ainsi que les établissements d'enseignement où vous avez étudié? | Je ne sais pas | Non, j'ai omis de le faire | Non, mais je vais le faire | Oui, mais pas assez bien | Oui, tout à fait |
| | Avez-vous pris le soin de compléter les sections « Projets »,« prix et distinctions » et « certifications » ? | Je ne sais pas | Non, j'ai omis de le faire | Non, mais je vais le faire | Oui, mais pas assez bien | Oui, tout à fait |
| | Si vous supportez des causes ou des expériences de bénévolat, avez-vous complété cette section ? | Je ne sais pas | Non, j'ai omis de le faire | Non, mais je vais le faire | Oui, mais pas assez bien | Oui, tout à fait |
| INTERNATL | Avez-vous rédigé votre profil dans une seconde langue (version anglaise par exemple) ? | Je ne sais pas | Non, pas du tout | - | - | Oui, tout à fait |
| | Donnez-vous quelques indications en langue anglaise ? | Non, pas nécessaire | Non, mais je devrais le faire | Oui, quelques informations partielles | Oui, mon profil est presque bilingue. | Oui, il est depuis longtemps bilingue. |
| | Pourcentage de contacts non français | < 10% | 10 à 19% | 20 à 39% | 40 à 59% | > 60% |
| Pilotage & KPIs Gestion du Profil | Tenue à jour du Profil. | Jamais. | Une fois par mois. | Au moins une fois par semaine. | > 3 fois par semaine | Quotidiennement. |
| | Force de mon Profil Linkedin | Je ne sais pas. | < 25% | 25 – 50% | 50 – 75% | > 75% |
| | Je connais et pilote des indicateurs de mon activité Linkedin | Non, et ce n'est pas nécessaire. | Non, j'ai omis de le faire | Non, mais je vais le faire | Oui, mais pas assez bien | Oui, tout à fait |
| | Je suis les visiteurs de mon Profil, et les contacte | Non, et cela ne m'intéresse guère. | Non, j'ai omis de le faire | Non, mais je vais le faire | Oui, mais pas assez bien | Oui, tout à fait |
| | Je gère les paramètres de confidentialité de mon Profil. | De quoi s'agit-il ? | Je suis au courant, mais n'ai pas encore pris le temps de le faire. | J'y ai jeté un œil | J'y suis allé au moins une fois et ai paramétré les données. | Le paramétrage que j'ai effectué correspond à ma politique réseautage. |
| | Je pilote mon Comportement réseautage | De quoi parlez-vous ? | J'ai du mal. | Je m'y attache. | - | Oui, aisément. |
| | Je maîtrise ma E-Réputation | De quoi parlez-vous ? | Elle est mauvaise. | Je m'y attache. | Elle est bonne. | Elle est excellente. |
| | **Evaluation scorée ****** | | | | | |
| **Nombre de votes dans la colonne** | | | | | | |
| **Rating ****** | | x1 = | X2 = | X3 = | X4 = | X5 = |
| **Total ******* | | | | | | |

**** *Scoring par colonnes : nombre de votes par colonnes, multiplié par 1 (pour la première colonne), par 2 (pour la seconde colonne), par 3 (pour la 3e colonne), …..*

***** *Vous avez 35 points : restez chez vous, et faites autre chose. Vous avez entre 50 et 80 points : écoutez sagement la présentation. Vous dépassez les 120 points : vous êtes bon ! Au-delà de 150 points : vous co-écrivez le prochain livre avec nous !*

JAMAIS SANS MON RESEAU
PLAN & STRATEGIE DE RESEAUTAGE

www.ericlg.strikingly.com

# Plan & Strategie de Réseautage

| | | Réseaux Réels | Réseaux Virtuels |
|---|---|---|---|
| #1 | **Recensement & Mapping de mes réseaux actuels** | | |
| #2 | **Evaluation de l'existant**<br>• intérêt / VA<br>• coûts(s) / temps<br>• Manques / besoins | | |
| #3 | **Mes Buts**<br>**Ma Stratégie**<br><br>**Objectifs**<br>• Privé / Pro<br>• Acquisition<br>• Entretien<br>• Supports<br>• ... | | |
| #4 | **Avec quels moyens**<br>1. « outils »<br>2. temps<br>3. budget<br>4. volumétrie | | |
| #5 | **Mesure**<br>1. Quoi ?<br>2. Comment ?<br>3. Rythme<br>4. Tableau suivi<br><br>**Evaluation**<br>5. Quantité<br>6. Qualité<br>7. Puissance<br>8. Efficacité | | |

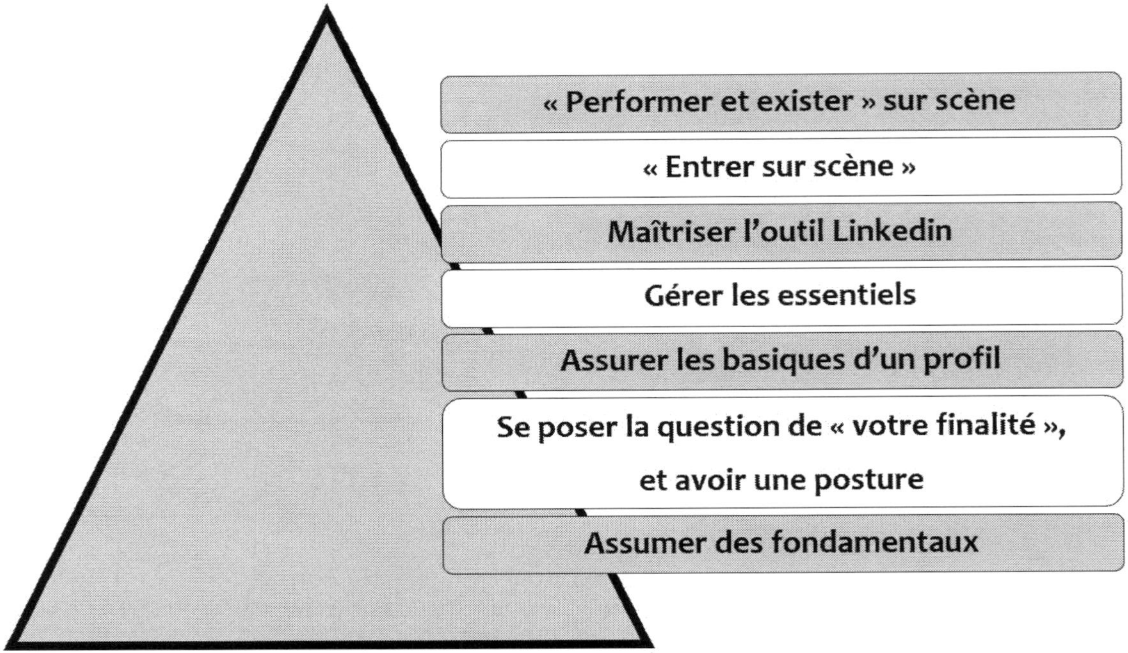


Le Triangle de la construction d'un bon profil réseau social

Printed by Amazon Italia Logistica S.r.l.
Torrazza Piemonte (TO), Italy

10319836R00204